信阳师范学院商学院学术文库

河南省哲学社会科学规划后期资助项目（2018HQ014）研究成果

ZHISHI CHANQUAN BAOHU
DUI CHUANGXIN DE YINGXIANG YANJIU

知识产权保护对创新的影响研究

周荣军◎著

中国财经出版传媒集团
经济科学出版社
Economic Science Press

图书在版编目（CIP）数据

知识产权保护对创新的影响研究/周荣军著．—北京：经济科学出版社，2019.7
ISBN 978-7-5218-0444-7

Ⅰ.①知… Ⅱ.①周… Ⅲ.①知识产权保护-影响-技术革新-研究-中国 Ⅳ.①F124.3

中国版本图书馆 CIP 数据核字（2019）第 065822 号

责任编辑：顾瑞兰
责任校对：靳玉环
责任印制：邱 天

知识产权保护对创新的影响研究

周荣军 著

经济科学出版社出版、发行 新华书店经销

社址：北京市海淀区阜成路甲 28 号 邮编：100142

总编部电话：010-88191217 发行部电话：010-88191522

网址：www.esp.com.cn

电子邮件：esp@esp.com.cn

天猫网店：经济科学出版社旗舰店

网址：http://jjkxcbs.tmall.com

北京财经印刷厂印装

710×1000 16 开 12.75 印张 220 000 字

2019 年 12 月第 1 版 2019 年 12 月第 1 次印刷

ISBN 978-7-5218-0444-7 定价：65.00 元

（图书出现印装问题，本社负责调换。电话：010-88191510）

总　序

商学院作为我校2016年成立的院系，已经表现出了良好的发展潜力和势头，令人欣慰、令人振奋。办学定位准确，发展思路清晰，尤其在教学科研和学科建设上成效显著，此次在郑云院长的倡导下，拟特别资助出版的《信阳师范学院商学院学术文库》，值得庆贺，值得期待！

商学院始于我校1993年的经济管理学科建设。从最初的经济系到2001年的经济管理学院、2012年的经济与工商管理学院，发展为2016年组建的商学院，筚路蓝缕、栉风沐雨，凝结着教职员工的心血与汗水，昭示着商学院瑰丽的明天和灿烂的未来。商学院目前拥有河南省教育厅人文社科重点研究基地——大别山区经济社会发展研究中心、理论经济学一级学科硕士学位授权点、工商管理一级学科硕士学位授权点、理论经济学河南省重点学科、应用经济学河南省重点学科、理论经济学校级博士点培育学科、经济学河南省特色专业、会计学河南省专业综合改革试点等众多科研平台与教学质量工程，教学质量过硬，科研实力厚实，学科特色鲜明，培养出了一批适应社会发展需要的优秀人才。

美国是世界近现代商科高等教育的发祥地，宾夕法尼亚大学沃顿于1881年创建的商学院是世界上第一所商学院，我国复旦公学创立后在1917年开设了商科。改革开放后，我国大学的商学院雨后春笋般成立，取得了可喜的研究成果，但与国外相比，还存在明显不足。我校商学院无论是与国外大学相比还是与国内大学相比，都是“小学生”，还处于起步发展阶段。《信阳师范学院商学院学术文库》是起点，是开始，前方有更长的路需要我们一起走过，未来有更多的目标需要我们一道实现。希望商学院因势而谋、应势而动、顺势而为，进一步牢固树立“学术兴院、科研强院”的奋斗目标，走内涵式发展之路，形成一系列有影响力的研究成果，在省内高校起带头示范作用；进一步推出学术精品、打造学术团队、凝练学术方向、培育学术特色、发挥学术优势，尤其是培养一批仍处于“成长期”的中青年学术骨干，持续提升学院发展后劲并更好地服务地方社会，为我校实现高质量、内涵式、跨越式发展，建设更加开放、充满活力、勇于创新的高水平师范大学的宏伟蓝图贡献力量！

“吾心信其可行，则移山填海之难，终有成功之日；吾心信其不可行，则反掌折枝之易，亦无收效之期也。”习近平总书记指出，创新之道，唯在得人。得人之要，必广其途以储之。我们希望商学院加快形成有利于人才成长的培养机制、有利于人尽其才的使用机制、有利于竞相成长各展其能的激励机制、有利于各类人才脱颖而出的竞争机制，培植好人才成长的沃土，让人才根系更加发达，一茬接一茬茁壮成长。《信阳师范学院商学院学术文库》是一个美好的开始，更多的人才加入其中，必将根深叶茂、硕果累累！

让我们共同期待！

前　言

我国改革开放政策始于1978年，至今已经历40余年，其间中国制造业快速发展，工业体系趋于完善，创新水平达到世界前列。如在交通领域，改革开放初期，世界仅有的两条高速铁路时速高达210公里，均在日本，彼时的中国还在使用蒸汽线路，时速仅为40公里，2008年，我国第一列高铁津京城际高铁正式开通，至2018年，我国高铁里程已经处于世界顶端，运营时速世界第一，我国高铁利用十年时间发展壮大达到并超过雄踞世界50年的日本新干线。在航空领域，1999年，“神舟一号”载人飞船上天，开启了我国航天新时代，继而在2001年1月10日、2002年3月25日、2003年1月5日，连续发射“神舟二号”“神舟三号”“神舟四号”无人飞船。2003年10月15日，我国成功发射第一艘载人飞船“神州五号”，标志着中国成为继俄罗斯、美国之后的第三个独立开展载人航天活动的国家。2015年9月20日“长征六号”运载火箭升空，此次发射将20颗微小卫星送入太空预定轨道，创造了亚洲一次火箭卫星数量最多的纪录。伴随着创新能力的上升，我国知识产权保护体系不断完善，大量研究表明，知识产权保护为创新提供必要的制度保障，而创新水平的提高是知识产权成熟的必然结果。本书试图分析中国制造业创新与知识产权保护体系的发展历程，并以此为基础探讨二者之间的关系。

中国制造业企业创新的发展历程分为以下四个阶段。

第一阶段，改革开放初期，具体时间节点为1978～1991年。1978年，党的十一届三中全会后，中国确立了改革与开放的基本国策。大量关于科学技术发展的政策出台，强调经济发展与科技创新的重要性，并关于如何加快科技体制改革做出了相关部署。1978年3月，中央发布了《1978—1985年全国科学技术发展规划纲要》，这一文件对27个领域基础科学与技术科学的科研任务做了相关规划，并确定了108个重点项目。1982年，党的十二大报告指出，科学技术是国家经济发展的重要方面，其对经济发展的促进作用显著。1985年，《中共中央关于科技体制改革的决定》出台，我国科技体制改革正式开始。此时，我国工业企业创新环境主要表现为以下三个方面：第一，由技术引进的中央集权逐步转变为地方以及企业分级管理的模式。第二，技术引进注重后期消化吸收环节，具体表现为1986年国家经济委员会出台的《引进技术消化吸收重大计划》。第三，在引进技术的话语权方面，企业的作用逐渐强化，政府行政指令地位逐渐弱化。

第二阶段，改革开放深化阶段，具体时间节点为1992~2005年。这一阶段我国改革不断深入，开放不断扩大，国家频繁发布相关政策。1995年，我国提出科教兴国发展战略，强调教育以及科技对国家发展的重要性。1996年，我国发布《促进科技成果转化法》，进一步促进科技理论向科技实践的跨越。1999年，中央发布《中共中央　国务院关于加强技术创新，发展高科技，实现产业化的决定》，将科技创新实践活动引入深水区。2001年，中国加入WTO，标志着我国对外开放达到新高度。在此阶段，科技体制改革不断深入，政府作用进一步削弱，企业成为科技创新的主导者。

第三阶段，市场体系初步建立，具体时间节点为2006~2011年。随着改革开放的深入，我国技术引进取得长足发展，以此为基础，创新能力得到显著提高。与此同时，仅仅依赖国外技术引进已不再满足我国创新需求，2006年，在全国科技大会上，胡锦涛强调中国必须走自主创新之路。2007年10月，党的十七大报告明确指出，自主创新能力的提升、创新型国家的创建是我国发展战略的核心，也是我国综合国力提高的具体表现。因此，自主创新能力成为我国工业创新的核心。在此阶段，我国创新环境的变强始终围绕提升自主创新能力，逐步完善知识产权保护体系与技术转移市场。

第四阶段，市场体系逐步完善阶段，具体时间节点为2012年至今。党的十八大报告明确指出，中国经济需要转型升级，其中创新驱动的发展战略是关键。与此同时，中央出台大量鼓励创新创业的相关政策，如2015年，发布《中共中央　国务院关于深化体制机制改革加快实施创新驱动发展战略的若干意见》，并提出《中国制造2025》，2016年，发布《国家创新驱动发展纲要》。

综上所述，改革开放40余年，中国技术创新环境发生巨大变化，市场主体地位得到加强，制度体系的完善激发了企业创新的动力。知识产权保护作为制度的重要方面为企业创新提供保障与激励。

我国知识产权保护立法始于清末，清政府于1989年颁布《振兴工艺给奖章程》，继而在1904年颁布《商标注册试办章程》，又于1910年颁布《大清著作权律》。数部知识产权立法不乏清政府自强图存，但是在半殖民状态的社会背景下，清政府此举目的主要在于迎合西方列强，因此知识产权立法未得到长足发展。此后，国民政府也曾推动知识产权立法工作，但是困于当时历史局限，也未取得明显成效。新中国成立以后，我国政府对知识产权保护工作十分重视，于

1950 年颁布《关于改进和发展出版工作的决议》，根据实际需要，于 1953 年再次颁布《关于纠正任意翻印图书现象的规定》，1957 年，为了推进文化建设进程，实现国内经济环境优化，我国正式颁布《保障出版物著作权暂行规定（草案）》，该草案与现行的《著作权法》十分相似。在专利方面，中国政府于 1950 年颁布第一部专利法《保障发明权和专利权暂行条例》，同年，政府颁布第一部商标法《商标注册暂行条例》，1963 年，该条例被《商标管理条例》取而代之。1949 年新中国成立至 1978 年改革开放期间，我国曾经尝试建立知识产权保护体系，但是却未能达到预期效果，主要原因在于以下几点：第一，1953 ~ 1956 年，是我国从新民主主义向社会主义过渡时期，对资本主义工商业及手工业进行社会主义改造，高度依赖计划经济，而知识产权制度依托于市场经济，所以，中国知识产权立法工作未能完善。第二，新中国成立初期，我国政治环境不稳，导致知识产权立法停滞。第三，国际冷战格局导致我国知识产权立法工作停滞。

改革开放以来，我国知识产权立法体系逐渐建立并完善，具体分为以下三个阶段。

第一阶段：1978 ~ 1991 年，初步建立知识产权立法体系，配合改革开放大局。

改革开放之初，我国确立了以经济建设为中心的发展思路，但是困于资金、技术的匮乏，我国必须加强知识产权保护从而吸引国外的先进技术与资金。尽管知识产权保护的思想为大多数人所接受，但是受计划经济思潮的影响，其建立与发展仍然十分曲折，如《专利法》与《著作权法》的制定。但是，经过长期努力，我国还是于 1980 年加入世界知识产权组织，并先后颁布了《商标法》《专利法》《著作权法》。1985 年，我国加入了《保护工业产权巴黎公约》，又于 1989 年加入《商标注册马德里协定》，1992 年加入《保护文学艺术作品伯尼尔公约》《世界版权公约》。至此，我国知识产权保护体系初步建立。

第二阶段：1992 ~ 2001 年，加速完善知识产权保护体系，适应社会主义市场经济体制建设的需要。

随着冷战的结束，世界各国均意识到经济发展在一国或地区发展中的重要性，在此背景下，各国经贸合作成为经济发展中的核心问题，发达国家企图利用全球一体化的机会通过知识产权规则掌握世界经济话语权。所以，无论是世界关贸总协定还是世界贸易组织，均强调建立知识产权保护的重要性。中国试图通过完善知识产权保护体系、建立市场经济体制加入世界一体化的进程中。1992 年，党的第十四次全国代表大会明确提出加速改革、扩大对外开放，建立完善社会主义市场经济体制的宏伟目标。1993 年，中国通过了《反不正当竞争法》，2001 年，中国修改完善了《商标法》，并对《著作权法》进行修改，以适应网络环境背景下版权保护等问题。通过15年的努力，中国于2001年正式加入WTO，正式成为其中一员。在此期间，我国知识产权保护经历若干次完善，一方面是由于外部压力即融入世界一体化的压力所致，另一方面是为了适应社会主义市场化建设需要。

第三阶段：2002年至今，完善知识产权保护体系，增强自主创新能力。

改革开放以后，我国知识产权保护体系逐步完善，其根源在于国内和国外两方面，一方面是由于加入WTO，我国与国外知识产权强国经贸联系频繁，后者通过示范效应对我国知识产权保护体系水平的提升产生重要影响；另一方面是由于我国自主创新需要加强知识产权保护。2001年，我国对《实施国际著作权条约的规定》进行修改，制定了《著作权法》，统一了国内外权利人的保护标准。2001年，修订了《商标法》，将侵权的内容进行修正。2008年，我国正式实施《国家知识产权战略纲要》，标志着我国知识产权制度的建设从模型学习到自主创新。2008年，我国进一步对《专利法》进行修改，加大了违法的惩处力度，将专利标准进行提升，实行诉前证据保全制度。2013年，我国修改《商标法》，这些法律的修改均表明中国知识产权立法的目的已经不再是为了吸引外资，而是为了通过知识产权保护，促进我国研发创新。

上述分析表明，知识产权制度体系的建立与完善和我国工业创新进程高度相关，本书对此进行理论及实证的全面分析，试图发现二者内在关系，并提出相应政策体系促进我国创新水平。本书的思路如下：首先，从理论层面分析知识产权保护对创新的影响，具体渠道有四个方面：第一，自主研发投入；第二，FDI技术溢出；第三，国际专利申请溢出；第四，进口贸易技术溢出。其次，运用中国省际数据分别考察知识产权保护、自主研发投入与企业创新绩效的关系；知识产权保护、FDI技术溢出与企业创新绩效的关系；知识产权保护、国际专利申请溢出与企业创新绩效的关系；知识产权保护、进口贸易技术溢出与企业创新绩效的关系。再次，考虑到出口技术复杂度是对外竞争力的核心指标，也是技术创新的具体表现与具体成果，因此，本书通过考察知识产权保护对出口技术复杂度的影响，衡量知识产权保护对创新的影响。最后，文化产业作为知识密集型产业，其技术含量高于其他制造业，因此，本书选取文化创意产业的出口技术复杂度作为创新衡量指标，考察知识产权保护对创新的影响。

周荣军

2019年5月

目　录

第一章

知识产权保护对创新影响的理论机制分析

知识产权保护对技术创新的影响主要表现为两方面：第一，直接效应；第二，间接效应。

知识产权保护的直接效应包括以下几点：第一，知识产权保护制度的确立与完善，能够对版权方进行保护，降低社会资源的重复投资，提高社会整体生产效率。具体而言，当专利版权所有者通过创新投入取得科研成果后可以向政府相关部门索取专利版权保护，后者将会向社会公开前者的相关权益，并持续对其权益进行保护。一方面，对于专利版权拥有者而言，政府的授权保护使其获取应有收益，极大地激发了创新主体的研发热情，为整个社会营造良好的创新氛围。另一方面，针对社会其他创新主体，专利的授权许可使其获知相关领域的前沿动态，为其在该领域的研究提供参考，同时，避免这些创新主体在信息不对称的情况下重复投入，形成社会资源浪费。综上所述，知识产权保护能够优化资源配置，提升社会生产效率，提升国家整体实力，促使出口技术复杂度水平的提升。第二，知识产权保护体系的建立与完善能够简化创新技术的交易程序，扩大创新技术的交易规模，从而促进创新行为。创新技术作为经济增长重要的驱动因素，由于信息的不对称性而缺乏价值判断体系（创新技术的卖方不敢将其技术完全展示给创新技术的买方防止后者侵占，但是该行为导致的结果是创新技术的买方因为缺乏技术的相关信息不愿出高价对其进行购买，这样一来，创新技术难以形成有效的需求方与供给方，市场规模难以扩大），完善的知识产权体系能够有效解决这一问题。如前所述，完善的知识产权保护体系保障创新技术所有者的应有权益（如专利权、版权等），即使这些技术公之于众，其他主体也不得随意使用，必须得到技术所有者同意，因此，创新技术的卖方可以将所有技术信息公开而不必担心遭到侵权，创新技术的买方可以根据创新技术的相关信息判断该技术的价值从而提供合理的报价，最终有效的买方市场和卖方市场得以形成，创新技术的市场规模得以扩大，创新行为得到有效激励，创新水平上升。第三，知识产权保护体系的建立和完善有利于市场秩序的规范。具体而言，知识产权保护能够提升侵权行为的成本，减少市场中剽窃、侵权等违法事件，从而有效保护权利所有人的相关利益。当一国经济处于较高发展阶段时，知识产权保护加强能够激发创新行为，提升创新水平。但需要注意的是，当一国经济处于较低发展阶段，强化知识产权保护会抑制模仿创新，不利于创新水平的提高。因此，根据知识产权保护直接效应的三点内容，知识产权保护虽然在一定程度上促进创新，提升一国或地区出口技术复杂度水平，但是针对不同发展阶段的经济体，其影响具有差异。

接下来，本书将分析知识产权保护的间接效应。

知识产权保护对创新的影响渠道主要有两方面：第一，自主研发；第二，技术引进。本书以罗默（Romer，1990）理论模型为基础将知识产权保护因素考虑在内，从而分析知识产权保护对创新的间接影响。由于自主创新与技术引进对创新影响的机制存在差异，模型将二者分别加以考虑，假定一国或地区由两个部分组成，它们分别是生产部门 A 与研发部门 B，其中，生产部门 A 最终产品的生产函数以柯布—道格拉斯函数表示如下：

$$Y(H_Y^a, x) = H_Y^a (x_i)^{1-a} = H_Y^a \int_0^n (x_i)^{1-a} dx_i \quad (1-1)$$

其中，n 为中间产品的产品种类数量，n 越大表示技术水平越高，x_i表示 i 种中间产品的数量，这里假设中间产品呈连续分布，H_Y表示最终产品的生产过程中人力资本的使用数量，Y 表示最终产品的生产数量。假定最终产品的价格为 1，由于所有种类中间产品均表现为对称的，所以生产函数能够进一步变形为：

$$Y(H_Y^a, x) = H_Y^a \int_0^n (x_i)^{1-a} di = H_Y^a x^{1-a} n \quad (1-2)$$

假定劳动力市场处于完全竞争状态，本书以 W_{Hy} 表示最终产品的人力资本的回报率，以 Px_i代表中间产品的价格，企业通过调整人力资本的数据促使其利润达到最大化，具体表达式如下：

$$\max[Y\{H_Y, x_i\} - W_{H_Y} H_Y - \sum_{i=1}^{n} P_x x_i] \quad (1-3)$$

对式（1－3）求一阶倒数使其等于 0，可以得到企业利润最大化的条件如下：

$$W_{H_Y} = aH_Y^{a-1}\int_0^n (x_i)^{1-a}di = aH_Y^{a-1}nx^{1-a} \tag{1-4}$$

通过上述生产函数可知，中间产品的边际产品可以表达为$\partial Y/\partial x = (1-a)H_Y^a x^{-a}$，中间产品生产的条件遵循其边际收益等于边际成本，因此，其需求函数可以表达为：

$$x = H_Y[(1-a)/P_x]^{1/a} \tag{1-5}$$

此处，假定1单位中间产品的生产需要消耗1单位最终产品，正如罗默（Romer，1990）以及巴罗（Barro，1997）模型所设定的那样，那么生产x单位中间产品需要消耗的成本为1·x，1代表最终产品的价格，x代表最终产品投入的数量，则企业生产中间产品遵循如下：

$$\max[P_x \cdot x - x] \tag{1-6}$$

由一阶倒数为0计算得到中间产品的定价为$P_x = 1/(1-a)$，将其代入中间产品的需求函数式中，可得中间产品生产总量如下：

$$x = (1-a)^{\frac{2}{a}}H_Y \tag{1-7}$$

假设研发部门的产出由人力资本数量以及知识资本存量共同决定，知识资本包括三个方面：第一，研发部门已经掌握的新技术，而且这些新技术没有被其他企业所模仿；第二，研发部门已经掌握的技术，但是这些技术已经被其他研发企业所模仿，成为旧技术；第三，通过学习模仿国外先进技术而掌握的新技术。莫姆德和古普塔（Momdal & Gupta，2006）认为，新技术比旧技术对研发创新的影响更大，本书也遵循这一结论。用λ（λ<1）表示相对于新技术，旧技术对技术进步的贡献。据此，国内新技术存量为ωn，国内旧技术存量为λ（1-ω）n，国内知识资本存量为[ωn+λ（1-ω）n]。通过学习模仿国外先进技术而掌握的知识资本存量为[（1-ω）μ（H）（n*-n）]，则通过内外两种渠道获得的知识资本存量可以表达为[ωn+λ（1-ω）n+（1-ω）μ（H）（n*-n）]，进一步分析研发部门的生产函数如下：

$$n = \tau H_n[\omega n + \lambda(1-\omega)n + (1-\omega)\mu(H)(n^* - n)] \tag{1-8}$$

其中，n代表知识积累的增量，n越大表明技术水平越高，τ表示研发部门的生产效率，其数值越大，生产效率越高，知识增量越大。H_n为研发部门的人力资本投入，式（1-8）表明，人力资本能够促进知识积累增加。如上所述，最终产品生产部门的人力资本投入为H_y，因此，$H_n + H_Y = H$。需要注意的是，人力资本在短期内是不变的，它是一个外生变量。n^*代表发达国家的技术水平，n^*-n代表发达国家与发展中国家技术水平的差距，$\mu(H)$代表发展中国家模仿能力，ω代表知识产权保护的强度。具体分析知识积累的三种方式可知，ωn代表一国或地区新技术总存量，这一部分技术存量尚未被模仿，它只能通过该国或地区研发投入获取，因此，知识产权保护越高，自主研发动力越强，技术水平上升越大。$\lambda(1-\omega)n$代表国内已经被模仿的旧技术，其中，$(1-\omega)$表明知识产权保护过强不利于一国国内的模仿创新。$(1-\omega)\mu(H)(n^*-n)$代表一国或地区通过模仿学习国外的先进技术而获取的新技术，这一部分同样表明知识产权保护的影响。具体而言，知识产权保护越强，模仿成本越高，$(1-\omega)\mu(H)(n^*-n)$越小。

假定研发部门人力资本的回报率为W_{Hn}，研发部门产品的价格为P_n，研发部门的总收入可以表达为：

$$TR=P_n n=P_n\tau H_n\left[\omega n+\lambda(1-\omega)n+(1-\omega)\mu(H)(n^*-n)\right] \tag{1-9}$$

由于研发市场是充分竞争的，所以该市场内部企业可以自由进出，达到均衡时企业的利润为0，即$TR=TC=W_{Hn}\cdot H_n$，此时，研发部门的人力资本回报率为：

$$W_{H_n}=P_n\tau\left[\omega n+\lambda(1-\omega)n+(1-\omega)\mu(H)(n^*-n)\right] \tag{1-10}$$

考虑到研发部门充分竞争的假定，其产品的价格应该等于中间品生产者获得收益的贴现值，这里假定实际利率固定不变，可进一步推出以下模型：

$$P_n=V(t)=\pi m\int_t^\infty \exp\left[-\int_t^s r(v)dv\right]ds=\frac{1}{r}\left[\frac{a}{1-a}\right]x \tag{1-11}$$

假设家庭的消费模式遵循无限期生存的 Ramsey 模型，则效用函数可以表达为：

$$U(C)=\int_0^\infty e^{-\rho t}u(c)dt=\int_0^\infty \frac{C^{1-\sigma}-1}{1-\sigma}e^{-\rho t}dt \tag{1-12}$$

其中，ρ代表消费者跨期替代的消费偏好，$1/\sigma$表示跨期替代弹性，进一步通过家庭跨期消费的最优化选择可以得到消费增长率的表达式为：

$$g_c=\frac{1}{\sigma}(r-\rho) \tag{1-13}$$

长期劳动力可在最终产品的生产部门以及研发部门进行自由流动，因此，在经济处于均衡时，最终产品生产部门与研发部门人力资本的回报率相同，即等式$W_{H_n}=W_{H_Y}$成立。进一步求解H_Y可得：

$$H_Y = \frac{r}{\tau(1-a)\left[\omega+\lambda(1-\omega)+(1-\omega)\mu(H)\frac{1-K}{K}\right]} \quad (1-14)$$

其中，$K=n/n^*$，表示国内与国外技术水平差异，K 值越大，国内与国外技术差异 n^*-n 越大。进一步计算技术进步率如下：

$$g_n = \tau(H-H_Y)\left[\omega+\lambda(1-\omega)+(1-\omega)\mu(H)\frac{1-K}{K}\right] \quad (1-15)$$

均衡状态下技术进步率为：

$$g = g_n = \frac{\tau H(1-a)\left[K\omega+K\lambda(1-\omega)+(1-\omega)\mu(H)(1-K)\right]-K\rho}{(1-a+\sigma)K} \quad (1-16)$$

进一步计算知识产权保护对技术进步率的影响可得：

$$\frac{\partial g}{\partial\omega} = \tau H(1-a)\left[1-\lambda-\mu(H)\frac{1-K}{K}\right]/(1-a-\sigma) \quad (1-17)$$

一、知识产权保护通过自主研发影响创新水平

当 $K>\frac{\mu}{1+\mu-\lambda}$、$\frac{\partial g}{\partial\omega}>0$，此时，国内与国外技术差异较小，国内自主创新能力较强，知识产权保护的加强有利于创新水平的提升。当 $K<\frac{\mu}{1+\mu-\lambda}$、$\frac{\partial g}{\partial\omega}<0$，此时，国内与国外技术差异较大，国内研发能力较弱，知识产权保护加强不利于创新水平的提高。具体而言，知识产权保护对自主研发的影响主要表现为正反两个方面：一方面，知识产权保护促进自主研发。研发活动带来的技术创新具有外部性，即企业的技术创新会受到其他企业的模仿，加强知识产权保护有利于减少研发投入的外部性，降低企业被侵权所带来的风险，同时提高研发的投资回报率，鼓励更多企业进行研发投入。此外，知识产权保护的加强有利于提高信息的对称性，从而激发创新技术交易市场的巨大潜力，最终促进研发投资。另一方面，强化知识产权保护体系将加强国外专利保护水平，致使我国自主创新面临障碍。研发投入对创新的影响同样具有正反两个方面。研发投入对企业创新水平的影响取决于企业的认知能力，当企业的认知能力较低时，研发投入对创新的影响不显著；当企业的认知能力较强时，研发投入能够显著促进创新水平的提高。另外，研发投入在一定程度上挤占生产资源，在某一阶段，研发投入会降低产出水平。

二、知识产权保护通过技术引进影响创新水平

当 $K>\frac{\mu}{1+\mu-\lambda}$、$\frac{\partial g}{\partial \omega}>0$，此时，国内技术水平较高，国内与国外技术差异较小，国内可以通过学习模仿国外先进技术提升创新水平，知识产权保护的提高能够通过引进技术提升创新水平。当 $K<\frac{\mu}{1+\mu-\lambda}$、$\frac{\partial g}{\partial \omega}<0$，此时，国内与国外技术差异较大，国内研发能力较弱，国内无法通过学习模仿国外先进技术提升创新水平，知识产权保护的提高无法通过引进技术提升创新水平。由此可见，知识产权保护对通过技术引进影响创新呈现非线性特征。本书具体分析知识产权保护通过外商直接投资（FDI）、进口贸易以及专利进口三个方面对创新的非线性影响。

（一）知识产权保护通过 FDI 影响创新水平

知识产权保护通过 FDI 影响创新水平主要体现为以下四个方面：第一，强化知识产权保护有利于引进高质量 FDI，这些优质的外来企业为国内企业带来的技术溢出效应与示范效应，国内企业通过学习模仿提升其创新水平。第二，完善的知识产权保护体系能够吸引大量管理人员以及其带来的先进管理体系，国内管理人员通过与之交流学习，提升其管理水平，促进本土企业创新。第三，知识产权保护体系不断优化有利于国外同行企业入驻国内，加剧国内企业竞争程度，从而倒逼本土企业进行研发投入，提升其创新水平。第四，强化知识产权保护导致国内企业的模仿成本上升，本土企业的模仿性创新受到抑制，不利于其创新能力的提升。

（二）知识产权保护通过进口贸易影响创新水平

知识产权保护通过市场扩张效应和市场垄断效应影响进口贸易。市场扩张效应主要表现为以下两个方面：第一，知识产权保护的加强会提高进口国厂商的模仿成本，厂商为了逃避法律制裁会减少模仿行为，进而将导致进口国该类进口货物供给减少，这部分需求会转移至国际市场，从而扩大进口规模。第二，国外企业会通过额外增加成本的方式防范进口国企业的模仿行为，一旦知识产权保护力度加强，国外企业的防范成本将会降低，这些企业会增加对进口国中间产品的出口，从而促使进口国中间产品进口规模扩大。市场垄断效应同样表现为两个方面：第一，进口国知识产权保护的加强将促使出口国企业的垄断势力得到巩固，

在利益最大化目标的驱使下，出口国企业会通过减少中间品出口数量，获取更多利润。最终进口国中间产品的进口规模将会下降。第二，随着进口国知识产权保护的加强，进口国企业的模仿成本上升，进口国企业会加强自身创新能力，一定程度上替代进口。此外，进口国知识产权保护的加强会提升出口国企业的垄断势力，国外企业专利产品价格将会上升，进一步刺激国内进口替代行为。最终，由于进口替代，进口国中间产品的进口规模将会下降。

进口贸易对进口国企业创新的影响主要体现为以下三个方面：第一，中间品尤其是资本品的进口包含着大量的技术信息，在实际操作和使用的过程中，大量隐性的知识以及无形的技术得到转移，国内企业自身技术不断提高，从而形成溢出效应。第二，示范效应和模仿效应的技术溢出。进口国引进设备、产品、技术的同时，先进的管理方式与销售策略也得到引进，这些信息的扩散有利于进口国技术水平的提升。第三，竞争效应的技术溢出。进口国进口的增加会使本土企业竞争压力增大。为了能在激烈的竞争中胜出，进口国企业必须增加研发投入，提升自身的创新水平。

（三）知识产权保护通过国际技术许可影响创新水平

当知识产权保护强度较低时，技术许可的买卖双方难以达成交易，不利于本土企业技术创新。首先，从技术交易卖方的视角进行考虑，技术所有者将其技术输入到缺乏完善知识产权保护体系的东道国市场后，发生技术泄密事件的概率大幅增加，为避免此类事件发生，技术所有者倾向于避免技术交易，即便交易也必须收取较高的费用从而弥补泄露风险。因此，强化知识产权保护能够促使技术拥有者将更多高质量技术许可输入到东道国市场。其次，从技术交易买方的视角考虑，尽管知识产权保护体系的加强会延长交易时间，促使交易程序复杂化，交易成本随之大幅度上升，同时，技术许可的转移为买方带来诸多限制，但是本土企业认为只要购买的技术成本较低，技术含量较高，引进企业便可站在巨人的肩膀上进行创新。因此，强化知识产权保护体系能够通过促进技术交易提升创新水平。知识产权保护过强会增加企业的模仿成本，不利于本土企业创新。具体而言，即使本土企业能够引进大量高质量技术许可，但是由于知识产权保护过强，企业无法接触核心技术，这些技术也无法在国内进行广泛传播，技术外溢效应丧失，二次创新的概率大幅度降低，据此，知识产权保护加强不利于技术创新。综上所述，强化知识产权保护对技术创新的影响具有不确定性。

第二章 知识产权保护的衡量

知识产权保护的概念较为抽象，涵盖范围较为宽泛，与立法 、司法、执法等因素均存在错综复杂的关系，所以其度量指标难以确定，已有文献尤其是法学领域的文献多以定性描述以及理论模型推导为主，该方法运用于法学研究尚可，但是经济学强调定量分析，缺乏知识产权保护强度的量化指标将会阻碍经济学的进一步研究，同时，不同地区间的知识产权保护强度也无法进行对比分析。因此，如何构建知识产权保护体系并进一步将其量化，是本部分的重点内容，也将成为后续实证分析的基础。

根据已有文献，本部分将知识产权保护的衡量方法划归三类：第一，问卷调查的方法。即对专业人士如企业负责人以及知识产权领域专业律师进行询问并对其意见进行归总评分的方法。第二，立法评分的方法。该方法的代表人物是拉普和罗泽克（Rapp & Rozek）以及希纳特和莱塞（Ginarte & Lesser）。他们以各国的立法作为评价基础给予相应评分。第三。综合评价的方法。该方法融合了问卷调查法与立法评分法。尽管问卷调查法的优点突出，如该方法可以使调查者不受其他影响，如实表述自己的观点和意见，特别是涉及敏感问题时，可以得到相对准确可靠的一手资料，而且由于问卷使用了标准化的词语，不存在调查人员的随意解释及诱导，但是其缺陷也十分明显，例如调查范围有限，通常只涉及部分领域、少数区域，且专业人士的意见过于主观。因此，已有研究对知识产权保护的衡量较多使用第二种方法即立法评分的方法，尤以 Ginarte-Park 指数为代表。

一、立法强度

该方法以某一地区与知识产权保护相关法律的完善程度评价其立法强度，这些法律条文包括《专利法》《版权法》《商标法》以及其他相关的知识产权法律体系。由于知识产权保护强度对经济的直接影响主要通过专利表现出来，而且《专利法》通常与其他知识产权相关法律的变化一致，因此，在计算具体知识产权保护指标时以《专利法》立法强度作为知识产权保护强度的代理变量。正如Ginarte-Park指数中立法强度的指标包括五个专利保护的一级指标，每个一级指标为一分，五个一级指标的累计得分即为知识产权保护强度的评分。它们分别为专利的覆盖范围、是否为国际条约成员、权力丧失的保护、执法的措施以及发明专利保护期限。五个一级指标下辖分项指标，具体而言，专利覆盖范围指标的分项指标为药品专利、化学品专利、食品专利、动植物品种专利、医用器械专利、微生物沉淀物专利以及实用新型专利。国际条约成员包括《巴黎公约》《专利合作条约》《植物新品种保护公约》。权力丧失的保护包括专利的计划许可、专利的强制许可以及专利的撤销、执法措施包括专利侵权的诉前禁令、专利侵权的连带责任以及专利侵权人举证责任。发明专利的保护期指标的计算为发明专利保护期与20的比值。按照Ginarte-Park方法，中国知识产权保护强度如表2－1所示。

表2－1　1985～2016年中国知识产权保护强度——基于Ginarte-Park指数

年份	知识产权保护立法强度——Ginarte-Park	年份	知识产权保护立法强度——Ginarte-Park
1985	1.512	2001	3.52
1986	1.512	2002	4.19
1987	1.512	2003	4.19
1988	1.512	2004	4.19
1989	1.512	2005	4.19
1990	1.512	2006	4.19
1991	1.512	2007	4.19
1992	1.512	2008	4.19
1993	2.857	2009	4.19
1994	3.19	2010	4.19
1995	3.19	2011	4.19
1996	3.19	2012	4.19
1997	3.19	2013	4.19
1998	3.19	2014	4.19
1999	3.524	2015	4.19
2000	3.524	2016	4.19

资料来源：依据Ginarte-Park方法计算所得。

由表 2 - 1 可知，1993 年之前，中国知识产权保护立法强度为 1.512，但是 1993 年之后，中国知识产权保护立法强度为 3.19，主要原因在于 1992 年 9 月 4 日第七届全国人民代表大会常务委员会第二十七次会议上通过的《关于修改中华人民共和国专利法的决定》。这是自 1984 年我国《专利法》成立以来第一次对其修改，修改后的《专利法》于 1993 年 1 月 1 日实施，其主要内容包括以下方面：第一，规定了权利人享有进口权。第二，对方法专利的保护延及依照该方法直接获得的产品。第三，专利保护的范围有所扩大。修改后的《专利法》规定，食品、饮料、调味品、药品和用化学方法获得的物质所使用的技术都可以申请专利，获得法律的保护，同时，微生物本身也给予专利保护。第四，修正了本国的优先权。1985 年的《专利法》第二十九条规定，外国申请人在国外第一次申请后再次在我国提出申请拥有优先权；修改后的《专利法》则增加了“申请人自发明或者实用新型在中国第一次提出专利申请之日起 12 个月内，又向国务院专利行政部门就相同主题提出专利申请的，可以享有优先权”。第五，扩大了专利申请修改的范围。1985 年的《专利法》规定，专利申请的修改只限于说明书，而修改后的《专利法》将修改的范围不仅包括说明书还包括专利要求书。第六，规定了发明专利申请公布的时间。修改后的《专利法》明确规定自申请日起满 18 个月公布发明专利。第七，缩短了授予专利权的时间。第八，由授权前的异议程序更改为授权后的撤销程序。第九，增加了专利复审的覆盖范围。第十，延长了专利权的期限。修改后的《专利法》将发明专利的保护期限由 15 年上升至 20 年；而实用新型专利一级外观设计专利的保护期限均由 5 年保护期附加 3 年续展期上升至 10 年保护期，但是不再续展。第十一，进一步限制了无效宣告请求的时间。1985 年的《专利法》规定，自专利授权后任何时间都可以提出无效宣告的请求；修改后的《专利法》规定，只能在授权之日起 6 个月后向专利复审委员会提出无效请求。第十二，完善了强制许可的规定。修改后的《专利法》规定了新的强制许可的条件，即：具备实施条件的单位以合理的条件请求发明或者实用新型专利权人许可实施其专利，而未能在合理长的时间内获得许可时，国务院专利行政部门根据申请可给予强制许可；在国家出现紧急状态或者非常情况时，或者为了公共利益目的，国务院专利行政部门可以给予强制许可。第十三，修改了专利侵权诉讼中举证责任转移的条件。1985 年的《专利法》规定，在方法专利被侵权时，侵权方应提供其产品制造方法的证明；修改后的《专利法》在产品前加了一个“新”字，即应提供制造新产品的制造方法的证明，这缩小了方法专利举证责任转移的范围，加强了对方法专利的保护。第十四，规定了对冒充专利产品或者方法的处罚。1985 年的《专利法》只规定了对假冒他人专利的处罚。但实践中，出现了不是假冒他人专利，而是将不可能实施的技术或伪劣产品冒充专利技术、专利产品。修改后的《专利法》增加规定对这一行为的处罚。

2001 年之后，中国第二次修改《专利法》，中国的知识产权保护立法强度由 3. 52 上升至 4. 19。其修改的具体内容为：第一，取消了撤销程序。第二，修改后的《专利法》实行的是单一的无效程序。原《专利法》第四十一条规定的专利权的撤销程序和无效程序有重合之处，所以取消了撤销程序，将原来的撤销程序合并于无效程序之中。第三，规定实用新型和外观设计的复审和无效由法院享有终审权。第四，明确专利侵权赔偿数额的计算原则。新《专利法》第六十条明确规定，侵犯专利权的赔偿数额，按照权利人因侵权所受到的损失或者侵权人因侵权所获得的利益，参照该专利许可使用费的倍数合理确定。第五，增加了诉前财产保全的规定。第六，增加了有关许诺销售的规定。第七，修改了授予专利强制许可的条件。修改后的《专利法》规定，一项取得专利权的发明或实用新型比以前已取得专利权的发明或实用新型具有显著经济意义的，就可以授予专利强制许可。第八，取消了专利权所有人与持有人的划分。在原《专利法》中，将全民所有制单位取得的专利规定为持有，其他经济成分的单位和个人取得的专利规定为所有，修改后的《专利法》则取消了这一规定，不再有专利权的所有人与持有人的划分，而统称为专利权人，使国有企事业单位在申请和取得专利权方面与其他经济成分的主体享受到了同样的权利与义务。

2008 年 12 月 27 日，第十一届全国人大常委会第六次会议通过了关于修改《专利法》的有关决定，修订后的《专利法》于 2009 年 10 月 1 日起施行。根据该决定，第三次《专利法》修改新增了 7 条，修改了 23 条。

表 2 –2 基于 Ginarte-Park 指数分析了亚洲及欧美国家的知识产权保护强度。由表中数据可知，美国知识产权保护指数最高，1960 年，美国知识产权保护指数为 3. 86，1995 年，美国知识产权保护指数为 4. 86。意大利知识产权保护指数次之，1960 年，意大利知识产权保护指数为 2. 99，1995 年，意大利知识产权保护指数为 4. 19。日本 1960 年知识产权保护指数为 2. 85，1995 年，该指数上升至 3. 94。韩国 1960 年知识产权保护指数为 2. 80，1995 年，该指数上升至 3. 94。加拿大 1960 年知识产权保护指数为 2. 76，1995 年，该指数上升至 3. 14。法国 1960 年知识产权保护指数为 2. 76，1995 年，该指数上升至 4. 04。马来西亚 1960 年知识产权保护指数为 2. 37，1995 年，该指数上升至 2. 80。新加坡 1960 年知识产权

保护指数为2.37，1995年，该指数上升至3.91。德国1960年知识产权保护指数为2.33，1995年，该指数上升至3.86。法国1960年知识产权保护指数为1.85，1995年，该指数下降至1.17。对比表2-1中国知识产权保护指数4.19可知，中国知识产权保护强度高于日本、韩国、加拿大、法国、德国等发达国家，与意大利知识产权保护强度相当，仅次于与美国知识产权保护水平。针对这一现象，大量学者提出了不同的解释，主要集中于知识产权立法强度不能完全代表知识产权保护强度，尤其不能代表发展中国家知识产权保护强度。众所周知，发达国家司法制度健全，其执法水平与立法水平相当，立法强度能够准确衡量知识产权保护总体水平，但是发展中国家司法体系处于转型阶段，执法体系严重落后于立法体系，立法强度难以全面反映知识产权保护强度，因此，发展中国家知识产权保护的衡量必须同时考虑立法强度与执法强度。本书将进一步考察中国知识产权保护执法强度。

表2-2　亚洲及欧美国家的知识产权保护强度——基于Ginarte-Park指数

国家	1960年	1965年	1970年	1975年	1980年	1985年	1990年	1995年
印度	1.85	1.85	1.42	1.62	1.62	1.62	1.48	1.17
德国	2.33	2.66	3.09	3.09	3.86	3.71	3.71	3.86
新加坡	2.37	2.37	2.37	2.37	2.37	2.57	2.57	3.91
马来西亚	2.37	2.37	2.37	2.37	2.57	2.90	2.37	2.80
法国	2.76	3.10	3.24	3.24	3.90	3.90	3.90	4.04
加拿大	2.76	2.76	2.76	2.76	2.76	2.76	2.76	3.14
韩国	2.80	2.80	2.94	2.94	3.28	3.61	3.94	3.94
日本	2.85	3.18	3.32	3.61	3.94	3.94	3.94	3.94
意大利	2.99	3.32	3.32	3.46	3.71	4.05	4.05	4.19
美国	3.86	3.86	3.86	3.86	4.19	4.52	4.52	4.86

资料来源：依据Ginarte-Park方法计算所得。

二、执法强度

通常，一国（地区）知识产权保护水平的强度需由该国（地区）的内外部环境共同决定，这些环境因素涉及以下五个方面：文化环境、司法制度与司法体系、社会诚实守信情况、经济发展状况以及社会制约和监督体系。因此，本书将知识产权保护的执法体系设定为以下五个方面：司法保护能力、行政管理能力、经济发展水平、公民公众意识以及国际监督制衡体系。

（一）司法保护能力及其测度

当一国（地区）发生知识产权纠纷时，司法保护是其问题解决的首要途径，此时，司法水平的高低便等同于知识产权保护能力的强弱。因此，拥有相对完善的司法体系以及高素质的司法队伍是知识产权法能够有序运行的基础。司法保护水平的测度指标较多，其中，律师比率即律师占总人口的比例是一个重要指标，在欧美一些发达国家，律师占总人口的比例普遍超过1‰，在其他工业化国家中，其律师比例也均超过了5‱。所以一般认为，当一国（地区）的律师比例超过5‱时，该国（地区）的司法体系较为完善。表2－3分析了2000～2013年中国律师人数及律师事务所数量变动趋势。

表2－3　　2000～2013年中国律师人数及律师事务所数量

年份	律师人数（人）	律师事务所数量（家）	年份	律师人数（人）	律师事务所数量（家）
2000	117 205	9 530	2007	143 704	13 544
2001	122 293	10 181	2008	154 492	14 419
2002	136 885	10 646	2009	171 304	15 948
2003	142 382	11 562	2010	194 826	17 181
2004	145 028	11 793	2011	212 544	18 174
2005	153 404	12 383	2012	230 335	19 342
2006	164 786	13 051	2013	248 424	20 581

资料来源：由2001～2014年《中国律师年鉴》整理所得。

从表2－3中数据可知，2000年，中国律师人数为117 205人，2013年，中国律师人数上升为248 424人，年均增长率高达5.95%。2000年，中国律师事务所数量为9 530家，2013年，中国律师事务所数量上升至20 581家，年均增长率为6.11%。虽然中国律师人数及律师事务所数量整体呈现上升趋势，但是涨幅并不稳定，如2007年处于负增长状态。可能的原因在于律师收入波动幅度较大。为了进一步分析司法体系的完善程度，本书进一步分析律师比率。2000～2016年，中国律师比例如表2－4所示。

表2－4　　2000～2016年中国律师比例

年份	律师人数（人）	总人口（万人）	律师比例（‱）
2000	117 205	126 743	0.924 7
2001	122 293	127 627	0.958 2
2002	136 885	128 453	1.065 6

续表

年份	律师人数（人）	总人口（万人）	律师比例（‰）
2003	142 382	129 227	1. 101 8
2004	145 028	129 988	1. 115 7
2005	153 404	130 756	1. 173 2
2006	164 786	131 448	1. 253 6
2007	143 704	132 129	1. 087 6
2008	154 492	132 802	1. 163 3
2009	171 304	133 450	1. 283 7
2010	194 826	134 091	1. 452 9
2011	212 544	134 735	1. 577 5
2012	230 335	135 404	1. 701 1
2013	248 424	136 072	1. 825 7
2014	271 153	136 782	1. 981 2
2015	303 642	137 462	2. 182 4
2016	327 316	138 271	2. 371 4

资料来源：由 2001 ~2017 年《中国律师年鉴》整理所得。

由表 2 –4 中数据可知，2000 年，中国律师比例为 0. 924 7‰，2016 年，中国律师比例为 2. 371 4‰。尽管中国律师比例呈快速上升趋势，但是相对于欧美发达国家律师比例的 1‰以及大部分工业化国家律师比例的 5‰，中国律师比例仍然偏低，仍有较大上升空间。为了进一步分析地区律师比例之间的发展情况及差异，本书进一步分析 2013 年 30 个省区市（不包括香港、澳门、台湾和西藏，下同）中国律师比例分布情况，如表 2 –5 所示。

表 2 –5　　2013 年 30 个省区市中国律师比例分布情况

省份	律师比例（‰）	省份	律师比例（‰）	省份	律师比例（‰）
北京	11. 241 6	山东	1. 740 6	河南	1. 319 7
上海	6. 911 8	内蒙古	1. 733 8	吉林	1. 312 3
天津	3. 141 3	海南	1. 661 5	湖南	1. 280 1
广东	2. 357 5	新疆	1. 649 3	广西	1. 126 3
浙江	2. 326 5	陕西	1. 602 0	黑龙江	1. 123 6
宁夏	2. 208 0	四川	1. 533 9	青海	1. 109 0
重庆	2. 139 7	山西	1. 526 2	安徽	1. 041 0

续表

省份	律师比例（‰）	省份	律师比例（‰）	省份	律师比例（‰）
福建	1.981 5	湖北	1.505 6	甘肃	0.955 1
江苏	1.949 2	云南	1.416 3	贵州	0.911 5
辽宁	1.945 3	河北	1.336 4	江西	0.816 5

资料来源：由2014年《中国律师年鉴》整理所得。

由表2－5中数据可知，2013年，30个省区市律师比例差异较大，北京律师比例最高，其数值为11.241 6‰，超过欧美发达国家律师比例的10‰，江西作为中国律师比例最低的省份，其数值仅为0.816 5‰，北京律师比例为江西律师比例的13.77倍。上海律师比例为6.911 8‰，尽管低于欧美发达国家律师比例，但是达到工业化国家律师比例的5‰。除北京与上海外，律师比例处于前十名的省份还包括天津、广东、浙江、宁夏、重庆、福建、江苏和辽宁。处于后十名的省份包括河南、吉林、湖南、广西、黑龙江、青海、安徽、甘肃、贵州和江西。

（二）行政管理能力及其测度

在知识经济时代，有关知识产权纠纷的案件呈快速上升趋势，数量大，专业性强。相对于司法程序，利用行政手段解决知识产权纠纷具有高效性和专业性特点，从产生纠纷的双方来看，行政程序的高效性能够降低权利人的相关损失。另外，行政保护能够从知识产权申请登记阶段、纠纷的处理以及损失赔偿阶段、侵权的处罚阶段等全方位、多角度地对知识产权进行保护，因此，其具有预防损害行为发生、使权利人的利益得到切实保护等特点。同时，行政保护的灵活性特点可以使一些尚不成熟、无法为立法程序保护的知识产权得到行政保护。综上所述，政府行政管理能力与知识产权保护密切相关。而一国（地区）行政管理能力通常取决于其法律体系的完备程度。一国（地区）法律体系越完善，其职责划分越明晰，监督能力越强，行政能力越高效。法律体系的完善必须在长期实践中完成，西方发达国家经历了数百年的实践，才使其法律体系完善。因此，在考虑法律体系的完善程度时，必须将立法时间作为关键变量。中国是世界上最大的发展中国家，目前正处于转型阶段，其第一部宪法创建于1954年，距今仅有64年，因此，法律体系尚有不足，甚至一些领域出现真空状态或相互矛盾冲突的地方。

本书以立法时间来度量一个国家法律体系的完备程度，具体的计算方法是以1954年为起点，当立法时间超过100年（世纪立法史表明，一套完善的法律体系需要100年的实践与修正)，行政管理能力取值为1，当立法时间不到100年，行政管理能力的取值为实际立法时间除以100。我国行政管理能力如表2-6所示。

表2-6　2000~2017年中国行政管理指标

年份	立法指标	年份	立法指标
2000	0.46	2009	0.55
2001	0.47	2010	0.56
2002	0.48	2011	0.57
2003	0.49	2012	0.58
2004	0.50	2013	0.59
2005	0.51	2014	0.60
2006	0.52	2015	0.61
2007	0.53	2016	0.62
2008	0.54	2017	0.63

资料来源：整理中国立法资料所得。

(三) 经济发展水平及其测度

从法制的供给侧角度考虑，无论司法管理还是行政管理，均需要相关费用成本，任何国家都应将司法水平限定在经济能够承受的范围之内，因此，经济水平是法制的必要保障与基础前提。从法制的需求侧考虑，居民的守法意识与其国家经济发展水平是高度相关的，因为根据马斯洛的需求理论，人类的需求由低到高分为五类，分别是生理需求如呼吸、水、食物、睡眠以及衣物；安全需求如人身安全、健康保障、财产安全以及工作；社会需求如亲情、爱情、友情；尊重需求如自我尊重、被他人尊重、信心以及成就；自我实现需求如价值观、创造力、责任感、示范带头作用以及引领性作用。只有当居民解决了生理需求、安全性需求之后才会考虑到遵纪守法、诚实守信等人类较高的需求层次，反之，如果经济水平较低，基本需求得不到保障，知识产权保护也就无从谈起了。因此，本书以“人均GDP”作为经济的发展指标从而考察知识产权保护水平。表2-7揭示了2000~2016年我国人均GDP的变动情况。

表2-7　2000~2016年人均GDP的变动

年份	人均GDP（元）	年份	人均GDP（元）
2000	7 902	2002	9 450
2001	8 670	2003	10 600

续表

年份	人均 GDP（元）	年份	人均 GDP（元）
2004	12 400	2011	36 018
2005	14 259	2012	39 544
2006	16 602	2013	43 320
2007	20 337	2014	46 629
2008	23 912	2015	50 126
2009	25 963	2016	53 816
2010	30 567		

资料来源：由 2001 ~2017 年《中国统计年鉴》整理所得。

由表 2 -7 中数据可知，2000 年，我国人均 GDP 仅为 7 902 元，2016 年，我国人均 GDP 上升至 53 816 元，年均增长率高达 12. 74%。中国经济的高速增长主要得益于科学技术的进步、生产结构的优化升级，如低附加值产业向高附加值产业的转变以及各类型生产要素投入的增加，尤其是资本要素投入的增加。考虑到中等国家的人均收入在 2 000 美元左右，本书以 2 000 美元即 14 000 元作为衡量标准，人均 GDP 超过 2 000 美元即 14 000 元表明经济发展水平较高，取值为 1，否则，取值为 0。2005 年，中国人均 GDP 为 14 259 元，并在此之后持续增长，以上述标准，2005 年之后，中国经济发展水平较高，取值为 1，在此之间发展水平较低，取值为 0。由于我国地区经济差异明显，本书进一步分析地区人均 GDP 的发展情况，如表 2 -8 和表 2 -9 所示。

表 2 -8　　2016 年 31 个省区市人均 GDP

省份	人均 GDP（元）	省份	人均 GDP（元）	省份	人均 GDP（元）
北京	118 127. 60	吉林	54 068. 06	新疆	40 240. 62
上海	116 440. 70	陕西	50 877. 50	四川	39 862. 67
天津	114 503. 10	辽宁	50 815. 21	安徽	39 392. 54
江苏	96 747. 44	宁夏	46 942. 07	广西	37 862. 01
浙江	84 528. 37	湖南	46 249. 44	山西	35 443. 81
福建	74 369. 08	海南	44 200. 65	西藏	34 785. 00
广东	73 511. 15	青海	43 380. 94	贵州	33 127. 23
内蒙古	71 936. 90	河北	42 932. 33	云南	30 996. 48
山东	68 386. 94	河南	42 458. 86	甘肃	27 587. 62
重庆	58 204. 04	黑龙江	40 500. 37		
湖北	55 506. 17	江西	40 285. 28		

资料来源：根据《中国统计年鉴（2017）》整理所得。

表2－8揭示了2016年中国31个省区市（不包括香港、澳门和台湾，下同）人均GDP的分布情况，其中，北京人均GDP最高，为118 127.60元，甘肃人均GDP最低，为27 587.62元，二者的差距高达4.24倍。人均GDP居于前十位的省份分别为北京、上海、天津、江苏、浙江、福建、广东、内蒙古、山东、重庆。人均GDP处于后十位的省份分别为江西、新疆、四川、安徽、广西、山西、西藏、贵州、云南以及甘肃。尽管地区差异较大，但是所有省份的人均GDP均高于2 000美元。

表2－9　　2000～2016年31个省区市人均GDP增长倍数

省份	人均GDP增长倍数	省份	人均GDP增长倍数	省份	人均GDP增长倍数
贵州	11.444 5	安徽	7.093 8	天津	5.363 8
内蒙古	11.250 8	吉林	6.896 6	浙江	5.279 5
重庆	10.286 4	河南	6.799 2	广东	4.705 2
陕西	10.184 3	湖北	6.722 1	河北	4.602 5
宁夏	8.700 8	西藏	6.630 0	新疆	4.387 0
广西	7.766 4	甘肃	6.188 0	北京	4.259 5
青海	7.527 8	山东	6.157 2	黑龙江	3.730 2
四川	7.332 5	山西	5.899 7	辽宁	3.526 6
江西	7.304 5	云南	5.684 6	上海	2.370 5
江苏	7.217 7	海南	5.411 5		
湖南	7.201 7	福建	5.410 6		

资料来源：由2001～2017年《中国统计年鉴》整理所得。

表2－9反映了2000～2016年中国31个省区市人均GDP增长倍数。由表中数据可知，贵州人均GDP增长最快，相对于2000年人均GDP，2016年，人均GDP增长11.444 5倍。上海人均GDP增长最慢，相对于2000年人均GDP，2016年，人均GDP增长2.370 5倍。人均GDP增长最快的十个省份分别是贵州、内蒙古、重庆、陕西、宁夏、广西、青海、四川 、江西和江苏。人均GDP增长最慢的十个省份分别是福建、天津、浙江、广东、河北、新疆、北京、黑龙江、辽宁和上海。对比表2－8和表2－9可知，人均GDP增长较快省份多为中西部经济水平较低的省份，人均GDP增长较慢省份多为东部经济水平较高的省份，所以，我国31个省区市收入差距缩小，且同步快速增长，普遍达到较高水平。

（四）公民公众意识及其测度

政府的立法水平与执法水平是知识产权保护的基础，但是并非唯一影响因素，更不是关键因素，社会的协同和知识产权利益相关者才是决定因素，任何法律体系的维护都需要社会协同、公众参与。现阶段，相当一部分知识产权侵害事件的发生均源于利益相关者的维权意识淡薄。如盗版泛滥，若非购买者的纵容，形成了盗版需求，盗版行业不会如此繁荣。如若公民具有守法意识并积极维护法律的权威性，遇到盗版便积极举报，使其无所遁形，那么盗版市场也是难以持续，知识产权的维护也就水到渠成了。所以，公民的知识产权保护意识是执法水平的关键因素。一般认为，公民的守法意识与其知识结构高度相关，知识结构取决于教育程度，因此，公民接受教育的年限是其守法意识的关键。本书以成人识字率作为知识产权保护意识的代理变量。发达国家成人识字率普遍高于95%，因此，本书将95%作为成人识字率的标准，当一国（地区）成人识字率超过95%时，其指标值为1，当一国（地区）成人识字率低于95%时，该指标的取值为实际成人识字率除以95%。表2-10反映了2001~2016年中国成人识字率的变动情况。

表2-10　　2001~2016年中国成人识字率变动情况

年份	成人识字率（%）	年份	成人识字率（%）
2001	90.92	2009	92.90
2002	88.37	2010	95.92
2003	89.05	2011	94.79
2004	89.68	2012	95.04
2005	88.96	2013	95.40
2006	90.69	2014	95.08
2007	91.60	2015	94.58
2008	92.23	2016	94.72

资料来源：由2002~2017年《中国统计年鉴》整理所得。

由表2-10中数据可知，2001年，中国成人识字率为90.92%，2002~2005年，成人识字率持续低于90%，2006年，中国成人识字率上升至90.69%，重回90%水平。此后，中国成人识字率持续上升，直至2010年该值达到95.92%。2011年，成人识字率为94.79%，2010~2014年，成人识字率均达到95%。随后两年，成人识字率均低于95%，2015年，成人识字率为94.58%。2016年，成人识字率为94.72%。对比发达国家成人识字率标准95%，中国在2010年以及2012~2014年达到发达国家水平。进一步分析中国不同地区成人识字率水平如表2-11所示。

表2-11　2016年31个省区市中国成人识字率分布情况

省份	成人识字率（%）	省份	成人识字率（%）	省份	成人识字率（%）
北京	98.44	重庆	95.98	山东	93.44
辽宁	98.31	河北	95.90	安徽	93.19
天津	97.74	海南	95.37	宁夏	93.18
吉林	97.53	内蒙古	95.34	四川	91.78
山西	97.48	江西	95.17	甘肃	91.30
广东	97.13	陕西	94.78	云南	91.17
上海	96.89	湖北	94.36	贵州	88.14
湖南	96.61	河南	94.35	青海	86.55
黑龙江	96.40	江苏	94.19	西藏	58.88
广西	96.21	浙江	94.01		
新疆	96.21	福建	93.86		

资料来源：根据《中国统计年鉴（2017）》整理所得。

表2-11反映了2016年31个省区市中国成人识字率的分布情况。表中数据表明，北京居民接受教育的程度最高，其成人识字率水平为98.44%，西藏居民接受的教育程度最低，其成人识字率仅为58.88%。31个省区市中，北京、辽宁、天津、吉林、山西、广东、上海、湖南、黑龙江、广西、新疆、重庆、河北、海南、内蒙古和江西的成人识字率达到发达国家水平，均高于95%。其余地区成人识字率均低于95%，其中，四川、甘肃、云南、贵州、青海和西藏等西部地区成人识字率较低，均低于93%。

（五）国际监督制衡体系及其测度

一国（地区）制度体系的完善固然能够促进知识产权保护水平的提高，但是国际监督制衡对知识产权保护的作用也是不容忽视的，知识产权保护不仅仅是一个国内问题，更是一个国际问题。WTO（世界贸易组织）作为当代最重要的经济组织之一降低了各国关税税率与非关税壁垒，极大地促进了各国（地区）经贸往来，尤其是对知识产权领域的保护更是发挥了前所未有的作用。具体而言，WTO规则共涵盖三个领域，其中包括“与贸易有关的知识产权”协议，该协议要求对专利技术、版权以及商标进行有效保护。各国（地区）应该在WTO规则下，积极打击仿冒品牌产品，禁止一切盗版活动包括音乐、软件、电影等方面。另外，WTO为知识产权保护的争端提供解决机制，任何成员在发生知识产权纠纷时，都可以向WTO提出仲裁获取公平、公正的判决。因此，本书用“WTO成员”作为国际监督制衡的代理变量，如若一个国家（地区）加入WTO，则该国（地区）取值为1。反之，该国（地区）取值为0。进一步分析可知，是否加入 WTO 是一个关键标准并非唯一因素，因为一国（地区）的执法水平并非在加入 WTO 之后就是一成不变的，它会随着时间的推移，不断提高完善。所以，本书以 2001 年为起点至 2016 年为终点，“WTO 成员”指标从 0 到 1 均匀变化。2000 ~ 2016 年，WTO 成员指标变动情况如表 2 - 12 所示。

表 2 - 12　　　2000 ~ 2016 年 WTO 成员指标

年份	WTO 成员指标	年份	WTO 成员指标
2000	0.483 9	2009	0.774 2
2001	0.516 1	2010	0.806 5
2002	0.548 4	2011	0.838 7
2003	0.580 6	2012	0.871 0
2004	0.612 9	2013	0.903 2
2005	0.645 2	2014	0.935 5
2006	0.677 4	2015	0.967 7
2007	0.709 7	2016	1.000 0
2008	0.741 9		

资料来源：根据中国加入 WTO 时间整理所得。

综合考虑知识产权保护的执法体系的五个方面：司法保护能力、行政保护能力、经济发展水平、居民公众意识以及国际监督制衡体系。本书计算出知识产权保护执法指标数值如表 2 - 13 所示，表中数据表明，2001 ~ 2016 年，中国执法水平持续上升，2001 年，中国执法指标数值为 0.551，2016 年，该指标上升至 0.818。执法水平上升的原因在于执法体系五个分项指标得到改善，如律师比率持续上升、立法体系不断完善、经济快速发展、人民生活水平持续改善、公民法律意识不断强化、国际监督制衡不断深入。

表 2 - 13　　　2001 ~ 2016 年中国执法指标变动趋势

年份	执法指标	年份	执法指标
2001	0.551	2009	0.712
2002	0.569	2010	0.731
2003	0.597	2011	0.744
2004	0.633	2012	0.758
2005	0.665	2013	0.772
2006	0.681	2014	0.787
2007	0.684	2015	0.802
2008	0.697	2016	0.818

资料来源：根据表 2 - 4、表 2 - 6、表 2 - 7、表 2 - 10 数据计算所得。

表2－14揭示了2016年中国30个省区市执法指标的分布情况，其中，北京和上海的执法水平均为0.924，处于最高水平；青海执法水平最低，仅为0.754。执法水平处于前十位的省份为北京、上海、天津、广东、浙江、重庆、宁夏、江苏、福建、辽宁，其执法数值分别为0.924、0.924、0.870、0.840、0.837、0.830、0.824、0.823、0.821、0.811。执法水平处于后十位的省份为云南、湖南、吉林、广西、黑龙江、安徽、贵州、甘肃、江西、青海，其执法数值分别为0.787、0.784、0.782、0.780、0.771、0.768、0.760、0.759、0.758、0.754。各地区执法水平差异明显。同时，反映各省区市经济发展、立法体系、律师比率等方面确实存在较大差异。进一步对比分析各省区市执法指标如表2－14所示。

表2－14　2016年30个省区市执法指标分布

省份	执法水平	省份	执法水平	省份	执法水平
北京	0.924	内蒙古	0.809	云南	0.787
上海	0.924	山东	0.807	湖南	0.784
天津	0.870	陕西	0.807	吉林	0.782
广东	0.840	海南	0.799	广西	0.780
浙江	0.837	湖北	0.798	黑龙江	0.771
重庆	0.830	山西	0.795	安徽	0.768
宁夏	0.824	四川	0.795	贵州	0.760
江苏	0.823	新疆	0.795	甘肃	0.759
福建	0.821	河北	0.791	江西	0.758
辽宁	0.811	河南	0.791	青海	0.754

资料来源：根据表2－5、表2－6、表2－8、表2－11、表2－12数据计算所得。

三、知识产权保护强度

由于知识产权保护分为知识产权立法保护和知识产权执法保护，所以本书将立法指标与执法指标的乘积作为知识产权保护强度指标，表2－15反映了中国知识产权保护水平，表中数据表明，2001～2016年，中国知识产权保护水平快速上升，2001年，中国知识产权保护水平仅为1.938 9，2016年，该指标上升至3.428 5。表2－16进一步揭示了2016年中国30个省区市知识产权保护指标分布情况，其中，北京和上海的知识产权保护均为3.871 6，处于最高水平；青海知识产权保护水平最低，仅为3.160 9。知识产权保护水平处于前十位的省份为北京、上海、天津、广东、浙江、重庆、宁夏、江苏、福建和辽宁，其知识产权保护指标数值分别为3.871 6、3.871 6、3.645 7、3.520 0、3.507 7、3.475 7、3.452 2、3.447 0、3.441 9和3.399 9。知识产权保护水平处于后十位的省份为云南、湖南、吉林、广西、黑龙江、安徽、贵州、甘肃、江西和青海，其知识产权保护指标数值分别为3.296 7、3.283 9、3.275 3、3.266 4、3.230 1、3.217 1、3.184 1、3.178 8、3.176 6和3.160 9。各地区知识产权保护水平差异明显。

表2－15　　2001～2016年中国知识产权保护水平变动情况

年份	知识产权保护指标	年份	知识产权保护指标
2001	1.938 9	2009	2.982 3
2002	2.385 6	2010	3.064 6
2003	2.501 8	2011	3.119 0
2004	2.652 9	2012	3.177 0
2005	2.787 4	2013	3.233 3
2006	2.851 5	2014	3.295 6
2007	2.867 2	2015	3.360 2
2008	2.920 8	2016	3.428 5

资料来源：根据表2－1和表2－13计算所得。

表2－16　　2016年30个省区市知识产权保护指标分布情况

省份	知识产权保护指标	省份	知识产权保护指标	省份	知识产权保护指标
北京	3.871 6	内蒙古	3.388 9	云南	3.296 7
上海	3.871 6	山东	3.382 4	湖南	3.283 9
天津	3.645 7	陕西	3.380 7	吉林	3.275 3
广东	3.520 0	海南	3.348 2	广西	3.266 4
浙江	3.507 7	湖北	3.342 9	黑龙江	3.230 1
重庆	3.475 7	山西	3.333 1	安徽	3.217 1
宁夏	3.452 2	四川	3.330 9	贵州	3.184 1
江苏	3.447 0	新疆	3.330 1	甘肃	3.178 8
福建	3.441 9	河北	3.314 9	江西	3.176 6
辽宁	3.399 9	河南	3.312 2	青海	3.160 9

资料来源：根据表2－1和表2－14计算所得。

四、知识产权保护——基于执法案件的测度

根据上面所述，基于Ginarte-Park指数计算所得的中国知识产权保护指数已

达到世界国家发达水平，但与此同时，中国国内假冒伪劣产品猖獗，侵权事件时有发生，种种迹象表明，中国具有名义知识产权保护强而实际知识产权保护弱的特点，在此环境下，一省（地区）执法力度加强会导致侵权案件增加，反之，一省（地区）知识产权保护力度弱化，对侵权行为不加约束，则侵权案件较少。所以，在某种程度上侵权案件增加意味着知识产权保护执法指标得到改善。本书对比不同时期中国侵权案件以分析我国知识产权执法水平。表 2 – 17 揭示了 2000 ~2016 年中国侵权案件结案数的变动趋势。

表 2 – 17　　2000 ~2016 年中国侵权案件结案数变动情况　　单位：件

年份	侵权案件结案数	年份	侵权案件结案数
2000	702	2009	1 331
2001	883	2010	1 440
2002	2 419	2011	2 732
2003	2 661	2012	7 898
2004	2 784	2013	15 055
2005	3 441	2014	24 447
2006	1 937	2015	35 654
2007	1 457	2016	48 204
2008	1 521		

资料来源：由 2001 ~2017 年《中国知识产权统计年报》整理所得。

表 2 – 17 中数据表明，总体而言，中国侵权案件结案数呈快速上升趋势，2000 年，中国侵权案件结案数仅为 702 件，2016 年，中国侵权案件结案数上升至 48 204 件，2016 年，中国侵权案件结案数是 2000 年的 68. 67 倍。这一现象表明，我国知识产权保护执法力度有了较大提升，侵权行为受到严厉打击。进一步分析可知，2012 年，中国侵权案件上升较为明显，相对于 2011 年同比增长了 2. 89 倍。继而 2013 年侵权案件结案数超过一万件，达到 15 055 件，2014 年，突破两万件，达到 24 447 件，2015 年，突破三万件，达到 35 654 件，2016 年，侵权案件结案数进一步突破四万件，上升至 48 204 件。可见，政府对知识产权保护的重视，致力于提升知识产权保护水平。表 2 – 18 进一步揭示了 2016 年 30 个省区市侵权案件结案数分布情况。

表 2－18　　2016 年 30 个省区市侵权案件结案数分布情况

省份	侵权案件结案数	省份	侵权案件结案数	省份	侵权案件结案数
浙江	11 496	安徽	1 145	天津	549
江苏	6 295	河北	1 062	甘肃	472
广东	3 879	辽宁	863	内蒙古	353
湖南	3 595	北京	827	云南	298
山东	3 419	陕西	756	上海	257
贵州	2 763	新疆	738	海南	111
湖北	2 097	黑龙江	658	吉林	81
河南	1 966	重庆	567	山西	76
福建	1 435	江西	565	宁夏	56
四川	1 267	广西	554	青海	4

资料来源：《中国知识产权统计年报（2017）》。

表 2－18 中数据表明，中国 30 个省区市侵权案件结案数差异明显，以浙江为代表的发达地区侵权案件的结案数规模较大，2016 年，浙江强权结案数高达 11 496 件，同时期，青海侵权案件结案数仅为 4 件，前者是后者的 2 874 倍。2016 年，30 个省区市中，侵权案件结案数超过 10 000 件的仅有浙江一省，超过 1 000件的省份包括浙江（11 496 件）、江苏（6 295 件）、广东（3 879 件）、湖南（3 595 件）、山东（3 419 件）、贵州（2 763 件）、湖北（2 097 件）、河南（1 966 件）、福建（1 435 件）、四川（1 267 件）、安徽（1 145 件）、河北（1 032件）。侵权案件结案数不足 100 件的省份有 4 个，分别是吉林（81 件）、山西（76 件）、宁夏（56 件）、青海（4 件）。表 2－19 揭示了 2016 年 30 个省区市三种类型侵权案件结案数分布情况。

表 2－19　　2016 年 30 个省区市三种类型侵权案件结案数分布情况　　单位：件

地区	侵权纠纷	其他纠纷	查处假冒专利案件
30 个省区市	19 682	470	28 052
浙江	10 107	0	1 389
广东	2 608	41	1 230
江苏	1 131	86	5 078
河北	636	36	390
河南	583	31	1 352
湖南	534	25	3 036

续表

地区	侵权纠纷	其他纠纷	查处假冒专利案件
四川	492	37	738
安徽	483	16	646
湖北	475	2	1 620
山东	469	3	2 947
重庆	284	46	237
黑龙江	239	129	290
辽宁	234	3	626
北京	229	0	598
上海	198	2	57
福建	174	4	1 257
江西	171	0	394
陕西	157	3	596
新疆	127	0	611
天津	90	0	459
宁夏	56	0	0
吉林	54	2	25
云南	35	0	263
贵州	33	0	2 730
广西	32	0	522
甘肃	29	0	443
内蒙古	10	0	343
山西	5	3	68
青海	4	0	0
海南	3	1	107

资料来源：《中国知识产权统计年报（2017）》。

总体而言，查处假冒专利案件结案数量最多，为 28 052 件，侵权纠纷案件结案数次之，为 19 682 件，其他纠纷案件结案数最少，为 470 件。针对查处假冒专利案件，执行数量最多的省份分别为江苏、湖南、山东、贵州和湖北，执行数量最少的省份分别为山西、上海、吉林、宁夏和青海，其中，宁夏与青海 2016 年查处假冒专利案件数量为 0。针对侵权纠纷案件结案数，浙江、广东、江苏、河北、河南执行案件较多，分别为 10 107 件、2 608 件、1 131 件、636 件、583 件。天津、宁夏、吉林、云南、贵州、广西、甘肃、内蒙古、山西、青海、海南侵权纠纷案件结案数较少，不足 100 件。三种侵权案件中，其他纠纷案件占比最低，各省份执行数较少，超过100件的省份仅为黑龙江，不足10件的省份高达21个，其中，贵州、浙江、新疆、北京、广西、天津、甘肃、江西、内蒙古、云南、宁夏和青海的其他纠纷案件结案数为0。

进一步借鉴已有研究，对知识产权保护的度量方法利用显性比较优势指标考察我国知识产权保护执法情况，其计算方法如下：

$$IPR1_{it} = \frac{crime_{it}/dipr_{it}}{\sum crime_{it}/\sum dipr_{it}} + 1 \tag{2-1}$$

上述计算公式是以专利授权量为基础测度的实际知识产权保护水平IPR1。其中，$crime_{it}/dipr_{it}$表示i地区t年知识产权保护执法案件占该地区专利授权案件的比重，知识产权保护执法案件包括侵权纠纷、假冒专利以及其他纠纷。$\sum crime_{it}/\sum dipr_{it}$表示全国在t年知识产权保护案件占全国专利授权案件的比重。此处，本书将等式右侧统一加上数字1，是因为在实证分析中会用到变量的对数值，如果t年i地区没有知识产权保护立案，即该指数为0，则无法取值而造成变量的缺失。显然，这样做不会对实证模型的系数产生任何实质性的改变。

本书对实证结果的稳健性进行了进一步分析，以专利申请为基础衡量知识产权保护水平。其计算方法如下：

$$IPR2_{it} = \frac{crime_{it}/dipr_{it}}{\sum crime_{it}/\sum dipr_{it}} + 1 \tag{2-2}$$

其中，$crime_{it}/dipr_{it}$表示i地区t年知识产权保护执法案件占该地区专利申请案件的比重。$\sum crime_{it}/\sum dipr_{it}$表示全国在t年知识产权保护案件占全国专利申请案件的比重。

表2-20揭示了2000~2016年分别基于专利申请受理与专利申请授权的知识产权保护指标趋势变动情况，其中，知识产权保护指数1代表以专利申请受理为基础计算所得，知识产权保护指数2代表以专利申请授权为基础计算所得。表中数据表明，总体而言，中国知识产权保护水平呈上升趋势，2000年，中国知识产权保护指数1仅为0.005 0，2016年，中国知识产权保护指数1上升至0.014 6。知识产权保护指数2的变动趋势同样表明中国知识产权保护水平快速上升，2000年，该指数为0.007 4，2016年，该指数为0.029 9。尽管总体上升，但是阶段变化明显，首先，2002年中国知识产权保护水平快速上升，具体表现为知识产权保护指数1由2001年的0.005 3上升至2002年的0.011 8，知识产权保护指数2由2001年的0.008 9上升至2002年的0.021 6。其次，2006年中国知

识产权保护水平下降明显，具体表现为知识产权保护指数 1 由 2005 年的 0. 009 0 下降至 2006 年的 0. 004 1，知识产权保护指数 2 由 2005 年的 0. 020 1 上升至 2006 年的 0. 008 7。2006 ~ 2010 年，无论是知识产权保护指数 1 还是知识产权保护指数 2 均呈延续下降趋势，尽管 2011 年知识产权保护有所提升，但是幅度较小，直至 2013 年中国知识产权保护指数呈现较大上升，且在此之后保持上升趋势。

表 2 - 20　　基于专利申请受理与专利申请授权的知识产权保护指标

年份	知识产权保护指数 1	知识产权保护指数 2
2000	0. 005 0	0. 007 4
2001	0. 005 3	0. 008 9
2002	0. 011 8	0. 021 6
2003	0. 010 6	0. 017 8
2004	0. 010 0	0. 018 4
2005	0. 009 0	0. 020 1
2006	0. 004 1	0. 008 7
2007	0. 002 5	0. 004 8
2008	0. 002 1	0. 004 3
2009	0. 001 5	0. 002 7
2010	0. 001 3	0. 001 9
2011	0. 001 8	0. 003 1
2012	0. 004 1	0. 006 8
2013	0. 006 7	0. 012 3
2014	0. 011 1	0. 020 2
2015	0. 013 5	0. 022 3
2016	0. 014 6	0. 029 9

资料来源：由 2001 ~ 2017 年《中国科技统计年鉴》与《中国知识产权统计年报》整理所得。

五、知识产权保护指数——基于技术交易市场的成交额

中国作为一个立法权高度集中的国家，各个地区的产权制度与契约制度并无较大差异，其差别主要体现为实施机制的不同。对于知识产权保护而言，实施机制的不同主要表现为行政执法与司法的过程及效率上。目前，我国出版的统计资料尚未提供省份区域层面的数据，因此无法准确衡量各地司法保护水平。尽管《中国知识产权年鉴》提供了各地区知识产权的立案数与结案数，可以用知识产

权纠纷结案率来衡量我国地区知识产权行政执法保护水平，但这一指标是值得商榷的。结案率并不能有效反映知识产权纠纷的裁决质量。司法地方保护在中国仍是一个较为普遍的现象。现实中，技术交易市场规模能够较好地衡量知识产权保护水平，是一个合适的代理变量。以交易市场的成交额衡量知识产权保护水平时，不需要了解技术交易合同细节，犹如哈耶克的理论“市场中的价格包含了所有供求信息”，技术交易市场的成交额本身也包含了所有与知识产权保护相关的所有信息，例如，买卖双方能够通过市场有效维护自身合法利益、技术交易市场能否提供买卖双方公正的司法裁决等。因此，利用该指标作为知识产权保护的代理变量，优点是显而易见的。表 2－21 揭示了 2000～2016 年基于技术市场交易额的知识产权保护水平变动情况。

表 2－21　　2000～2016 年基于技术市场交易额的知识产权保护水平变动情况

年份	技术市场交易额（万元）	GDP（亿元）	技术市场交易指标
2000	6 507 519	97 209. 37	0. 006 69
2001	7 827 489	108 553. 25	0. 007 21
2002	8 841 713	120 575. 61	0. 007 33
2003	10 846 727	139 254. 09	0. 007 79
2004	13 343 630	167 587. 17	0. 007 96
2005	15 513 694	197 789. 05	0. 007 84
2006	18 181 813	232 815. 33	0. 007 81
2007	22 265 261	279 736. 28	0. 007 96
2008	26 652 288	333 313. 92	0. 008 00
2009	30 390 024	365 303. 69	0. 008 32
2010	39 065 753	437 041. 99	0. 008 94
2011	47 635 589	521 441. 11	0. 009 14
2012	64 370 683	576 551. 85	0. 011 16
2013	74 691 254	634 345. 33	0. 011 77
2014	85 771 790	684 349. 41	0. 012 53
2015	98 357 896	685 505. 80	0. 014 35
2016	114 069 816	744 127. 20	0. 015 33

资料来源：由 2001～2017 年《中国科技统计年鉴》整理所得。

表 2－21 中第一列数据表明，中国技术市场交易额呈现快速上升趋势，2000 年，技术市场交易额仅为 6 507 519 万元，2016 年，技术市场交易额上升至

114 069 816万元，2016 年的交易额是 2000 年的 17.53 倍，其背后的经济学含义在于中国的知识产权保护水平得到快速提升。考虑到技术交易额无法准确衡量知识产权保护水平的上升幅度，本书将其与 GDP 的比值作为知识产权保护的衡量指标，如表 2－21 中第三列数据所示，中国知识产权保护的上升趋势未发生明显变化，2000 年，该比值为 0.006 69，2016 年，知识产权保护指标上升为 0.015 33。表 2－22 揭示了 2016 年 30 个省区市基于技术市场交易额的知识产权保护水平分布情况。

表 2－22　2016 年 30 个省区市基于技术市场交易额的知识产权保护水平分布情况

省份	技术市场交易额（万元）	GDP（亿元）	技术市场交易指标
北京	39 409 752	25 669.13	0.153 52
湖北	9 038 371	32 665.38	0.027 66
陕西	8 027 887	19 399.59	0.041 38
上海	7 809 858	28 178.65	0.027 71
广东	7 581 650	80 854.91	0.009 37
江苏	6 356 425	77 388.28	0.008 21
天津	5 526 361	17 885.39	0.030 89
山东	3 959 453	68 024.49	0.005 82
辽宁	3 232 180	22 246.90	0.014 52
四川	2 993 006	32 934.54	0.009 08
安徽	2 173 748	24 407.62	0.008 90
浙江	1 983 716	47 251.36	0.004 19
甘肃	1 506 615	7 200.37	0.020 92
重庆	1 471 870	17 740.59	0.008 29
黑龙江	1 258 091	15 386.09	0.008 17
吉林	1 164 198	14 776.80	0.007 87
湖南	1 056 287	31 551.37	0.003 34
江西	790 077	18 499.00	0.004 27
河北	589 959	32 070.45	0.001 83
河南	587 075	40 471.79	0.001 45
云南	582 559	14 788.42	0.003 93
青海	569 190	2 572.49	0.022 12
福建	432 204	28 810.58	0.001 50

续表

省份	技术市场交易额（万元）	GDP（亿元）	技术市场交易指标
山西	425 622	13 050. 41	0. 003 26
广西	339 922	18 317. 64	0. 001 85
贵州	204 437	11 776. 73	0. 001 73
内蒙古	120 492	18 128. 10	0. 000 66
新疆	42 755	9 649. 70	0. 000 44
宁夏	40 526	3 168. 59	0. 001 27
海南	34 431	4 053. 20	0. 000 84

资料来源：《中国科技统计年鉴（2017）》。

由表 2 –22 中数据可知，各省区市技术市场交易额差异明显，北京技术市场交易额最大，为 39 409 752 万元，海南技术市场交易额最低，为 34 431 万元，前者是后者的 1 144. 6 倍，该现象进一步说明，北京的知识产权保护水平远远高于海南知识产权保护水平。另外，技术交易市场交易额处于第二位至第十位的省份为湖北、陕西、上海、广东、江苏、天津、山东、辽宁、四川，其交易额分别为 9 038 371万元、8 027 887 万元、7 809 858 万元、7 581 650 万元、6 356 425 万元、5 526 361 万元、3 959 453 万元、3 232 180 万元、2 993 006 万元。技术交易额处于后十位的省份为云南、青海、福建、山西、广西、贵州、内蒙古、新疆、宁夏和海南，其交易额分别为 582 559 万元、569 190 万元、432 204 万元、425 622万元、339 922 万元、204 437 万元、120 492 万元、42 755 万元、40 526 万元和 34 431 万元。与前面所述一致，经济规模会影响技术市场交易额，因此，以技术市场交易额的绝对值测度知识产权保护水平缺乏可靠性，本部分进一步考察地区技术市场交易额与地区 GDP 的比值，并以此作为知识产权保护水平的衡量指标，由表中数据可知，该比值最大的省份是北京，排名第二的省份为陕西，天津排名第三，上海排名第四，湖北排名第五，排名第六位到第十位的省份分别为青海、甘肃、辽宁、广东和四川。

六、知识产权保护指数——基于全球竞争力报告的测度

表 2 –23 揭示了 2006 ~2016 年基于全球竞争力报告的中国知识产权保护指数变动趋势，该指数的取值为 0 ~7，取值 0 代表没有任何知识产权保护，取值 7 代表知识产权保护完善。取值越大，知识产权保护越强。

表 2-23　2006~2016 年基于全球竞争力报告的中国知识产权保护指数变动趋势

年份	知识产权保护指数	排名
2006	3.9	53
2007	4.0	45
2008	4.0	49
2009	4.0	47
2010	3.9	51
2011	3.9	51
2012	3.9	53
2013	4.0	53
2014	4.0	63
2015	4.3	62
2016	4.5	49

资料来源：由 2007~2017 年《全球竞争力报告》整理所得。

从表 2-23 中数据可知，中国知识产权保护指数呈阶段性上升趋势，2006 年，该指数为 3.9，2007 年，中国知识产权保护指数上升为 4.0，2008 年与 2009 年，该指数持续为 4.0，2010 年，该指数下降为 3.9 并保持至 2012 年，2013 年，中国知识产权保护指数重新上升至 4.0，2015 年，上升至 4.3，2016 年，进一步上升至 4.5。另外，从表中数据可知，总体而言，中国知识产权保护指数排名呈上升趋势，2006 年，中国内地知识产权保护指数的排名为 53，2016 年，该指数上升至 49 位。但其过程呈现阶段特征，2007 年，中国内地知识产权保护指数有较大幅度的上升，随后处于下降趋势，直至 2014 年，中国知识产权保护指数为 63 位，2015 年，中国知识产权保护指数略微上升至 62 位，2016 年，该指数上升明显至 49 位。进一步对比分析中国与其他国家知识产权保护水平如表 2-24 所示。

表 2-24　2016 年 39 个国家（地区）知识产权保护水平

排序	国家（地区）代码	国家（地区）	知识产权保护	排序	国家（地区）代码	国家（地区）	知识产权保护
1	757	瑞士	6.60	5	58	比利时	6.00
2	528	荷兰	6.20	6	40	奥地利	5.90
3	702	新加坡	6.20	7	344	中国香港	5.90
4	826	英国	6.20	8	372	爱尔兰	5.90

续表

排序	国家（地区）代码	国家（地区）	知识产权保护	排序	国家（地区）代码	国家（地区）	知识产权保护
9	376	以色列	5.90	25	360	印度尼西亚	4.50
10	36	澳大利亚	5.80	26	724	西班牙	4.50
11	124	加拿大	5.80	27	381	意大利	4.40
12	251	法国	5.80	28	410	韩国	4.40
13	392	日本	5.80	29	699	印度	4.40
14	752	瑞典	5.80	30	703	斯洛伐克	4.30
15	842	美国	5.80	31	76	巴西	4.20
16	276	德国	5.70	32	484	墨西哥	4.10
17	634	卡塔尔	5.70	34	348	匈牙利	4.00
18	784	阿联酋	5.70	33	608	菲律宾	4.10
19	208	丹麦	5.60	35	616	波兰	4.00
20	458	马来西亚	5.30	36	643	俄罗斯	3.70
21	203	捷克	5.00	37	792	土耳其	3.70
22	682	沙特阿拉伯	4.80	38	704	越南	3.60
23	422	罗马尼亚	4.60	39	764	泰国	3.50
24	156	中国	4.50				

资料来源：《全球竞争力报告（2017）》。

表2－24揭示了2016年39个国家（地区）基于全球竞争力报告的知识产权保护水平分布情况。表中数据表明，2016年，知识产权保护水平排名世界第一位的是瑞士，其分值为6.60，排名位于前十位的国家（地区）包括瑞士、荷兰、新加坡、英国、比利时、奥地利、中国香港、爱尔兰、以色列以及澳大利亚，由此可知，知识产权保护水平最高的国家（地区）均为发达国家（地区）。排名较为靠后的国家如印度、斯洛伐克、巴西、菲律宾、匈牙利、波兰、俄罗斯、越南、泰国多为发展中国家。在金砖四国中，中国的知识产权保护水平最高，其指数为4.50，印度仅次于中国，排名第二，其指数为4.40，巴西的知识产权保护指数为4.20，排名第三。俄罗斯的知识产权保护水平最低，其指数为3.70。相对于东盟国家，中国知识产权保护指数处于中等位置，新加坡、马来西亚等国家（地区）的知识产权保护水平高于中国，印度尼西亚、菲律宾、越南、泰国等国家（地区）的知识产权保护水平低于中国。

本部分重点分析了知识产权保护的五种衡量指标，并以此为基础考察了我国知识产权保护的现状。首先，以立法强度作为知识产权的代表变量可知，中国知识产权保护强度高于日本、韩国、加拿大、法国、德国等发达国家，与意大利知识产权保护强度相当，仅次于与美国知识产权保护水平。但是，由于发展中国家司法体系处于转型阶段，执法体系严重落后于立法体系，立法强度难以全面反映知识产权保护强度，因此，发展中国家知识产权保护的衡量必须同时考虑立法强度与执法强度。综合考虑知识产权保护的执法体系的五个方面：司法保护能力、行政保护能力、经济发展水平、居民公众意识以及国际监督制衡体系。中国执法水平不断提高，其原因在于执法体系五个分项指标得到改善，如律师比率持续上升、立法体系不断完善、经济快速发展、人民生活水平持续改善、公民法律意识不断强化、国际监督制衡不断深入。另外，中国 30 个省区市执法水平差异显著，其中，北京和上海的执法水平均为 0.924，处于最高水平。青海执法水平最低，仅为 0.754。基于 Ginarte-Park 指数计算所得的中国知识产权保护指数已达到世界发达国家水平，但种种迹象表明，中国具有名义知识产权保护强而实际知识产权保护弱的特点，在此环境下，一省（地区）执法力度加强会导致侵权案件增加，反之，一省（地区）知识产权保护力度弱化，对侵权行为不加约束，则侵权案件较少。所以，在某种程度上，侵权案件增加意味着知识产权保护执法指标得到改善。进一步使用基于执法案件测度的知识产权保护指标发现，中国知识产权保护水平整体上呈上升趋势，但是同时存在阶段性特征。用知识产权纠纷结案率来衡量我国地区知识产权行政执法保护水平这一指标是值得商榷的，因为结案率并不能有效反映知识产权纠纷的裁决质量。司法地方保护在中国仍是一个较为普遍的现象。现实中，技术交易市场规模能够较好地衡量知识产权保护水平，是一个合适的代理变量。考虑到技术交易额无法准确衡量知识产权保护水平的上升幅度，本书将其与 GDP 的比值作为知识产权保护的衡量指标，相关数据表明，中国知识产权保护呈现上升趋势。地区知识产权保护差距较大，如 2016 年，北京知识产权保护水平最高，海南知识产权保护水平最低，前者是后者的 1 144 倍。上述关于知识产权保护的指标主观性较强，因此，本部分继续基于全球竞争力报告测度中国知识产权保护水平，其数据表明，中国知识产权保护指数绝对值不断提升，但该指数在世界排名存在反复性。相对于发达国家（地区），中国知识产权保护水平较低，但是在发展中国家中处于较高水平。

第三章

创新的测度

一、新产品销售产值

表3－1揭示了2001～2016年中国新产品销售收入及增长率的变动情况。由表中第一列数据可知，中国新产品销售收入呈现快速上升趋势，2001年，新产品的销售收入为87 939 135万元，2016年，该指标数值上升为1 746 041 534万元，后者为前者的19.86倍，表明中国创新水平取得骄人的成绩。进一步分析新产品销售收入的年增长率可知，2004年，中国新产品的年增长率为44.84%，居于考察年份最高水平，2011年和2007年，增长率水平居于第二位和第三位，分别为38.04%和31.20%。新产品销售收入年增长率最低的年份是2015年，仅为5.57。动态分析发现，中国新产品增长率呈现下滑趋势，2011年之前，增长率水平普遍高于20%，而在2011年之后增长率水平均低于20%。甚至在2015年与2012年创下历史低点，不足10%，分别为5.57%与9.89%。

表3－1　　2001～2016年中国新产品销售收入及增长率的变动情况

年份	新产品销售收入（万元）	新产品销售收入增长率（%）
2001	87 939 135	—
2002	108 378 412	23.24
2003	140 976 807	30.08
2004	204 212 346	44.86
2005	240 970 910	18.00
2006	312 328 084	29.61
2007	409 761 681	31.20

续表

年份	新产品销售收入（万元）	新产品销售收入增长率（%）
2008	512 919 771	25.18
2009	587 144 048	14.47
2010	728 638 982	24.10
2011	1 005 827 245	38.04
2012	1 105 297 711	9.89
2013	1 284 606 903	16.22
2014	1 428 952 968	11.24
2015	1 508 565 473	5.57
2016	1 746 041 534	15.74

资料来源：由2002~2017年《中国科技统计年鉴》整理所得。

表3-2进一步揭示了2016年30个省区市新产品的销售收入及占比情况。从表中新产品的销售收入数据可知，2016年，各省区市新产品销售收入存在较大差异，广东的新产品销售收入最多，为286 714 109万元，青海的新产品销售收入最少，仅为379 404万元，前者是后者的755.70倍。新产品销售收入最多的十个省份分别是广东、江苏、浙江、山东、上海、湖南、安徽、湖北、河南、天津，新产品销售收入最少的十个省份分别为山西、内蒙古、云南、贵州、黑龙江、新疆、甘肃、宁夏、海南、青海。与之对应，如表中第二列数据所示，广东的新产品销售收入占比最高，为16.421 5%，青海的新产品销售收入占比最低，仅为0.021 7%。通过省份对比分析初步可知，新产品销售收入占比较高的地区多为东部地区与部分中部地区，西部地区新产品销售收入占比较低。

表3-2　2016年30个省区市新产品的销售收入及所占比例

省份	新产品的销售收入（万元）	新产品销售收入占比（%）
北京	40 858 562	2.340 2
天津	56 428 282	3.231 9
河北	39 231 360	2.247 0
山西	10 850 063	0.621 4
内蒙古	7 796 103	0.446 5
辽宁	33 872 375	1.940 0
吉林	26 276 146	1.505 0
黑龙江	5 026 218	0.287 9

续表

省份	新产品的销售收入（万元）	新产品销售收入占比（%）
上海	90 334 750	5. 173 9
江苏	280 846 698	16. 085 5
浙江	213 968 302	12. 255 0
安徽	73 210 508	4. 193 1
福建	40 526 601	2. 321 2
江西	31 368 046	1. 796 6
山东	163 134 209	9. 343 5
河南	61 154 137	3. 502 6
湖北	67 132 019	3. 845 0
湖南	80 984 709	4. 638 4
广东	286 714 109	16. 421 5
广西	19 808 824	1. 134 6
海南	1 265 915	0. 072 5
重庆	50 143 454	2. 872 0
四川	30 447 284	1. 743 9
贵州	5 752 002	0. 329 4
云南	6 284 487	0. 359 9
陕西	12 364 855	0. 708 2
甘肃	3 031 098	0. 173 6
青海	379 404	0. 021 7
宁夏	2 026 821	0. 116 1
新疆	4 745 506	0. 271 8

资料来源：由《中国科技统计年鉴（2017）》整理所得。

表3－3进一步揭示了2001～2016年东、中、西部地区新产品销售收入及占比趋势。由表中数据可知，东部地区新产品的销售产值规模较大，优势十分明显，2001～2016年，平均销售产值为515 367 516万元，占市场份额的75. 339 8%。中部地区新产品的销售产值次之，2001～2016年，平均销售产值为123 404 471万元，占市场份额的15. 543 1%。西部地区新产品销售产值最少，2001～2016年，平均销售产值仅为63 554 692万元，占市场份额的9. 117 1%。东部地区新产品销售产值居于主导地位的特点显著。动态分析不同地区新产品销

售产值的变化情况可知，尽管东部地区占据优势，新产品销售产值规模大于中、西部地区，但是其优势有所收敛。2001 年，东部地区新产品销售产值的市场份额高达 80.882 5%，2016 年，东部地区新产品销售产值的市场份额降至 71.432 3%；而中部地区 2001 年新产品销售产值的市场份额为 12.378 1%，2016 年，其新产品销售产值的市场份额上升至 20.390 0%。与此同时，西部地区新产品销售产值的市场份额也呈现快速上升趋势。2001 年，西部地区新产品销售产值的市场份额为 6.739 4%，2016 年，其新产品销售产值的市场份额上升至 8.177 7%。

表 3-3　2001~2016 年东、中、西部地区新产品销售收入及占比

年份	东部地区新产品销售产值（万元）	东部地区新产品销售占比（%）	中部地区新产品销售产值（万元）	中部地区新产品销售占比（%）	西部地区新产品销售产值（万元）	西部地区新产品销售占比（%）
2001	71 127 350	80.882 5	10 885 230	12.378 1	5 926 555	6.739 4
2002	87 216 891	80.474 4	13 098 875	12.086 2	8 062 646	7.439 3
2003	113 642 686	80.610 9	14 538 505	10.312 7	12 795 613	9.076 4
2004	162 003 045	79.330 7	23 161 785	11.342 0	19 047 516	9.327 3
2005	186 208 765	77.274 4	33 145 357	13.754 9	21 616 787	8.970 7
2006	238 101 029	76.234 3	43 523 792	13.935 3	30 703 263	9.830 5
2007	306 497 605	74.799 0	60 048 626	14.654 5	43 215 451	10.546 5
2008	380 858 586	74.253 1	78 669 074	15.337 5	53 392 111	10.409 4
2009	413 866 550	70.488 1	108 168 750	18.422 9	65 108 749	11.089 1
2010	532 706 950	73.109 9	120 713 828	16.567 0	75 218 203	10.323 1
2011	736 499 854	73.223 3	173 608 140	17.260 2	95 719 251	9.516 5
2012	785 063 415	75.044 6	169 909 736	16.241 8	91 155 508	8.713 6
2013	903 413 129	73.399 4	222 598 436	18.085 4	104 806 663	8.515 2
2014	1 002 710 011	73.366 7	247 158 487	18.084 2	116 842 109	8.549 1
2015	1 078 783 230	71.513 2	299 241 065	19.836 9	130 484 813	8.649 9
2016	1 247 181 163	71.432 3	356 001 846	20.390 0	142 779 838	8.177 7
平均	515 367 516	75.339 8	123 404 471	15.543 1	63 554 692	9.117 1

资料来源：由 2002~2017 年《中国科技统计年鉴》整理所得。

由于高新技术产业具有较强的技术水平，因此，本书继而选用高技术产业新产品的销售产值及出口值作为创新的代理变量，从而研究我国技术创新的变化情况。根据《中国科技统计年鉴》高技术产业包括医药制造业、航空航天器及设备制造业、电子及通信设备制造业、计算机及办公设备制造业、医疗仪器设备及仪器仪表制造业。表3－4揭示了高新技术产业新产品销售收入及出口值，首先，表中第一列数据表明，2005～2016年，中国高新技术产业新产品销售收入呈现阶段性上升趋势。2005年，中国高新技术产业新产品销售收入为82 488 646万元，2006年，该指标略微下降至69 146 633万元，2007～2008年，高新技术产业新产品销售收入连续两年上升至138 269 136万元，由于全球金融危机，2009年，中国高新技术产业新产品销售收入略微下降至137 367 222万元。随后，2010～2016年，高新技术产业新产品销售收入持续上升。针对高新技术产业新产品出口的分析可知，2009～2016年，中国高新技术产业新产品出口值呈现快速上升趋势，表明我国技术创新水平得到外国市场认可。高新技术产业新产品的高出口占比进一步验证这一结论，表中第三列数据表明，2009～2016年，高新技术产业新产品出口占比持续超过35.89%。

表3－4　　高新技术产业新产品销售收入及出口值

年份	高新技术产业新产品销售收入（万元）	高新技术产业新产品出口（万元）	高新技术产业新产品出口占比（%）
2005	82 488 646	—	—
2006	69 146 633	—	—
2007	103 032 217	—	—
2008	138 269 136	—	—
2009	137 367 222	49 299 107	35.89
2010	163 647 630	74 345 122	45.43
2011	224 733 493	101 666 994	45.24
2012	255 710 383	113 878 114	44.53
2013	312 296 100	122 333 390	39.17
2014	354 941 746	148 484 977	41.83
2015	414 134 905	167 575 462	40.46
2016	479 242 433	181 663 586	37.91

资料来源：由2006～2017年《中国科技统计年鉴》整理所得。

表3－5揭示了2016年30个省区市高新技术产业新产品销售收入及出口值。表中第一列数据表明，各地区高新技术产业新产品销售收入差异明显，2016年，广东的高新技术产业新产品销售收入位居第一，其销售额高达155 428 245万元。

位于前三位的省份包括广东、江苏和浙江。与之对应，海南的高新技术产业新产品销售收入位居倒数第一，其销售额仅为82 804万元。另外，两个销售额较低的省份为新疆和青海，其销售额分别为369 177万元和208 856万元。表中第二列数据表明，高新技术产业新产品出口额最大的三个省份分别是广东、江苏和河南，其出口额分别为66 540 417万元、40 260 182万元和25 697 372万元。高新技术产业新产品出口额最小的三个省份分别是青海、海南和新疆，其出口额分别为1 785万元、1 400万元和332万元。最后分析高新技术产业新产品出口占比可知，河南的高新技术产业新产品出口占比最高，达90.120 9%，福建和重庆分别以53.319 5%和50.418 4%的高新技术产业新产品出口占比位居第二名和第三名。

表3-5　2016年30个省区市高新技术产业新产品销售收入及出口值

省份	高新技术产业新产品销售收入（万元）	高新技术产业新产品出口（万元）	高新技术产业新产品出口占比（%）
北京	17 684 341	1 832 618	10.362 9
天津	15 989 132	6 853 332	42.862 4
河北	3 889 455	697 094	17.922 7
山西	509 415	66 839	13.120 7
内蒙古	865 188	41 206	4.762 7
辽宁	4 394 298	348 273	7.925 6
吉林	1 897 942	139 444	7.347 1
黑龙江	967 718	424 421	43.857 9
上海	11 463 989	5 278 473	46.043 9
江苏	91 082 746	40 260 182	44.201 8
浙江	31 928 403	6 945 341	21.752 9
安徽	11 080 797	1 953 505	17.629 6
福建	15 729 219	8 386 746	53.319 5
江西	5 662 500	646 283	11.413 4
山东	29 452 545	6 003 662	20.384 2
河南	28 514 336	25 697 372	90.120 9
湖北	8 266 544	941 535	11.389 7
湖南	13 214 244	1 790 248	13.547 9
广东	155 428 245	66 540 417	42.811 0

续表

省份	高新技术产业新产品销售收入（万元）	高新技术产业新产品出口（万元）	高新技术产业新产品出口占比（%）
广西	1 067 959	315 965	29.585 9
海南	82 804	1 400	1.690 7
重庆	11 034 041	5 563 185	50.418 4
四川	10 609 341	427 144	4.026 1
贵州	1 371 352	18 441	1.344 7
云南	517 995	23 533	4.543 1
陕西	4 693 512	155 898	3.321 6
甘肃	620 541	179 125	28.865 9
青海	208 856	1 785	0.854 7
宁夏	645 101	130 057	20.160 7
新疆	369 177	332	0.089 9

资料来源：《中国科技统计年鉴（2017）》。

二、专利申请

依据《专利法》的相关内容，专利申请的审批程序包括受理阶段、初审阶段、公布阶段、实质审查阶段以及授权阶段，因此，大量研究在衡量创新水平时使用了专利申请受理数量以及专利申请授权数量，前者表示一国（地区）专利申请的活跃程度，后者表示一国（地区）专利申请的有效数量。本书将分别对专利申请授权与专利申请受理进行分析，从而更加全面准确探查我国创新水平。

（一）专利申请授权

表3－6揭示了2000～2016年中国专利申请授权变动情况。由表中数据可知，中国专利申请授权总量呈现快速上升趋势，2000年，中国专利申请授权仅为95 236项，2016年，中国专利申请授权高达1 628 881项，后者是前者的17.10倍。进一步分析专利申请授权的三种类型可知，实用新型专利申请授权规模最大，2000～2016年，其数量最高达到897 035项，最低也超过5万项，为54 018项，外观设计专利申请授权数量次之，2000年，外观设计专利申请授权数量最低为34 652项，2016年，其最高值为429 710项，发明专利申请授权规模最小，2016年，发明专利申请授权数量达到最大值，为302 136项。动态分析三种类型专利申请授权变动情况可知，2000～2016年，发明专利申请授权数量

增长48.91倍，实用新型专利申请授权数量增长16.49倍，外观设计专利申请授权数量增长12.40倍。因此，发明专利申请授权数量增长最快，实用新型专利申请授权数量增长居中，外观设计专利申请授权数量增长最慢。

表3-6　　2000~2016年中国专利申请授权变动情况　　单位：项

年份	合计	发明专利申请授权	实用新型专利申请授权	外观设计专利申请授权
2000	95 236	6 177	54 407	34 652
2001	99 278	5 395	54 018	39 865
2002	112 103	5 868	57 092	49 143
2003	149 588	11 404	68 291	69 893
2004	151 328	18 241	70 019	63 068
2005	171 619	20 705	78 137	72 777
2006	223 860	25 077	106 312	92 471
2007	301 632	31 945	148 391	121 296
2008	352 406	46 590	175 169	130 647
2009	501 786	65 391	202 113	234 282
2010	740 620	79 767	342 256	318 597
2011	883 861	112 347	405 086	366 428
2012	1 163 226	143 847	566 750	452 629
2013	1 228 413	143 535	686 208	398 670
2014	1 209 402	162 680	699 971	346 751
2015	1 596 977	263 436	868 734	464 807
2016	1 628 881	302 136	897 035	429 710

资料来源：由2001~2017年《中国统计年鉴》整理所得。

表3-7揭示了2016年30个省区市三种类型专利申请授权分布情况。由表中数据可知，2016年，广东专利申请授权规模最大，达259 032项，专利申请授权数量处于前十位的省份分别是广东、江苏、浙江、北京、山东、福建、上海、四川、安徽和河南，其专利申请授权量分别为259 032项、231 033项、221 456项、100 578项、98 093项、67 142项、64 230项、62 445项、60 983项和49 145项。由此可知，专利申请授权主要集中于东部发达地区。专利申请授权较少的地区主要集中于西部地区，例如，2016年，青海省专利申请授权量仅为1 357项，居30个省区市的末尾，处于倒数十位的省份分别是云南、贵州、山西、吉林、甘肃、

新疆、内蒙古、宁夏、海南、青海。与专利申请授权数量略有不同，发明专利申请授权数量居前十位的省份包括江苏、北京、广东、浙江、上海、山东、安徽、四川、湖北、陕西。山西、云南、贵州、江西、甘肃、新疆、内蒙古、宁夏、海南和青海的发明专利申请授权数量较少，处于倒数十名。针对实用新型专利，2016 年，浙江申请授权数量最多，达到 123 744 项，广东排名第二，为 118 157 项。表 3 –7 第四列数据显示，2016 年，广东外观设计专利申请授权数量最多，为 102 249 项，江苏排名第二，为 72 254 项，浙江排名第三，为 71 136 项。海南、青海和宁夏的外观设计专利申请授权数量居于 30 个省区市的倒数三名。

表 3 –7　2016 年 30 个省区市三种类型专利申请授权分布情况　单位：项

省份	合计	发明专利申请授权	实用新型专利申请授权	外观设计专利申请授权
北京	100 578	40 602	44 710	15 266
天津	39 734	5 185	31 046	3 503
河北	31 826	4 247	19 762	7 817
山西	10 062	2 411	6 532	1 119
内蒙古	5 846	871	3 981	994
辽宁	25 104	6 731	15 515	2 858
吉林	9 995	2 428	6 179	1 388
黑龙江	18 046	4 345	11 707	1994
上海	64 230	20 086	34 101	10 043
江苏	231 033	40 952	117 827	72 254
浙江	221 456	26 576	123 744	71 136
安徽	60 983	15 292	38 773	6 918
福建	67 142	7 170	42 110	17 862
江西	31 472	1 914	17 939	11 619
山东	98 093	19 404	66 068	12 621
河南	49 145	6 811	32 197	10 137
湖北	41 822	8 517	27 209	6 096
湖南	34 050	6 967	18 452	8 631
广东	259 032	38 626	118 157	102 249
广西	14 858	5 159	6 535	3 164

续表

省份	合计	发明专利申请授权	实用新型专利申请授权	外观设计专利申请授权
海南	1 939	383	1 171	385
重庆	42 738	5 044	30 428	7 266
四川	62 445	10 350	31 813	20 282
贵州	10 425	2 036	6 525	1 864
云南	12 032	2 125	8 063	1 844
陕西	48 455	7 503	17 084	23 868
甘肃	7 975	1 308	5 075	1 592
青海	1 357	271	883	203
宁夏	2 677	560	1 947	170
新疆	7 116	910	4 828	1 378

资料来源：《中国统计年鉴（2017）》。

（二）专利申请受理

表3－8揭示了2000～2016年中国专利申请受理数量变动情况。由表中数据可知，与专利申请授权相似，中国专利申请受理量同样呈现快速上升趋势，2000年，中国专利申请受理仅为140 339项，2016年，中国专利申请受理高达3 305 225项。进一步分析专利申请受理的三种类型可知，实用新型专利申请受理数量最多，2016年，其数值为1 468 295项，最低也超过6万项，为68 461项。外观设计专利申请受理数量次之，2000年，中国外观设计专利申请受理数量最低为46 532项，2016年，其数值为631 949项，发明专利申请受理规模最小，2016年，发明专利申请受理数量达到最大值，为1 204 981项。动态分析三种类型专利申请受理变动情况可知，2000～2016年，发明专利申请受理数量增长了47.54倍，实用新型专利申请受理数量增长了21.45倍，外观设计专利申请受理数量增长了13.58倍。因此，发明专利申请受理数量增长最快，实用新型专利申请受理数量增长居中，外观设计专利申请受理数量增长最慢。

表3－8　2000～2016年中国专利申请受理变动情况　单位：项

年份	合计	发明专利申请受理	实用新型专利申请受理	外观设计专利申请受理
2000	140 339	25 346	68 461	46 532
2001	165 773	30 038	79 275	56 460

续表

年份	合计	发明专利申请受理	实用新型专利申请受理	外观设计专利申请受理
2002	205 544	39 806	92 166	73 572
2003	251 238	56 769	107 842	86 627
2004	278 943	65 786	111 578	101 597
2005	383 157	93 485	138 085	151 587
2006	470 342	122 318	159 997	188 027
2007	586 498	153 060	179 999	253 439
2008	717 144	194 579	223 945	298 620
2009	877 611	229 096	308 861	339 654
2010	1 109 428	293 066	407 238	409 124
2011	1 504 670	415 829	581 303	507 538
2012	1 912 151	535 313	734 437	642 401
2013	2 234 560	704 936	885 226	644 398
2014	2 210 616	801 135	861 053	548 428
2015	2 639 446	968 251	1 119 714	551 481
2016	3 305 225	1 204 981	1 468 295	631 949

资料来源：由 2001 ~2017 年《中国统计年鉴》整理所得。

表 3 –9 解释了 2017 年 30 个省区市专利申请受理的分布情况。由表中数据可知，2017 年，江苏专利申请受理数量居于 30 个省区市之首，其数量高达 512 429 项，排第二名的广东专利申请数量为 505 667 项，浙江专利申请数量为 393 147 项，位居第三名。专利申请数量居于第四名至第十名的省份分别为山东、北京、安徽、重庆、福建、上海和天津。进一步分析三种类型专利申请受理的分析情况可知，2017 年，江苏发明专利申请数量最多，高达 184 632 项。广东和北京的专利申请数量分别为第二名和第三名。进一步考察实用新型专利申请分布情况可知，广东、浙江和江苏分别为第一名、第二名和第三名。在外观设计专利申请受理方面，广东优势最为明显，2017 年，其申请受理数量为 146 477 项，排第二位的江苏，其外观设计专利申请受理数量为 135 161 项，浙江外观设计专利申请数量排名第三，为 100 649 项。

表 3-9　　2017 年 30 个省区市专利申请受理分布情况　　单位：项

省份	合计	发明专利申请受理	实用新型专利申请受理	外观设计专利申请受理
北京	189 129	104 643	64 496	19 990
天津	106 514	38 153	63 589	4 772
河北	54 838	14 141	30 253	10 444
山西	20 031	8 208	10 079	1 744
内蒙古	10 672	2 878	6 401	1 393
辽宁	52 603	25 561	22 996	4 046
吉林	18 922	7 537	9 647	1 738
黑龙江	35 293	13 177	18 856	3 260
上海	119 937	54 339	51 836	13 762
江苏	512 429	184 632	192 636	135 161
浙江	393 147	93 254	199 244	100 649
安徽	172 552	95 963	67 031	9 558
福建	130 376	27 041	78 176	25 159
江西	60 494	8 202	32 631	19 661
山东	212 911	88 359	106 100	18 452
河南	94 669	28 582	51 358	14 729
湖北	95 157	43 789	42 181	9 187
湖南	67 779	25 524	29 635	12 620
广东	505 667	155 581	203 609	146 477
广西	59 239	43 078	11 599	4 562
海南	59 518	19 981	32 099	7 438
重庆	142 522	54 277	58 088	30 157
四川	25 315	10 953	11 081	3 281
贵州	23 709	7 907	13 549	2 253
云南	69 611	22 565	27 149	19 897
陕西	20 276	6 114	10 272	3 890
甘肃	3 284	1 381	1 569	334
青海	6 149	2 510	3 329	310
宁夏	14 105	3 598	7 999	2 508
新疆	3 658	1 278	1 854	526

资料来源：《中国统计年鉴（2018）》。

三、国外主要检索工具收录我国科技论文

考虑到科技论文的发表数量与质量是衡量一国（地区）创新水平的重要指标，本书以国外主要检索工具收录我国科技论文数量作为我国创新水平的代理变量。由于国际上主要检索工具包括 SCI、EI 以及 CPCI-S，本书将进一步分析上述三种类型检索工具对我国科技论文的收录情况。表 3－10 揭示了 2000～2015 年国外主要检索工具收录我国科技论文情况。由表中数据可知，我国科技论文的收录数量在 2000～2015 年呈现快速上升趋势，2000 年，三种类型检索工具共收录我国科技论文 41 895 篇，2015 年，被收录的科技论文数量为 506 654 篇。进一步分析三种类型检索工具可知，SCI 是我国科技论文最主要的检索工具，2000 年，SCI 收录的论文数量已经高达 22 608 篇，2016 年，SCI 收录的科技论文高达 265 469篇。EI 也是我国科技论文重要的检索工具，其检索的论文数量增长迅速，2000 年，EI 检索我国科技论文 5 296 篇，2016 年，EI 检索我国科技论文上升至 204 332 篇，后者是前者的 38. 58 倍。CPCI-S 检索的科技论文数量最少，不同于 SCI 与 EI，其增长存在波动性。

表 3－10　2000～2015 年国外主要检索工具收录我国科技论文情况　单位：篇

年份	合计	SCI	EI	CPCI-S
2000	41 895	22 608	5 296	13 991
2001	49 817	25 849	15 605	8 363
2002	62 292	31 572	19 268	11 452
2003	80 563	38 092	26 857	15 614
2004	95 632	45 351	32 881	17 400
2005	152 825	63 150	60 301	29 374
2006	171 748	71 351	64 936	35 461
2007	196 629	79 669	75 568	41 392
2008	240 086	95 506	85 281	59 299
2009	253 982	108 806	93 017	52 159
2010	320 354	121 530	112 070	86 754
2011	303 246	136 445	116 343	50 458
2012	331 395	158 615	116 429	56 351
2013	395 121	192 697	153 717	48 707

续表

年份	合计	SCI	EI	CPCI-S
2014	447 162	235 139	163 799	48 224
2015	506 654	265 469	204 332	36 853

资料来源：由 2001～2016 年《中国科技统计年鉴》整理所得。

表 3－11 揭示了 2015 年中国 31 个省区市国外主要检索工具收录我国科技论文情况。由表中数据可知，2015 年，被三大检索工具收录科技论文数量最多的地区是北京，其数量高达 93 502 篇。排第二位的是江苏，被收录的论文数量为 51 602 篇。2015 年，上海被收录论文数量排名第三，为 42 902 篇。被三大检索工具收录论文数量最少的三个省份为宁夏、青海与西藏，被收录论文的数量分别为 454 篇、309 篇和 44 篇。进一步分析 SCI 检索可知，与三大检索工具相似，2015 年，被 SCI 检索的科技论文数量最多的省份同样是北京，检索量为 46 179 篇。被 SCI 检索的科技论文数量排名第二的省份是江苏，上海被 SCI 检索的论文数量位于第三名。被 EI 检索的科技论文的数量排名与 SCI 相同，北京排名第一、江苏排名第二、上海排名第三，分别为 38 460 篇、21 261 篇和 15 328 篇。相同的排名出现在 CPCI-S 检索上，北京位居第一，检索数量为 8 863 篇，江苏位居第二，检索数量为 2 858 篇，上海位居第三，检索数量为 2 756 篇。

表 3－11　2015 年中国 31 个省区市国外主要检索工具收录我国科技论文情况　单位：篇

省份	合计	SCI	EI	CPCI-S
北京	93 502	46 179	38 460	8 863
天津	15 557	8 107	6 523	927
河北	7 289	3 374	2 995	920
山西	5 116	2 596	2 336	184
内蒙古	1 818	870	763	185
辽宁	20 874	9 987	8 943	1 944
吉林	13 421	6 852	5 504	1 065
黑龙江	15 847	7 184	7 500	1 163
上海	42 902	24 818	15 328	2 756
江苏	51 602	27 483	21 261	2 858
浙江	24 335	13 674	9 391	1 270
安徽	13 565	7 155	5 780	630
福建	9 383	5 383	3 594	406

续表

省份	合计	SCI	EI	CPCI-S
江西	5 638	2 624	2 251	763
山东	22 209	13 250	7 360	1 599
河南	11 318	5 903	4 633	782
湖北	26 789	13 335	11 357	2 097
湖南	17 925	8 813	8 173	939
广东	25 847	16 127	8 037	1 683
广西	3 535	1 973	1 215	347
海南	886	543	203	140
重庆	11 064	5 913	4 505	646
四川	21 581	10 846	9 219	1 516
贵州	1 547	857	504	186
云南	4 564	2 643	1 454	467
西藏	44	25	14	5
陕西	28 572	13 195	13 443	1 934
甘肃	6 938	3 836	2 722	380
青海	309	186	95	28
宁夏	454	276	133	45
新疆	2 223	1 462	636	125

资料来源：《中国科技统计年鉴（2016）》。

四、出口技术复杂度

本部分上述内容考察了创新的国内指标，如新产品的销售产值、专利以及论文索引，本书认为，国外市场竞争能力同样是创新的重要指标，它反映了一国技术创新能力相对于其他国家或地区的强弱，其基本思想源于以下两方面：一是比较优势，该理论认为，开放条件下一国出口的产品种类取决于生产成本的比较优势，工资水平较高的国家倾向于出口技术复杂度较高的产品，而低工资水平国家倾向于出口低技术复杂度产品；二是出口产品的技术复杂度与经济发展水平相关，样本国家的加权平均收入越高则产品技术复杂度越高。本部分借鉴 Hausmand 等方法测算中国 30 个省区市出口技术复杂度指标，考虑到中国制造业行业在 2012 年的口径发生变化，2011 年之前，制造业行业包括 21 个，2011 年之后，制造业行业增加至 28 个，因此，本书分两个时间段即 2004 ~ 2011 年和 2012 ~ 2016 年进行计算分析。首先分别计算制造业行业的出口技术复杂度。其公式如下：

$$TSI_i = \sum_j \frac{\frac{x_{ji}}{x_j}}{\sum_j \frac{x_{ji}}{x_j}} Y_j \tag{3-1}$$

然后，计算地区 j 制造业行业的出口技术复杂度，其公式如下：

$$ES_j = \sum_i \frac{x_{ji}}{X_j} TSI_j \tag{3-2}$$

其中，TSI_i 表示第 i 类制造业行业的技术复杂度指数，x_{ji} 表示地区 j 对 i 类制造业产品的出口额，X_j 表示 j 地区制造业行业的出口总额，Y_j 表示地区 j 的人均收入水平，ES_j 表示 j 地区制造业行业的出口技术复杂度指数。

考虑第一时间段即 2004 ~ 2011 年中国各地区制造业的出口技术复杂度情况，表 3 – 12 揭示了 2011 年中国 21 个制造业行业的出口交货值及其占比情况。从出口交货值来看，通信设备、计算机及其他电子设备制造业排名第一，2011 年，该行业的出口交货值高达 37 469. 14 亿元，是排名第二位电气机械及器材制造业出口交货值的近 4 倍，后者仅为 9 477. 85 亿元。出口交货值排名第三位的制造业行业是交通运输设备制造业，2011 年，该指标为 6 813. 78 亿元。烟草制造业出口交货值不足 100 亿元，仅为 31. 01 亿元，是所有制造业行业中出口交货值最小的行业。表 3 – 12 第三列显示了 21 个制造业行业占所有制造业行业比重情况，数据显示，通信设备、计算机及其他电子设备制造业出口交货值占整个制造业行业出口交货值的半壁江山，其比例高达 42. 646 9%。电气机械及器材制造业的出口交货值占比为 10. 787 6%，排名第二位，交通运输设备出口交货值占比为 7. 755 4%，排名第三位。通信设备、计算机及其他电子设备制造业，电气机械及器材制造业，交通设备制造业的出口交货值总和占所有制造业行业出口交货值的比例高达 61. 189 9%。与之形成鲜明对比的是食品制造业、造纸及纸制品业、化学纤维制造业、石油加工炼焦加工业、饮料制造业、烟草制造业，这些制造业行业出口交货值占比均低于 1%。

表 3－12　　　　　2011 年 21 个制造业行业出口比例对比分析

制造业行业	出口交货值（亿元）	出口交货值比例（%）
通信设备、计算机及其他电子设备制造业	37 469. 14	42. 646 9
电气机械及器材制造业	9 477. 85	10. 787 6
交通运输设备制造业	6 813. 78	7. 755 4
纺织业	4 959. 61	5. 645 0
通用设备制造业	3 832. 80	4. 362 4
化学原料及化学制品制造业	3 603. 35	4. 101 3
纺织服装、鞋、帽制造业	3 218. 48	3. 663 2
金属制品业	3 016. 62	3. 433 5
专用设备制造业	2 321. 23	2. 642 0
农副食品加工业	2 249. 78	2. 560 7
仪器仪表及文化、办公用机械制造业	2 188. 42	2. 490 8
黑色金属冶炼及压延加工业	2 148. 61	2. 445 5
非金属矿物制品业	1 637. 49	1. 863 8
有色金属冶炼及压延加工业	1 382. 02	1. 573 0
医药制造业	1 030. 48	1. 172 9
食品制造业	864. 86	0. 984 4
造纸及纸制品业	613. 03	0. 697 7
化学纤维制造业	437. 74	0. 498 2
石油加工、炼焦加工业	359. 88	0. 409 6
饮料制造业	202. 79	0. 230 8
烟草制品业	31. 01	0. 035 3

资料来源：国研网数据整理所得。

表 3－13 揭示了 2004～2011 年中国 21 个制造业行业出口交货值变动率情况。由表中数据可知，21 个制造业行业出口交货值均有上升，其中，化学纤维行业制造业的出口交货值上升最快，2004 年，出口交货值仅为 85. 50 亿元，2011 年，该指标上升为 437. 74 亿元，上升幅度高达 411. 976 6%。烟草制品业的出口交货值增长最慢，2004 年，出口交货值为 25. 25 亿元，2011 年，该行业出口交货值为 31. 01 亿元，上升幅度仅为 22. 811 9%。出口交货值上升幅度排名前五位的制造业行业为化学纤维制造业、交通运输设备制造业、专用设备制造业、电气机械及器材制造业、医药制造业，其增长比率分别为 411. 976 6%、403. 758 0%、284. 322 3%、200. 456 8%、200. 046 6%。出口交货值增长速度最慢的五个制造业行业是仪器仪表及文化、办公用机械制造业，纺织业，石油加工、炼焦加工业，纺织服装、鞋、帽制造业，烟草制品业，其增长率分别为 84. 642 5%、63. 126 8%、57. 648 5%、50. 479 2%、22. 811 9%。

表3-13　　21个制造业行业出口交货值变动率分析

制造业行业	2011年出口交货值（亿元）	2004年出口交货值（亿元）	出口交货值变动率（%）
化学纤维制造业	437.74	85.50	411.976 6
交通运输设备制造业	6 813.78	1 352.59	403.758 0
专用设备制造业	2 321.23	603.98	284.322 3
电气机械及器材制造业	9 477.85	3 154.48	200.456 8
医药制造业	1 030.48	343.44	200.046 6
化学原料及化学制品制造业	3 603.35	1 251.09	188.016 8
通用设备制造业	3 832.80	1 389.33	175.874 0
通信设备、计算机及其他电子设备制造业	37 469.14	13 752.15	172.460 2
食品制造业	864.86	330.38	161.777 3
造纸及纸制品业	613.03	255.99	139.474 2
农副食品加工业	2 249.78	990.56	127.122 0
黑色金属冶炼及压延加工业	2 148.61	947.71	126.716 0
有色金属冶炼及压延加工业	1 382.02	619.54	123.072 0
非金属矿物制品业	1 637.49	764.60	114.163 0
金属制品业	3 016.62	1 549.11	94.732 5
饮料制造业	202.79	106.62	90.198 8
仪器仪表及文化、办公用机械制造业	2 188.42	1 185.22	84.642 5
纺织业	4 959.61	3 040.34	63.126 8
石油加工、炼焦加工业	359.88	228.28	57.648 5
纺织服装、鞋、帽制造业	3 218.48	2 138.82	50.479 2
烟草制品业	31.01	25.25	22.811 9

资料来源：国研网数据整理所得。

表3-14揭示了2004~2011年30个省区市21个制造业行业出口交货值比例之和。2004年，通信设备、计算机及其他电子设备制造业占比为4.96，此后该比例持续上升，2011年，高达6.88。2004年，有色金属冶炼及压延加工业占制造业行业的3.62，但是至2011年下降至1.52。纺织业占制造业的比例在2004年排名第三，其数值为3.12，2011年，该比例下降至1.55。2004年，黑色金属冶炼及压延业占比排名第四，其数值为2.69，至2011年下降至1.71。2004年，化学原料及化学制品制造业排名第四，为2.30，2011年，该指标有所上升，达到2.55。农副食品加工业2004年排名第五，其数值为1.76，2011年，其数值下降至1.64。2004年，出口交货值占比居于后五位的制造业行业为仪器仪表及文化、办公用机械制造业，饮料制造业，化学纤维制造业，造纸及纸制品业，烟草制造业，其数值分别为0.45、0.36、0.12、0.11、0.09。21个制造业行业出口交货

值占比差异明显，例如，2004 年，出口交货值占比最高的通信设备、计算机及其他电子设备制造业是占比最低的烟草制品业的 54 倍。

表 3－14　　30 个省区市 21 个制造业行业出口交货值占比总和分析

制造业行业	2004 年	2005 年	2006 年	2007 年	2008 年	2009 年	2010 年	2011 年
农副食品加工业	1.76	1.50	1.67	1.49	1.66	1.89	1.64	1.64
食品制造业	1.05	1.13	0.90	0.90	0.96	1.38	1.09	1.34
饮料制造业	0.36	0.32	0.36	0.31	0.33	0.45	0.34	0.36
烟草制品业	0.09	0.09	0.10	0.08	0.07	0.10	0.10	0.11
纺织业	3.12	2.51	2.17	1.85	1.65	1.79	1.62	1.55
纺织服装、鞋、帽制造业	1.37	1.17	1.00	0.98	1.03	1.71	1.45	1.35
造纸及纸制品业	0.11	0.13	0.14	0.12	0.10	0.10	0.11	0.12
石油加工、炼焦加工业	0.64	0.51	0.62	0.77	0.61	0.73	0.67	0.50
化学原料及化学制品制造业	2.30	2.21	2.18	2.50	2.56	2.56	2.66	2.55
医药制造业	0.60	0.69	0.69	0.74	0.69	0.91	0.74	0.71
化学纤维制造业	0.12	0.21	0.12	0.16	0.13	0.15	0.12	0.08
非金属矿物制品业	1.08	1.07	1.00	1.02	1.01	0.96	0.95	0.94
黑色金属冶炼及压延加工业	2.69	2.02	3.19	3.78	3.58	1.29	1.92	1.71
有色金属冶炼及压延加工业	3.62	3.06	3.61	2.77	2.40	1.16	1.91	1.52
金属制品业	0.76	0.77	0.68	0.68	0.76	0.59	0.58	0.65
通用设备制造业	1.07	1.11	1.02	1.15	1.42	1.58	1.41	1.39
专用设备制造业	0.70	0.82	1.02	1.10	1.31	1.77	1.24	1.08
交通运输设备制造业	1.76	2.12	2.51	2.72	2.84	2.97	3.05	2.88
电气机械及器材制造业	1.41	1.35	1.43	1.53	1.71	1.88	1.98	2.27
通信设备、计算机及其他电子设备制造业	4.96	4.98	5.20	4.94	4.83	5.64	5.98	6.88
仪器仪表及文化、办公用机械制造业	0.45	2.24	0.38	0.38	0.37	0.37	0.43	0.37

资料来源：国研网数据整理所得。

表 3－15 揭示了 30 个省区市 21 个制造业行业出口交货值占比之和排名变动情况。表中数据表明，30 个省区市的 21 个制造业行业出口交货值比例之和中通信设备、计算机及其他电子设备制造业出口占比之和最高，且十分稳定。具体表现为，2004 年和 2011 年，该行业的出口占比之和均排名第一。与通信设备、计算机及其他电子设备制造业不同，交通运输设备制造业出口交货值占比之和在 2004 年排名第七，2011 年排名上升至第二。2011 年，化学原料及化学制品制造业出口交货值占比之和排名第三，2004 年，该行业制造业出口交货值占比之和排名第五，2004～2011 年，该行业排名上升了 2 位。其他制造业行业中，3 个制

造业行业的排名没有发生变化，分别是农副食品加工业，仪器仪表及文化、办公用机械制造业，饮料制造业。7个制造业行业排名有所上升，分别是电气机械及化学制品制造业（排名上升4位）、通用设备制造业（排名上升2位）、食品制造业（排名上升1位）、专用设备制造业（排名上升2位）、医药制造业（排名上升2位）、造纸及纸制品业（排名上升1位）、烟草制造业（排名上升1位）。8个制造业行业排名有所下降，分别是黑色金属冶炼及压延加工业（排名下降1位），纺织业（排名下降4位），有色金属冶炼及压延加工业（排名下降6位），纺织服装、鞋、帽制造业（排名下降1位），非金属矿物制品业（排名下降3位），金属制品业（排名下降2位），石油加工、炼焦加工业（排名下降1位），化学纤维制造业（排名下降2位）。

表3－15　30个省区市21个制造业行业出口交货值占比之和排名变动分析

制造业行业	2011年	2004年	排名变动
通信设备、计算机及其他电子设备制造业	1	1	0
交通运输设备制造业	2	7	5
化学原料及化学制品制造业	3	5	2
电气机械及器材制造业	4	8	4
黑色金属冶炼及压延加工业	5	4	－1
农副食品加工业	6	6	0
纺织业	7	3	－4
有色金属冶炼及压延加工业	8	2	－6
通用设备制造业	9	11	2
纺织服装、鞋、帽制造业	10	9	－1
食品制造业	11	12	1
专用设备制造业	12	14	2
非金属矿物制品业	13	10	－3
医药制造业	14	16	2
金属制品业	15	13	－2
石油加工、炼焦加工业	16	15	－1
仪器仪表及文化、办公用机械制造业	17	17	0
饮料制造业	18	18	0
造纸及纸制品业	19	20	1
烟草制品业	20	21	1
化学纤维制造业	21	19	－2

资料来源：国研网数据整理所得。

表3－16揭示了2004～2011年21个制造业行业出口技术复杂度。由表中数据可知，21个制造业行业出口技术复杂度均有所上升，原因在于，中国经济快速增长，各地区人均GDP上升迅速，以人均GDP为权重的出口技术复杂度随之上升。具体分析21个制造业行业的出口技术复杂度发现，2011年，出口技术复杂度居于前三位的制造业行业分别是通信设备、计算机及其他电子设备制造业，仪器仪表及文化、办公用机械制造业，金属制品业，其数值分别为49 770.58、47 766.09、44 751.50。出口技术复杂度超过40 000的制造业行业还包括通用设备制造业（出口技术复杂度为42 521.18）、造纸及纸制品业（出口技术复杂度为42 097.76）、化学纤维制造业（出口技术复杂度为42 017.63）、纺织业（出口技术复杂度为41 240.19）、电气机械及器材制造业（出口技术复杂度为40 804.86）。出口技术复杂度度低于30 000的制造业行业包括化学原料及化学制品制造业（出口技术复杂度为29 977.82）、饮料制造业（24 359.02）、烟草制品业（20 990.07）。

表3－17揭示了2004～2011年21个制造业行业出口技术复杂度排名的变动情况。表中数据表明，通信设备、计算机及其他电子设备制造业出口技术复杂度最高，且较为稳定。2004年和2011年，该行业的出口技术复杂度均排名第一。2004年与2011年，仪器仪表及文化、办公用机械制造业与金属制品业的排名没有发生变化，分别位列第二名与第三名。其他制造业行业中，10个制造业行业的排名有所下降，分别是电气机械及器材制造业（排名下降4位），专业设备制造业（排名下降2位），纺织服装、鞋、帽制造业（排名下降6位），医药制造业（排名下降2位），农副食品加工业（排名下降2位），石油加工、炼焦加工业（排名下降1位），非金属矿物制品业（排名下降4位），化学原料及化学制品制造业（排名下降2位），饮料制造业（排名下降1位），烟草制品业（排名下降1位）。8个制造业行业排名有所上升，分别是通用设备制造业（排名上升1位）、造纸及纸制品业（排名上升2位）、化学纤维制造业（排名上升8位）、纺织业（排名上升2位）、交通运输设备制造业（排名上升1位）、黑色金属冶炼及压延加工业（排名上升7位）、食品制造业（排名上升1位）、有色金属冶炼及压延加工业（排名上升3位）。

表 3－16　21 个制造业行业出口技术复杂度分析

制造业行业	2004 年	2005 年	2006 年	2007 年	2008 年	2009 年	2010 年	2011 年
农副食品加工业	12 016. 33	13 691. 18	15 772. 30	18 478. 64	21 741. 33	23 463. 43	28 910. 64	35 136. 77
食品制造业	11 426. 51	13 233. 55	15 635. 96	18 482. 07	22 108. 12	24 017. 95	27 767. 78	33 929. 38
饮料制造业	8 802. 73	10 260. 05	12 738. 51	14 331. 35	16 686. 48	17 771. 24	21 074. 91	24 359. 02
烟草制品业	8 681. 26	9 629. 39	10 506. 85	11 672. 98	14 189. 23	14 712. 44	17 464. 67	20 990. 07
纺织业	13 030. 02	15 505. 92	18 084. 28	21 532. 49	25 761. 63	29 289. 51	34 514. 15	41 240. 19
纺织服装、鞋、帽制造业	15 976. 33	18 351. 72	21 298. 08	24 592. 00	27 455. 63	26 612. 13	32 134. 42	37 692. 30
造纸及纸制品业	14 608. 63	15 933. 83	18 427. 96	23 348. 88	28 816. 96	31 313. 81	38 565. 64	42 097. 76
石油加工、炼焦加工业	11 430. 65	15 435. 64	15 322. 19	16 872. 57	21 511. 77	22 065. 40	26 969. 22	33 705. 89
化学原料及化学制品制造业	10 780. 97	11 892. 13	13 510. 47	15 340. 55	19 330. 87	20 279. 97	23 997. 75	29 977. 82
医药制造业	12 127. 61	13 469. 08	15 759. 56	18 441. 00	22 871. 44	25 038. 74	30 023. 19	35 991. 44
化学纤维制造业	11 472. 63	10 769. 02	15 407. 55	19 018. 91	21 954. 54	21 559. 20	27 928. 79	42 017. 63
非金属矿物制品业	11 777. 66	14 248. 40	16 273. 30	19 262. 13	23 081. 56	25 236. 94	29 909. 13	33 506. 84
黑色金属冶炼及压延加工业	10 243. 44	13 336. 44	14 737. 36	17 821. 99	22 485. 09	24 361. 35	29 127. 78	39 138. 18
有色金属冶炼及压延加工业	8 485. 52	9 929. 64	11 847. 06	14 673. 80	18 604. 32	20 766. 89	27 305. 33	32 172. 52
金属制品业	17 701. 51	18 782. 90	22 166. 56	27 447. 14	30 904. 87	32 828. 56	40 231. 58	44 751. 50
通用设备制造业	16 324. 06	18 080. 54	21 728. 62	24 698. 34	28 101. 63	28 256. 89	34 056. 38	42 521. 18
专用设备制造业	13 977. 35	14 636. 97	16 822. 56	19 294. 06	24 522. 74	25 248. 05	31 344. 15	39 861. 61
交通运输设备制造业	12 708. 83	14 092. 12	16 341. 42	19 568. 15	24 648. 22	27 742. 32	33 186. 42	39 968. 46
电气机械及器材制造业	17 431. 35	19 345. 47	21 891. 06	25 194. 89	28 615. 05	29 996. 46	35 171. 43	40 804. 86
通信设备、计算机及其他电子设备制造业	24 175. 51	28 183. 79	31 637. 87	37 616. 81	41 986. 38	41 901. 00	46 994. 47	49 770. 58
仪器仪表及文化、办公用机械制造业	18 693. 02	13 421. 63	25 429. 17	28 195. 49	33 967. 86	35 771. 86	39 564. 76	47 766. 09

资料来源：国研网数据整理所得。

表 3－17　　21 个制造业行业出口技术复杂度排名变动分析

制造业行业	2011 年排名	2004 年排名	排名变动
通信设备、计算机及其他电子设备制造业	1	1	0
仪器仪表及文化、办公用机械制造业	2	2	0
金属制品业	3	3	0
通用设备制造业	4	5	1
造纸及纸制品业	5	7	2
化学纤维制造业	6	14	8
纺织业	7	9	2
电气机械及器材制造业	8	4	－4
交通运输设备制造业	9	10	1
专用设备制造业	10	8	－2
黑色金属冶炼及压延加工业	11	18	7
纺织服装、鞋、帽制造业	12	6	－6
医药制造业	13	11	－2
农副食品加工业	14	12	－2
食品制造业	15	16	1
石油加工、炼焦加工业	16	15	－1
非金属矿物制品业	17	13	－4
有色金属冶炼及压延加工业	18	21	3
化学原料及化学制品制造业	19	17	－2
饮料制造业	20	19	－1
烟草制品业	21	20	－1

资料来源：国研网数据整理所得。

表 3－18 揭示了 30 个省区市出口技术复杂度变动情况。表中数据表明，30 个省区市出口技术复杂度均呈现上升趋势，其中，出口技术复杂度排名前五位的省份为北京、广东、四川、上海、天津，出口技术复杂度分别为 46 375.21、45 869.80、45 777.75、45 625.37、45 202.77。出口技术复杂度排名居后五位的省份为新疆、宁夏、甘肃、贵州、云南，其出口技术复杂度分别为 36 163.87、35 354.30、34 998.51、33 828.56、32 261.48。出口技术复杂度增长率最快的五个省份为青海、山西、重庆、广西、甘肃，其增长率分别为 2.760 7、2.556 2、2.541 5、2.472 1、2.371 3。出口技术复杂度增长率最慢的五个省份为江苏、上海、广东、北京、天津，其增长率分别为 1.310 8、1.290 3、1.282 1、1.244 4、1.178。由上述分析可知，出口技术复杂度低的省份经济发展水平较低，由于其基数低，增长率较快；而出口技术复杂度高的省份经济发展水平较高，由于其基数较高，增长率水平较低。

表 3-18　30 个省区市出口技术复杂度分析

省份	2004 年	2005 年	2006 年	2007 年	2008 年	2009 年	2010 年	2011 年
北京	20 662.46	24 916.52	28 415.05	33 831.49	37 998.55	38 628.46	43 264.57	46 375.21
天津	20 754.20	23 944.60	26 873.13	31 360.32	33 914.27	35 009.57	40 767.07	45 202.77
河北	13 142.17	15 060.43	17 541.29	20 339.64	24 849.80	27 552.18	33 018.35	39 503.52
山西	11 682.22	15 034.17	17 000.51	19 527.74	23 824.20	30 428.02	33 685.04	41 544.40
内蒙古	11 887.00	16 612.05	18 764.29	18 764.83	22 902.21	25 882.86	30 056.71	37 241.29
辽宁	15 313.41	17 317.66	19 464.20	22 954.52	26 669.07	28 119.00	33 925.67	39 731.16
吉林	13 142.71	14 394.30	16 465.46	19 533.01	23 284.55	25 512.29	31 488.16	37 592.97
黑龙江	13 711.09	14 346.71	18 280.11	20 934.41	25 115.30	27 351.59	31 775.09	39 771.58
上海	19 920.41	22 640.36	26 077.49	31 292.98	35 163.45	36 125.35	41 604.81	45 625.37
江苏	19 333.42	22 073.62	24 974.67	29 564.81	33 564.97	35 079.41	40 239.16	44 677.02
浙江	15 427.40	17 743.62	21 173.42	24 736.10	28 238.50	29 568.68	34 932.08	40 944.37
安徽	14 208.37	15 624.33	17 684.58	21 572.66	25 411.03	27 341.77	32 656.11	39 967.89
福建	18 319.21	20 998.86	23 860.26	27 852.78	32 011.22	32 769.61	38 170.19	42 867.26
江西	13 312.73	15 037.72	17 288.89	21 905.63	25 623.63	28 096.22	32 049.30	39 009.66
山东	14 622.11	16 963.77	19 789.01	24 029.07	28 537.44	30 259.79	35 389.05	40 488.59
河南	12 284.36	13 875.19	15 973.48	18 269.07	22 434.72	26 039.57	31 280.19	41 241.98
湖北	13 876.82	16 700.74	20 420.05	23 709.46	27 495.62	30 908.96	36 425.94	41 028.15
湖南	12 646.61	13 680.50	16 286.78	19 592.84	23 799.33	25 434.45	30 501.57	38 106.14
广东	20 099.54	23 092.73	26 611.46	31 186.47	35 682.21	36 518.45	41 729.47	45 869.80
广西	11 554.03	14 160.28	15 787.13	19 528.31	24 714.02	27 019.93	34 508.95	40 116.88

续表

省份	2004 年	2005 年	2006 年	2007 年	2008 年	2009 年	2010 年	2011 年
海南	12 793.48	15 374.21	17 497.76	18 727.29	24 089.25	23 952.87	29 443.72	36 859.43
重庆	12 648.67	14 275.09	16 866.38	20 143.03	24 791.42	27 253.79	33 633.01	44 795.82
四川	14 494.05	16 247.16	19 054.56	23 385.11	29 542.86	31 758.77	39 179.95	45 777.75
贵州	13 893.43	14 384.41	15 444.85	17 364.08	21 377.75	23 415.08	27 341.55	33 828.56
云南	10 142.98	11 759.07	13 905.01	16 364.18	20 907.55	22 233.11	26 973.66	32 261.48
陕西	15 819.31	15 897.16	18 062.32	19 483.89	25 232.36	27 020.37	33 259.66	38 956.33
甘肃	10 381.26	12 143.80	14 121.79	17 647.20	21 908.85	24 128.52	29 351.50	34 998.51
青海	9 763.67	11 521.81	12 660.63	17 518.53	22 077.51	26 454.35	31 442.65	36 718.72
宁夏	10 886.14	13 580.17	15 152.20	18 316.81	22 269.80	24 400.32	29 558.93	35 354.30
新疆	11 958.85	13 786.62	16 580.17	19 630.71	22 991.38	25 207.67	29 183.96	36 163.87

资料来源：国研网数据整理所得。

表3－19揭示了2004～2011年30个省区市出口技术复杂度排名的变动情况。表中数据表明，5个省份的出口技术复杂度排名没有发生变动，分别是上海、河北、湖南、宁夏、甘肃。10个省份的出口技术复杂度排名有所上升，分别是北京（排名上升1位）、广东（排名上升1位）、四川（排名上升8位）、重庆（排名上升14位）、山西（排名上升16位）、河南（排名上升12位）、湖北（排名上升3位）、广西（排名上升12位）、内蒙古（排名上升1位）、青海（排名上升5位）。15个省份的出口技术复杂度排名有所下降，分别是天津（排名下降4位）、江苏（排名下降2位）、福建（排名下降2位）、浙江（排名下降4位）、山东（排名下降4位）、山东（排名下降3位）、安徽（排名下降3位）、黑龙江（排名下降1位）、辽宁（排名下降8位）、江西（排名下降3位）、陕西（排名下降13位）、吉林（排名下降5位）、海南（排名下降5位）、新疆（排名下降3位）、贵州（排名下降16位）、云南（排名下降1位）。

表3－19　　30个省区市出口技术复杂度排名变动分析

省份	2011年排名	2004年排名	排名变动
北京	1	2	1
广东	2	3	1
四川	3	11	8
上海	4	4	0
天津	5	1	－4
重庆	6	20	14
江苏	7	5	－2
福建	8	6	－2
山西	9	25	16
河南	10	22	12
湖北	11	14	3
浙江	12	8	－4
山东	13	10	－3
广西	14	26	12
安徽	15	12	－3
黑龙江	16	15	－1
辽宁	17	9	－8
河北	18	18	0

续表

省份	2011 年排名	2004 年排名	排名变动
江西	19	16	-3
陕西	20	7	-13
湖南	21	21	0
吉林	22	17	-5
内蒙古	23	24	1
海南	24	19	-5
青海	25	30	5
新疆	26	23	-3
宁夏	27	27	0
甘肃	28	28	0
贵州	29	13	-16
云南	30	29	-1

资料来源：国研网数据整理所得。

表3-20揭示了2016年中国28个制造业行业的出口交货值及其占比情况。从出口交货值来看，计算机、通信和其他电子设备制造业排名第一，2016年，该行业的出口交货值高达47 081.32亿元，是排名第二位电气机械及器材制造业出口交货值的4倍，后者仅为10 092.24亿元。出口交货值排名第三位的制造业行业是通用设备制造业，2016年，该指标为4 930.98亿元。烟草制造业出口交货值不足100亿元，仅为41.24亿元，是所有制造业行业中出口交货值最小的行业。表3-20第三列显示了28个制造业行业占所有制造业行业比重情况，数据显示，计算机、通信和其他电子设备制造业出口交货值占整个制造业行业出口交货值的半壁江山，其比例高达40.038 4%。电气机械及器材制造业的出口交货值占比为8.582 5%，排名第二位，通用设备制造业出口交货值占比为4.193 4%，排名第三位。通信设备、计算机及其他电子设备制造业，电气机械及器材制造业，交通设备制造业的出口交货值总和占所有制造业行业出口交货值的比例高达52.814 3%。与之形成鲜明对比的是，有色金属冶炼和压延加工业（占比为0.955 9），食品制造业（占比为0.947 7），木材加工和木、竹、藤、棕、草制品业（占比为0.758 8），石油加工炼焦和核燃料加工业（占比为0.518 9），造纸和纸制品业（占比为0.484 6），化学纤维制造业（占比为0.476 2），印刷和记录媒介复制业（占比为0.409 3），酒、饮料和精制茶制造业（占比为

0.217 9)、烟草制造业（占比为0.035 1），这些制造业行业出口交货值占比均低于1%。

表3-20　　2016年28个制造业行业出口比例对比分析

制造业行业	出口交货值（亿元）	出口交货值比例（%）
农副食品加工业	2 836.34	2.412 1
食品制造业	1 114.45	0.947 7
酒、饮料和精制茶制造业	256.21	0.217 9
烟草制品业	41.24	0.035 1
纺织业	3 521.73	2.994 9
纺织服装、服饰业	4 748.25	4.038 0
皮革、毛皮、羽毛及其制品和制鞋业	3 382.59	2.876 6
木材加工和木、竹、藤、棕、草制品业	892.23	0.758 8
家具制造业	1 786.33	1.519 1
造纸和纸制品业	569.82	0.484 6
印刷和记录媒介复制业	481.31	0.409 3
文教、工美、体育和娱乐用品制造业	4 397.74	3.739 9
石油加工、炼焦和核燃料加工业	610.21	0.518 9
化学原料和化学制品制造业	4 333.64	3.685 4
医药制造业	1 460.42	1.242 0
化学纤维制造业	559.96	0.476 2
橡胶和塑料制品业	3 743.29	3.183 3
非金属矿物制品业	1 776.09	1.510 4
黑色金属冶炼和压延加工业	2 320.08	1.973 0
有色金属冶炼和压延加工业	1 124.06	0.955 9
金属制品业	3 630.42	3.087 3
通用设备制造业	4 930.98	4.193 4
专用设备制造业	3 024.39	2.572 0
汽车制造业	3 188.99	2.711 9
铁路、船舶、航空航天和其他运输设备制造业	3 408.04	2.898 2
电气机械和器材制造业	10 092.24	8.582 5
计算机、通信和其他电子设备制造业	47 081.32	40.038 4
仪器仪表制造业	1 358.20	1.155 0

资料来源：国研网数据整理所得。

表3－21揭示了2012～2016年中国28个制造业行业出口交货值变动率情况。由表中数据可知，28个制造业行业出口交货值的变动存在差异，6个制造业行业的出口交货值有所下降，如纺织业2012年出口交货值为3 735亿元，2016年，出口交货值仅为3 521.73亿元，出口交货值降低5.71%。非金属矿物制品业2012年出口交货值为1 780.21亿元，2016年，出口交货值为1 776.09亿元，出口交货值下降0.231 4%。黑色金属冶炼和压延加工业2012年出口交货值为2 397.82亿元，2016年，出口交货值为2 320.08亿元，出口交货值下降3.242 1%。有色金属冶炼和压延加工业2012年出口交货值为1 129.96亿元，2016年，出口交货值为1 124.06亿元，出口交货值下降0.522 1%。铁路、船舶、航空航天和其他运输设备制造业2012年出口交货值为3 636.69亿元，2016年，出口交货值为3 408.04亿元，出口交货值下降6.287 3%。22个制造业行业出口交货值有所上升，其中，石油加工、炼焦和核燃料加工业的出口交货值上升速度最快，2012年，出口交货值仅为380.09亿元，2016年，该指标上升为610.21亿元，上升幅度高达60.543 6%。通用设备制造业的出口交货值增长最慢，2011年，出口交货值为4 782.09亿元，2016年，该行业出口交货值为4 930.98亿元，上升幅度仅为3.113 5%。出口交货值上升幅度排名前五位的制造业行业为石油加工、炼焦和核燃料加工业，印刷和记录媒介复制业，家具制造业，文教、工美、体育和娱乐用品制造业，仪器仪表制造业，其增长比率分别为60.543 6%、45.406 5%、35.661 0%、31.749 7%、29.906 6%。出口交货值增长速度最慢的五个制造业行业是纺织服装、服饰业，橡胶和塑料制品业，专用设备制造业，酒、饮料和精制茶制造业，通用设备制造业，非金属矿物制品业，其增长率分别为7.415 0%、7.057 3%、6.991 8%、5.349 5%、3.113 5%。

表3－21　　28个制造业行业出口交货值变动率分析

制造业行业	2016年出口交货值（亿元）	2002年出口交货值（亿元）	出口值交货值变动率（%）
农副食品加工业	2 836.34	2 602.66	8.978 5
食品制造业	1 114.45	955.77	16.602 3
酒、饮料和精制茶制造业	256.21	243.20	5.349 5
烟草制品业	41.24	34.79	18.539 8
纺织业	3 521.73	3 735.00	－5.710 0
纺织服装、服饰业	4 748.25	4 420.47	7.415 0
皮革、毛皮、羽毛及其制品和制鞋业	3 382.59	2 970.48	13.873 5

续表

制造业行业	2016 年出口交货值（亿元）	2002 年出口交货值（亿元）	出口值交货值变动率（%）
木材加工和木、竹、藤、棕、草制品业	892. 23	708. 63	25. 909 1
家具制造业	1 786. 33	1 316. 76	35. 661 0
造纸和纸制品业	569. 82	589. 17	-3. 284 3
印刷和记录媒介复制业	481. 31	331. 01	45. 406 5
文教、工美、体育和娱乐用品制造业	4 397. 74	3 337. 95	31. 749 7
石油加工、炼焦和核燃料加工业	610. 21	380. 09	60. 543 6
化学原料和化学制品制造业	4 333. 64	3 693. 54	17. 330 3
医药制造业	1 460. 42	1 164. 92	25. 366 5
化学纤维制造业	559. 96	474. 17	18. 092 7
橡胶和塑料制品业	3 743. 29	3 496. 53	7. 057 3
非金属矿物制品业	1 776. 09	1 780. 21	-0. 231 4
黑色金属冶炼和压延加工业	2 320. 08	2 397. 82	-3. 242 1
有色金属冶炼和压延加工业	1 124. 06	1 129. 96	-0. 522 1
金属制品业	3 630. 42	3 299. 91	10. 015 7
通用设备制造业	4 930. 98	4 782. 09	3. 113 5
专用设备制造业	3 024. 39	2 826. 75	6. 991 8
汽车制造业	3 188. 99	2 740. 55	16. 363 1
铁路、船舶、航空航天和其他运输设备制造业	3 408. 04	3 636. 69	-6. 287 3
电气机械和器材制造业	10 092. 24	9 125. 03	10. 599 5
计算机、通信和其他电子设备制造业	47 081. 32	42 454. 71	10. 897 8
仪器仪表制造业	1 358. 20	1 045. 52	29. 906 6

资料来源：国研网数据整理所得。

表 3-22 揭示了 2012～2016 年 30 个省区市 28 个制造业行业出口交货值比例之和。2012 年，计算机、通信和其他电子设备制造业占比为 7. 538 9，此后该比例持续上升，2016 年，高达 8. 898 4。2012 年，化学原料和化学制品制造业占所有制造业行业的 2. 047 2，但是至 2016 年下降至 1. 922 7。电气机械和器材制造业占制造业的比例在 2012 年排名第三，其数值为 1. 672 9，2011 年，该比例下降至 1. 505 1。2012 年，农副食品加工业占比排名第四，其数值为 1. 542 5，至 2016 年上升至 1. 550 4。2012 年，纺织服装、服饰业占制造业比例排名第五为 1. 531 4，2016 年，该指标下降至 1. 414 8。黑色金属冶炼和压延加工业占比在

2004 年排名第六，其数值为 1.363 0，2016 年，其数值下降至 1.278 6。2012 年，出口交货值占比居于后五位的制造业行业为仪器仪表制造业、烟草制品业、造纸和纸制品业、化学纤维制造业、印刷和记录媒介复制业，其数值分别为 0.196 4、0.118 2、0.117 8、0.060 1、0.030 3。21 个制造业行业出口交货值占比差异明显，例如，2012 年，出口交货值占比最高的计算机、通信和其他电子设备制造业是占比最低的印刷和记录媒介复制业的 248.81 倍。

表 3－22　　30 个省区市 28 个制造业行业出口交货值占比总和分析

制造业行业	2012 年	2013 年	2014 年	2015 年	2016 年
计算机、通信和其他电子设备制造业	7.538 9	7.943 7	7.898 6	8.189 2	8.898 4
化学原料和化学制品制造业	2.047 2	1.868 3	1.851 5	1.891 8	1.922 7
电气机械和器材制造业	1.672 9	1.640 2	1.460 6	1.423 0	1.505 1
农副食品加工业	1.542 5	1.674 8	1.579 5	1.606 8	1.550 4
纺织服装、服饰业	1.531 4	0.975 4	1.257 9	1.336 2	1.414 8
黑色金属冶炼和压延加工业	1.363 0	1.380 3	1.604 8	1.295 1	1.278 6
铁路、船舶、航空航天和其他运输设备制造业	1.247 7	1.027 8	0.993 9	1.028 8	0.869 3
食品制造业	1.195 6	0.977 0	1.055 0	1.192 9	1.093 7
纺织业	1.173 5	1.252 4	1.205 3	1.148 6	1.103 8
汽车制造业	1.146 7	1.066 8	0.995 4	1.023 4	1.052 3
有色金属冶炼和压延加工业	1.126 1	1.474 5	1.571 5	1.528 1	0.893 1
通用设备制造业	0.997 7	0.982 0	0.920 6	0.914 9	0.973 5
专用设备制造业	0.926 9	0.940 2	0.902 7	0.785 4	0.879 3
非金属矿物制品业	0.812 1	0.751 0	0.723 8	0.579 7	0.504 2
文教、工美、体育和娱乐用品制造业	0.761 7	0.922 9	0.706 4	0.839 0	0.721 9
橡胶和塑料制品业	0.709 8	0.707 7	0.755 1	0.660 7	0.610 1
金属制品业	0.708 1	0.713 0	0.632 4	0.611 6	0.518 1
医药制造业	0.604 9	0.619 3	0.665 5	0.683 7	0.830 5
皮革、毛皮、羽毛及其制品和制鞋业	0.598 8	0.615 5	0.634 7	0.650 9	0.635 3
石油加工、炼焦和核燃料加工业	0.509 5	0.705 7	0.792 7	0.769 5	0.814 1
木材加工和木、竹、藤、棕、草制品业	0.418 4	0.451 9	0.421 8	0.470 9	0.520 8
酒、饮料和精制茶制造业	0.385 4	0.336 2	0.385 4	0.354 7	0.322 6
家具制造业	0.310 4	0.283 7	0.280 0	0.279 3	0.302 8
仪器仪表制造业	0.196 4	0.187 3	0.179 8	0.221 4	0.202 2

续表

制造业行业	2012 年	2013 年	2014 年	2015 年	2016 年
烟草制品业	0. 118 2	0. 113 6	0. 110 7	0. 106 9	0. 065 1
造纸和纸制品业	0. 117 8	0. 124 1	0. 109 7	0. 115 7	0. 123 6
化学纤维制造业	0. 060 1	0. 083 4	0. 115 4	0. 066 7	0. 126 3
印刷和记录媒介复制业	0. 030 3	0. 034 2	0. 041 8	0. 044 8	0. 038 2

资料来源：国研网数据整理所得。

表3－23 揭示了2012～2016 年30 个省区市28 个制造业行业出口交货值占比之和排名变动情况。表中数据表明，30 个省区市的 28 个制造业行业出口交货值比例之和中计算机、通信和其他电子设备制造业出口占比之和最高，且十分稳定。具体表现为，2012 年和 2016 年，该行业的出口占比之和均排名第一。化学原料和化学制品制造业出口占比之和同样稳定，2012 年和 2016 年，均排名第二。与计算机、通信和其他电子设备制造业不同及与化学原料和化学制品制造业不同，农副食品加工业出口交货值占比之和在 2012 年排名第四，2016 年，排名上升至第三。其他制造业行业中，9 个制造业行业的排名没有发生变化，分别是纺织服装、服饰业，黑色金属冶炼和压延加工业，食品制造业，有色金属冶炼和压延加工业，酒、饮料和精制茶制造业，家具制造业，仪器仪表制造业，造纸和纸制品业，印刷和记录媒介复制业。9 个制造业行业排名有所上升，分别是纺织业（排名上升 2 位），汽车制造业（排名上升 1 位），通用设备制造业（排名上升 2 位），专用设备制造业（排名上升 1 位），医药制造业（排名上升 4 位），石油加工、炼焦和核燃料加工业（排名上升 5 位），皮革、毛皮、羽毛及其制品和制鞋业（排名上升 2 位），木材加工和木、竹、藤、棕、草制品业（排名上升 2 位），化学纤维制造业（排名上升 2 位）。7 个制造业行业排名有所下降，分别是电气机械和器材制造业（排名下降 1 位），铁路、船舶、航空航天和其他运输设备制造业（排名下降 6 位），文教、工美、体育和娱乐用品制造业（排名下降 1 位），橡胶和塑料制品业（排名下降 2 位），金属制品业（排名下降 3 位），非金属矿物制品业（排名下降 7 位），烟草制品业（排名下降 2 位）。

表 3－23　30 个省区市 28 个制造业行业出口交货值占比总和排名变动分析

制造业行业	2016 年排名	2012 年排名	排名变动
计算机、通信和其他电子设备制造业	1	1	0
化学原料和化学制品制造业	2	2	0

续表

制造业行业	2016 年排名	2012 年排名	排名变动
农副食品加工业	3	4	1
电气机械和器材制造业	4	3	-1
纺织服装、服饰业	5	5	0
黑色金属冶炼和压延加工业	6	6	0
纺织业	7	9	2
食品制造业	8	8	0
汽车制造业	9	10	1
通用设备制造业	10	12	2
有色金属冶炼和压延加工业	11	11	0
专用设备制造业	12	13	1
铁路、船舶、航空航天和其他运输设备制造业	13	7	-6
医药制造业	14	18	4
石油加工、炼焦和核燃料加工业	15	20	5
文教、工美、体育和娱乐用品制造业	16	15	-1
皮革、毛皮、羽毛及其制品和制鞋业	17	19	2
橡胶和塑料制品业	18	16	-2
木材加工和木、竹、藤、棕、草制品业	19	21	2
金属制品业	20	17	-3
非金属矿物制品业	21	14	-7
酒、饮料和精制茶制造业	22	22	0
家具制造业	23	23	0
仪器仪表制造业	24	24	0
化学纤维制造业	25	27	2
造纸和纸制品业	26	26	0
烟草制品业	27	25	-2
印刷和记录媒介复制业	28	28	0

资料来源：国研网数据整理所得。

表 3-24 揭示了 2012～2016 年 28 个制造业行业出口技术复杂度。由表中数据可知，28 个制造业行业出口技术复杂度均有所上升，原因在于，中国经济快速发展、各地区人均 GDP 上升迅速、以人均 GDP 为权重的出口技术复杂度随之上升。具体分析 28 个制造业行业的出口技术复杂度发现，2016 年，出口技术复

杂度居于前三位的制造业行业分别是印刷和记录媒介复制业、通用设备制造业、仪器仪表制造业，其数值分别为71 286、67 668、66 687。出口技术复杂度超过60 000的制造业行业还包括金属制品业（出口技术复杂度为65 758），家具制造业（出口技术复杂度为63 506），计算机、通信和其他电子设备制造业（出口技术复杂度为62 274），电气机械和器材制造业（出口技术复杂度为61 178），文教、工美、体育和娱乐用品制造业（出口技术复杂度为60 982），专用设备制造业（出口技术复杂度为60 716），造纸和纸制品业（出口技术复杂度为60 242）。出口技术复杂度低于40 000的制造业行业包括酒、饮料和精制茶制造业（出口技术复杂度为37 964），烟草制品业（36 045）。

表3-24　　28个制造业行业出口技术复杂度分析

制造业行业	2012年	2013年	2014年	2015年	2016年
印刷和记录媒介复制业	53 317	56 933	60 627	61 623	71 286
通用设备制造业	49 757	55 035	60 177	64 613	67 668
仪器仪表制造业	48 736	54 332	58 816	58 480	66 687
金属制品业	50 799	53 712	58 646	62 782	65 758
家具制造业	46 466	51 955	58 048	61 357	63 506
计算机、通信和其他电子设备制造业	51 191	53 875	58 043	59 860	62 274
电气机械和器材制造业	47 512	51 612	56 842	60 437	61 178
文教、工美、体育和娱乐用品制造业	42 258	45 396	53 173	54 294	60 982
专用设备制造业	44 762	47 774	52 472	56 811	60 716
造纸和纸制品业	43 439	46 927	52 405	55 204	60 242
橡胶和塑料制品业	42 081	45 528	50 204	53 287	59 211
铁路、船舶、航空航天和其他运输设备制造业	43 740	47 848	52 390	55 929	58 846
皮革、毛皮、羽毛及其制品和制鞋业	43 142	47 125	50 414	52 893	58 596
化学纤维制造业	48 148	49 047	50 238	58 513	57 762
汽车制造业	44 050	47 762	52 927	55 061	57 710
纺织业	46 519	48 002	50 176	52 631	56 755
纺织服装、服饰业	43 052	51 449	50 724	52 845	55 740
医药制造业	40 693	45 184	48 895	51 118	53 377
黑色金属冶炼和压延加工业	44 197	48 458	51 282	51 444	53 056
非金属矿物制品业	37 331	39 866	45 427	49 861	52 911
木材加工和木、竹、藤、棕、草制品业	41 022	44 951	47 853	49 992	52 349

续表

制造业行业	2012 年	2013 年	2014 年	2015 年	2016 年
化学原料和化学制品制造业	34 634	39 631	43 447	45 539	50 314
石油加工、炼焦和核燃料加工业	35 934	39 380	42 133	44 673	49 591
食品制造业	37 004	41 514	45 809	46 627	48 973
农副食品加工业	38 062	41 505	43 983	45 862	47 736
有色金属冶炼和压延加工业	33 701	36 887	38 540	40 244	44 269
酒、饮料和精制茶制造业	26 624	29 986	34 592	34 973	37 964
烟草制品业	23 813	26 998	29 433	31 601	36 045

资料来源：国研网数据整理所得。

表 3－25 揭示了 2012～2016 年 28 个制造业行业出口技术复杂度排名的变动情况。表中数据表明，印刷和记录媒介复制业出口技术复杂度最高，且较为稳定。2012 年和 2016 年，该行业的出口技术复杂度均排名第一。与印刷和记录媒介复制业不同，2012 年，通用设备制造业出口技术复杂度排名第四，2016 年，该行业出口技术复杂度排名第二，出口技术复杂度排名上升 2 位。仪器仪表制造业 2014 年出口技术复杂度排名第五，2016 年，该行业出口技术复杂度排名上升了 2 位至第三名。其他制造业行业中，4 个制造业行业出口技术复杂度排名没有发生变化，分别是电气机械和器材制造业，有色金属冶炼和压延加工业，酒、饮料和精制茶制造业，烟草制品业。10 个制造业行业的排名有所下降，分别是金属制品业（排名下降 1 位），计算机、通信和其他电子设备制造业（排名下降 4 位），化学纤维制造业（排名下降 8 位），汽车制造业（排名下降 3 位），纺织业（排名下降 8 位），纺织服装、服饰业（排名下降 1 位），黑色金属冶炼和压延加工业（排名下降 8 位），木材加工和木、竹、藤、棕、草制品业（排名下降 2 位），食品制造业（排名下降 1 位），农副食品加工业（排名下降 4 位）。11 个制造业行业排名有所上升，分别是家具制造业（排名上升 4 位），文教、工美、体育和娱乐用品制造业（排名上升 9 位），专用设备制造业（排名上升 1 位），造纸和纸制品业（排名上升 4 位），橡胶和塑料制品业（排名上升 7 位），铁路、船舶、航空航天和其他运输设备制造业（排名上升 1 位），皮革、毛皮、羽毛及其制品和制鞋业（排名上升 2 位），医药制造业（排名上升 2 位），非金属矿物制品业（排名上升 2 位），化学原料和化学制品制造业（排名上升 2 位），石油加工、炼焦和核燃料加工业（排名上升 1 位）。

表 3－25　　28 个制造业行业出口技术复杂度排名变动分析

制造业行业	2016 年排名	2012 年排名	排名变动
印刷和记录媒介复制业	1	1	0
通用设备制造业	2	4	2
仪器仪表制造业	3	5	2
金属制品业	4	3	－1
家具制造业	5	9	4
计算机、通信和其他电子设备制造业	6	2	－4
电气机械和器材制造业	7	7	0
文教、工美、体育和娱乐用品制造业	8	17	9
专用设备制造业	9	10	1
造纸和纸制品业	10	14	4
橡胶和塑料制品业	11	18	7
铁路、船舶、航空航天和其他运输设备制造业	12	13	1
皮革、毛皮、羽毛及其制品和制鞋业	13	15	2
化学纤维制造业	14	6	－8
汽车制造业	15	12	－3
纺织业	16	8	－8
纺织服装、服饰业	17	16	－1
医药制造业	18	20	2
黑色金属冶炼和压延加工业	19	11	－8
非金属矿物制品业	20	22	2
木材加工和木、竹、藤、棕、草制品业	21	19	－2
化学原料和化学制品制造业	22	25	3
石油加工、炼焦和核燃料加工业	23	24	1
食品制造业	24	23	－1
农副食品加工业	25	21	－4
有色金属冶炼和压延加工业	26	26	0
酒、饮料和精制茶制造业	27	27	0
烟草制品业	28	28	0

资料来源：国研网数据整理所得。

表 3－26 揭示了 2012～2016 年 30 个省区市出口技术复杂度变动情况。表中数据表明，30 个省区市出口技术复杂度均呈现上升趋势，其中，出口技术复杂

度排名前五位的省份包括重庆、广东、北京、四川、上海，出口技术复杂度分别为 61 138、61 010、60 821、60 700、60 639。出口技术复杂度排名居后五位的省份包括云南、吉林、新疆、辽宁、海南，其出口技术复杂度分别为 52 774、52 352、51 811、51 619、50 830。出口技术复杂度增长率最快的五个省份依次为云南、贵州、陕西、甘肃、宁夏，其增长率分别为 0. 496 6、0. 475 9、0. 385 3、0. 369 3、0. 353 8。出口技术复杂度增长率最慢的五个省份为天津、四川、山西、内蒙古、辽宁，其增长率分别为 0. 246 1、0. 244 7、0. 233 9、0. 228 5、0. 189 2。由上述分析可知，出口技术复杂度低的省区市经济发展水平较低，由于其基数低，增长率较快；而出口技术复杂度高的省区市经济发展水平较高，由于其基数较高，增长率水平较低。

表 3 – 26　　30 个省区市出口技术复杂度分析

省份	2012 年	2013 年	2014 年	2015 年	2016 年
重庆	48 808	52 310	56 628	58 390	61 138
广东	47 927	51 245	55 616	58 034	61 010
北京	48 498	51 999	56 092	57 671	60 821
四川	48 765	51 985	55 224	57 101	60 700
上海	47 983	51 270	55 524	57 861	60 639
河南	47 632	51 305	55 838	57 326	60 610
江苏	47 656	51 042	54 980	57 441	60 243
天津	47 858	51 316	55 224	57 558	59 639
陕西	42 873	46 623	51 931	55 263	59 392
山西	48 092	51 454	55 291	57 394	59 341
安徽	44 079	48 244	53 012	55 886	59 327
浙江	44 612	48 705	52 626	55 452	58 884
黑龙江	44 183	47 376	51 808	52 662	58 004
广西	43 085	46 983	52 498	54 779	57 647
湖北	44 916	47 713	50 191	53 686	57 459
山东	43 865	47 408	51 522	53 965	57 267
河北	43 820	47 593	51 344	53 169	56 874
江西	42 426	46 906	50 269	52 517	56 563
福建	44 031	47 594	51 547	53 392	56 457
湖南	43 341	46 836	50 238	52 936	55 986

续表

省份	2012 年	2013 年	2014 年	2015 年	2016 年
贵州	37 146	41 268	45 199	47 546	54 824
甘肃	39 240	45 212	47 361	49 152	53 734
青海	42 246	43 262	43 157	44 793	53 268
宁夏	39 266	43 426	47 135	50 376	53 159
内蒙古	43 172	46 552	49 895	51 204	53 040
云南	35 260	40 223	43 974	46 905	52 774
吉林	41 354	45 566	49 183	50 815	52 352
新疆	39 580	44 240	46 795	48 966	51 811
辽宁	43 406	46 779	50 765	53 205	51 619
海南	40 012	42 330	44 569	47 298	50 830

资料来源：国研网数据整理所得。

表 3－27 揭示了 2012～2016 年 30 个省区市出口技术复杂度排名的变动情况。表中数据表明，重庆出口技术复杂度较高且十分稳定，2012 年与 2016 年，均排名第一。2012 年，广东出口技术复杂度排名第六，2016 年，该省出口技术复杂度排名第二。2012 年与 2016 年，北京出口技术复杂度均排名第三。除此之外，2 个省份的出口技术复杂度排名没有发生变动，分别是上海和青海。10 个省份的出口技术复杂度排名有所上升，分别是河南（排名上升 3 位）、江苏（排名上升 1 位）、陕西（排名上升 12 位）、安徽（排名上升 2 位）、广西（排名上升 6 位）、江西（排名上升 4 位）、贵州（排名上升 8 位）、甘肃（排名上升 6 位）、宁夏（排名上升 3 位）、云南（排名上升 4 位）。11 个省份的出口技术复杂度排名有所下降，分别是四川（排名下降 2 位）、天津（排名下降 1 位）、山西（排名下降 6 位）、浙江（排名下降 1 位）、黑龙江（排名下降 1 位）、湖北（排名下降 5 位）、山东（排名下降 1 位）、河北（排名下降 1 位）、福建（排名下降 5 位）、湖南（排名下降 2 位）、内蒙古（排名下降 6 位）、吉林（排名下降 3 位）、新疆（排名下降 2 位）、辽宁（排名下降 12 位）、海南（排名下降 5 位）。

表 3－27　　30 个省区市出口技术复杂度排名变动分析

省份	2016 年排名	2012 年排名	排名变动
重庆	1	1	0
广东	2	6	4
北京	3	3	0

续表

省份	2016年排名	2012年排名	排名变动
四川	4	2	-2
上海	5	5	0
河南	6	9	3
江苏	7	8	1
天津	8	7	-1
陕西	9	21	12
山西	10	4	-6
安徽	11	13	2
浙江	12	11	-1
黑龙江	13	12	-1
广西	14	20	6
湖北	15	10	-5
山东	16	15	-1
河北	17	16	-1
江西	18	22	4
福建	19	14	-5
湖南	20	18	-2
贵州	21	29	8
甘肃	22	28	6
青海	23	23	0
宁夏	24	27	3
内蒙古	25	19	-6
云南	26	30	4
吉林	27	24	-3
新疆	28	26	-2
辽宁	29	17	-12
海南	30	25	-5

资料来源：国研网数据整理所得。

由于创新指标众多，所以本书选取四种类型指标进行分析。

第一类创新的衡量指标是新产品的销售收入。通过分析2001～2016年中国新产品销售收入及增长率的变动情况可知，中国新产品销售收入呈现快速上升趋势，2004年，中国新产品的年增长率为44.86%，位居考察年份最高水平。进一步分析

2016 年 30 个省区市新产品的销售收入及占比情况可知，广东的新产品销售收入最多，为 286 714 109 万元，青海的新产品销售收入最少，仅为 379 404 万元。继而考察东、中、西部地区新产品的销售收入可知，尽管东部地区占据优势，新产品销售产值规模大于中、西部地区，但是其优势有所收敛。由于高新技术产业知识密集程度较高，因此，本部分进一步分析了该产业的新产品销售收入与出口值，并得到以下结论：2005～2016 年，中国高新技术产业新产品销售收入呈现阶段性上升趋势。针对高新技术产业新产品出口的分析可知，2009～2016 年，中国高新技术产业新产品出口值呈现快速上升趋势。对比分析 2016 年 30 个省区市高新技术产业新产品销售收入及出口值可知，各地区高新技术产业新产品销售收入差异明显，2016 年，广东的高新技术产业新产品销售收入位居第一，其销售额高达 155 428 245 万元。与之对应，海南高新技术产业新产品销售收入位居倒数第一，其销售额仅为 82 804 万元。继而分析高新技术产业新产品出口占比可知，河南高新技术产业新产品出口占比最高，高达 90.120 9%。

第二类创新的衡量指标是专利申请，包括专利申请受理与专利申请授权。中国专利申请授权总量呈现快速上升趋势，实用新型专利申请授权规模最大，外观设计专利申请授权数量次之，发明专利申请授权规模最小，动态分析三种类型专利申请授权变动情况可知，发明专利申请授权数量增长最快，实用新型专利申请授权数量增长居中，外观设计专利申请授权数量增长最慢。进一步分析 30 个省区市三种类型专利申请授权分布情况可知，广东专利申请授权规模最大，青海专利申请授权规模最小。专利申请授权主要集中于东部发达地区。而专利申请授权较少的地区主要集中于西部地区。2017 年，30 个省区市专利申请受理的分布情况表明，江苏专利申请受理数量居于 30 个省区市之首，排名第二位的是广东，浙江专利申请数量排名第三。

第三类创新的衡量指标是国外主要检索工具收录我国科技论文数量。我国科技论文的收录数量在 2000～2015 年呈现快速上升趋势，SCI 是我国科技论文最主要的检索工具，EI 次之，CPCI-S 检索的科技论文数量最少，不同于 SCI 与 EI 检索论文的持续增长，其增长存在波动性。三大检索工具收录科技论文数量最多的地区是北京，排名第二位的是江苏，上海被收录论文数量排名第三。

第四类创新的衡量指标是出口技术复杂度。本书认为，国外市场竞争能力同样是创新的重要指标，它反映了一国技术创新能力相对于其他国家或地区的强弱，其基本思想源于两个方面：一是比较优势，该理论认为，开放条件下一国出口的产品种类取决于生产成本的比较优势，工资水平较高的国家倾向于出口技术复杂度较高的产品，而低工资水平国家倾向于出口低技术复杂度产品；二是出口产品的技术复杂度与经济发展水平相关，样本国家的加权平均收入越高则产品技术复杂度越高。通过分析行业出口技术复杂度，本书发现，由于中国经济快速增长，各省区市人均 GDP 上升迅速，以人均 GDP 为权重的出口技术复杂度随之快速上升。通过计算分析 2004 ~2011 年行业与地区出口技术复杂度，本书发现，2011 年，出口技术复杂度居于前三位的制造业行业分别是通信设备、计算机及其他电子设备制造业，仪器仪表及文化、办公用机械制造业，金属制品业，其数值分别为 49 770. 58、47 766. 09、44 751. 50。出口技术复杂度超过 40 000 的制造业行业还包括通用设备制造业（出口技术复杂度为 42 521. 18）、造纸及纸制品业（出口技术复杂度为 42 097. 76）、化学纤维制造业（出口技术复杂度为 42 017. 63）、纺织业（出口技术复杂度为 41 240. 19）、电气机械及器材制造业（出口技术复杂度为 40 804. 86）。出口技术复杂度低于 30 000 的制造业行业包括化学原料及化学制品制造业（出口技术复杂度为 29 977. 82）、饮料制造业（24 359. 02）、烟草制品业（20 990. 07）。对比 2004 年和 2011 年行业出口技术复杂度的排名发现，行业出口技术复杂度的排名变动频繁，进一步说明行业出口技术复杂度并非静态不变的。另外，分析地区出口技术复杂度发现，30 个省区市出口技术复杂度均呈现上升趋势，其中，出口技术复杂度排名前五位的省份为北京、广东、四川、上海、天津，出口技术复杂度分别为 46 375. 21、45 869. 80、45 777. 75、45 625. 37、45 202. 77。出口技术复杂度排名居后五位的省份为新疆、宁夏、甘肃、贵州、云南，其出口技术复杂度分别为 36 163. 87、35 354. 30、34 998. 51、33 828. 56、32 261. 48。出口技术复杂度增长率最快的五个省份为青海、山西、重庆、广西、甘肃，其增长率分别为 2. 760 7、2. 556 2、2. 541 5、2. 472 1、2. 371 3。出口技术复杂度增长率最慢的五个省份为江苏、上海、广东、北京、天津，其增长率分别为 1. 310 8、1. 290 3、1. 282 1、1. 244 4、1. 178。继而分析 2012 ~2016 年 28 个制造业行业和 30 个省区市出口技术复杂度，本书发现，2016 年，出口技术复杂度居于前三位的制造业行业分别是印刷和记录媒介复制业、通用设备制造业、仪器仪表制造业，其数值分别为 71 286、67 668、66 687。出口技术复杂度超过 60 000 的制造业行业还包括金属制品业（出口技术复杂度为 65 758），家具制造业（出口技术复杂度为 63 506），计算机、通信和其他电子设备制造业（出口技术复杂度为 62 274），电气机械和器材制造业（出口技术复杂度为 61 178），文教、工美、体育和娱乐用品制造业（出口技术复杂度为 60 982），专用设备制造业（出口技术复杂度为 60 716），造纸和纸制品业

(出口技术复杂度为60 242)。出口技术复杂度低于40 000的制造业行业包括酒、饮料和精制茶制造业（出口技术复杂度为37 964)、烟草制品业（36 045)。出口技术复杂度排名前五位的省份为重庆、广东、北京、四川、上海，出口技术复杂度分别为61 138、61 010、60 821、60 700、60 639。出口技术复杂度排名居后五位的省份为云南、吉林、新疆、辽宁、海南，其出口技术复杂度分别为52 774、52 352、51 811、51 619、50 830。出口技术复杂度增长率最快的五个省份为云南、贵州、陕西、甘肃、宁夏，其增长率分别为0. 496 6、0. 475 9、0. 385 3、0. 369 3、0. 353 8。出口技术复杂度增长率最慢的五个省份为天津、四川、山西、内蒙古、辽宁，其增长率分别为0. 246 1、0. 244 7、0. 233 9、0. 228 5、0. 189 2。

第四章

知识产权保护、FDI 技术溢出与企业创新绩效研究

在国际竞争日趋激烈与全球经济一体化背景下，提高一国（地区）技术创新水平、实现经济可持续发展已经成为政府、企业以及学术界普遍达成的共识。大量研究表明，FDI 是解决这一问题的有效途径。它能够通过学习效应、竞争效应、人员交流效应以及关联效应等显著提升一国（地区）技术创新水平。但是，与此同时，一些学者认为，过度依赖 FDI 技术溢出会导致东道国陷入“引入—落后—再引入”的恶性循环。2003 年，我国实际利用外资实现了历史性突破，首次跃居世界第一。根据联合国贸易与发展会议，2015 年，我国 FDI 流入量占世界总流入量的 10%，占发展中国总流入量的比例高达 19%。在此背景下，中国 FDI 流入是否影响其创新能力、其影响程度如何成为本书关注的第一个问题。

近年来，关于知识产权制度的变革和发展进入了一个异常活跃时期，尤其是中国签订 TRIPs 以来，确立并完善我国科学的知识产权保护体系已刻不容缓。大量研究表明，适度而有效的知识产权保护不但可以增加 FDI 的流入量，而且能够吸引更为先进的技术，最大限度发挥 FDI 技术溢出效应，但持不同观点的学者认为，当一国（地区）初始知识产权保护水平过低时，提升知识产权保护水平会阻碍 FDI 的流入，不利于东道国技术创新。因此，知识产权保护的 FDI 技术溢出效应成为本书关注的第二个问题。

一、文献综述

关于 FDI 对技术创新影响的结论，已有研究大致区分为三个方面：（1）正向 FDI 溢出效应。王红领分析了我国产业层面的数据，他分别将三种专利申请量作

为创新指标，最终发现 FDI 对我国技术创新具有促进作用。杨丽彬通过考察 FDI 对创新影响的水平溢出、前向溢出与后向溢出，发现三种渠道均能促进创新水平的提升。(2) 负向 FDI 溢出效应。党文娟等运用 Negatitive - Binomial 方法考察了 FDI 的技术溢出效应，结果表明，现阶段我国企业的 FDI 技术外溢效应并不显著，提高自主创新能力才是提升一国（地区）创新能力的主要渠道。钱水土等研究同样表明，FDI 对我国创新能力的提升并不显著，其作用效果受制于地区金融发展水平。(3) 非线性 FDI 溢出效应。蒋殿春等的研究表明，FDI 的竞争效应会抑制于国内企业创新能力的提升，但它会通过示范效应与科技人员的流动效应提升国内企业的研发能力。罗军认为，FDI 前向关联是否能够促进我国制造业的技术创新取决于研发投入与研发经费。谢科进的研究表明，随着创新水平的提高，FDI 的技术溢出效应逐渐增强，但当技术水平过高时，其对创新贡献的弹性系数开始下降，此时企业创新更多依赖于自主研发和引进技术的消化吸收。

大量研究表明，FDI 对技术创新的影响受以下三个方面因素制约：(1) 市场化进程。申朴、刘康兵研究表明，国内市场化改革能够完善制度从而能有效提高 FDI 技术溢出效率，相对完善的市场制度是 FDI 促进东道国企业技术创新的必要前提。(2) 人力资本状况。肖兴志研究结果表明，平均受教育程度较高的地区，FDI 的创新溢出反而较小。相反，教育程度较高的地区由于其研发实力较强可以自主创新。何兴强认为，人力资本水平影响 FDI 技术溢出，但是人力资本的提高有利于 FDI 技术溢出，我国现阶段人力资本水平仍然偏低，国外先进技术的吸收程度不足。朱敏考察了海外人才回流对 FDI 技术溢出的影响，其结论表明，海外人才回流导致的技术溢出效应显著。缪洋认为，加强人力资源开发能够有效促进国际知识溢出。(3) 研发投入。罗军研究表明，FDI 能够显著影响我国创新水平并且表现为双门槛效应，在低水平研发资金投入以及研发劳动投入的省份，FDI 不利于创新能力的提升；在中等研发资金投入与中等研发劳动投入的省份，FDI 对创新能力的提升具有较小的正向影响；在高水平研发资金投入以及研发劳动投入的省份，FDI 有利于创新能力的提升。

除此之外，一些研究表明，FDI 的技术外溢效果还会受很多外在因素制约，如财政分权、经济转型、政策导向、信息化发展水平、技术差距、金融水平以及经济开放度、基础设施、地区经济发展水平、外资开放程度、产权制度等。

如上所述，关于 FDI 对创新影响的研究成果较为丰硕，为后续研究奠定基础，但以下研究仍有待加强：一是 FDI 对技术创新的影响结论有待进一步廓清；二是已有文献鲜有提及知识产权保护视角下 FDI 的技术溢出效应，本书认为，这一问题需要进一步明确；三是创新的指标的选取有待进一步完善。

二、计量模型、指标的构建与数据的选取

从理论上讲，一国（地区）吸引 FDI 规模越大，就越容易通过人员流动效应、示范效应等途径接触到前沿理论与经验，促进创新，但与此同时，该国（地区）也越容易陷入“引进—落后—再引进”的恶性循环，阻碍其技术创新，所以 FDI 对技术创新的影响存在不确定性；而东道国知识产权保护的加强能通过扩张市场效应和垄断市场效应正反两个方面影响 FDI 的技术溢出效应。本书在已有研究技术创新文献的基础上，结合 FDI 与知识产权保护等关键因素构建如下技术创新的计量模型：

$$y_{it} = \alpha + \beta \cdot FDI_{it} + \gamma \cdot IPR_{it} + \varphi FDI_{it} \cdot IPR_{it} + \lambda \cdot X_{it} + \varepsilon_{it} \qquad (4-1)$$

其中，t 代表年份，i 表示省区市，y 代表技术创新，FDI 代表吸引对外直接投资额，IPR 表示知识产权保护水平，X_{it}表示影响技术创新的其他控制变量，ε_{it}代表随机误差项。另外，本书引入 FDI 与知识产权保护水平的交互项考察知识产权保护与 FDI 对创新的协同影响。如果该交互项的估计系数小于零，则表明知识产权保护的加强不利于 FDI 的技术外溢，反之，知识产权保护的加强可以促进 FDI 技术外溢。

创新通常被定义为具有市场价值的发明创造，但是体现新知识的专利无法准确衡量其经济价值，所以相比专利，能够反映市场价值的新产品销售及新产品开发能够更好地衡量地区创新。本书选取新产品的销售收入（NP）作为创新的第一个指标。相关数据均来源于 2003 ~ 2017 年《中国科技统计年鉴》。

对于核心变量解释如下。

（1）外商直接投资（FDI）。外商直接投资是本书重点考察的自变量，以往一些研究主要采用三种类型数据作为 FDI 的代理变量，考虑到实际利用外资额能够更加准确地衡量一国（地区）外商直接投资情况，本书选取各省份实际利用外资作为外商直接投资的代理变量。

（2）知识产权保护（IPR）。本书借鉴代中强对知识产权保护的度量方法利用显性比较优势指标考察我国知识产权保护执法情况，其计算方法如下：

$$IPR1_{it} = \frac{crime_{it} dipr_{it}}{\sum crime_{it} \sum dipr_{it}} + 1 \qquad (4-2)$$

上述计算公式是以专利授权量为基础测度的实际知识产权保护水平 IPR1。其中，

$crime_{it}/dipr_{it}$表示 i 地区 t 年知识产权保护执法案件占该地区专利授权案件的比重，知识产权保护执法案件包括侵权纠纷、假冒专利以及其他纠纷。$\sum crime_{it}/\sum dipr_{it}$ 表示全国在 t 年知识产权保护案件占全国专利授权案件的比重。此处，本书将等式右侧统一加上数字 1 是因为在实证分析中会用到变量的对数值，如果 t 年 i 地区没有知识产权保护立案，即该指数为 0，则无法取值而造成变量的缺失。显然，这样做不会对实证模型的系数产生任何实质性的改变。

本书对实证结果的稳健性进行了进一步分析，以专利申请为基础衡量知识产权保护水平。其计算方法如下：

$$IPR2_{it}=\frac{crime_{it}pipr_{it}}{\sum crime_{it}\sum pipr_{it}}+1 \tag{4-3}$$

其中，$crime_{it}/pipr_{it}$表示 i 地区 t 年知识产权保护执法案件占该地区专利申请案件的比重。$\sum crime_{it}/\sum dipr_{it}$表示全国在 t 年知识产权保护案件占全国专利申请案件的比重。专利申请、专利授权、专利执法等相关数据来源于 2003 ~ 2017 年《中国知识产权年鉴》。

对于其他控制变量解释如下。

（1）市场化进程指标（market）。本书认为，相对于自由市场经济，集权经济对创新具有阻碍作用。其原因在于高度集权经济中的软预算约束会促使企业家将更多的创新资源投入寻租领域，从而导致产品的创新投入以及创新绩效下降。与此不同，在自由的市场经济下，创新成功所带来的丰厚回报以及竞争压力会促使企业家坚持不懈地提升创新绩效。所以本书将市场化进程指标作为创新的一个控制变量，用规模以上国有工业销售产值占全部工业销售产值的比例衡量市场化程度。相关数据来源于 2003 ~ 2017 年《中国工业统计年鉴》。

（2）金融发展指标（finance）。本书认为，金融发展不仅能为技术创新提供资金支持，同时，可以通过降低技术创新风险促进创新，所以本书将金融发展作为创新的一个控制变量。针对该指标具体的衡量方法，本书借鉴李苗苗的研究，金融发展以金融机构贷款余额/GDP 表示。相关数据来源于 2003 ~ 2017 年《中国金融统计年鉴》。

（3）人力资本指标（human）。本书认为，人力资本水平是影响一国或地区技术创新的重要因素。其计算方法借鉴朱承亮的研究，分别以 prim、mid、hig、uni 表示小学居民占省份 6 岁以上人口、初中居民占省份 6 岁以上人口、高中居民占省份 6 岁以上人口、大专及以上居民占省份 6 岁以上人口。人力资本 $hum=6prim+9mid+12hig+16uni$。相关数据来源于 2003 ~ 2017 年《中国教育统计年鉴》。

主要变量的统计性描述如表4－1所示。根据表中数据，本书发现，样本期间中国各地区创新水平差距明显，主要表现为不同地区新产品销售收入与专利申请受理量不同，样本期间，新产品销售收入平均值的对数为15.477 9，最大值为19.276 8，最小值为9.602 5。专利申请受理量最大值的对数为13.506 1，最小值仅为5.376 8。两种方法测度的知识产权保护指标均表明，中国各地区的知识产权保护水平差异显著。同样差异显著的还有另一核心解释变量FDI，其最大值对数为18.201 9，最小值为9.575 8。进一步分析本书其他控制变量可知，各地区人力资本水平、市场化程度水平、金融发展水平均存在较大差异，区分度较高。通过多种计量方法以及计量工具，本书试图深入分析知识产权保护、FDI技术溢出以及创新之间的关系。

表4－1　主要变量的统计性描述

变量	样本数	均值	标准差	最小值	最大值
ln_ NP	450	15.477 9	1.817 4	9.602 5	19.276 8
ln_ PT	450	9.596 1	1.592 6	5.379 8	13.560 1
ln_ DP	450	8.213 8	1.553 1	3.784 1	11.766 7
ln_ FP	450	7.708 2	1.660 7	3.583 5	11.895 8
ln_ IP	450	9.053 3	1.605 9	4.820 2	13.131 3
IPR1	450	3.936 1	8.304 9	0.081 6	83.890 8
IPR2	450	4.891 5	13.004 2	1.000 0	207.665 4
ln_ FDI	450	13.977 2	1.680 7	9.575 8	18.201 9
human	450	8.302 3	1.033 2	5.438 3	12.028 3
market	450	0.536 2	0.208 7	0.097 3	0.895 9
finance	450	1.121 2	0.382 1	0.537 2	2.584 7

三、实证分析

（一）面板普通最小二乘法估计结果分析

表4－2报告了基于面板最小二乘法的实证结果，其中，模型（1）与模型（2）分别以IPR1与IPR2作为知识产权保护的代理变量。表格第一列与第二列使用了混合最小二乘法，第三列与第四列考虑了固定效应，第五列与第六列考虑了随机效应。F检验的显著性结果表明个体效应显著，Hausman检验进一步表明固定效应优于随机效应。因此，本书以第二列固定效应的回归结果作为面板最小二

乘法分析的基础。表 4 - 2 固定效应结论表明，FDI 与知识产权保护对技术创新的影响均为正，并且在 1% 的水平上显著。FDI 与知识产权保护的交互项系数显著为负，表明 FDI 与知识产权保护在促进技术创新上具有竞争关系，该结论与理论预期不相符可能是由于目前我国知识产权保护水平总体较低，加强知识产权保护水平会增加模仿创新成本，不利于国内企业整体技术创新。这一结论与靳巧花的研究结论一致。考察其他控制变量创新的影响，本书发现，市场化程度、人力资本等对技术创新的影响均显著为正，表明市场化程度越高，人力资本越强，越有利于技术创新。金融创新的系数显著为负，表明金融发展不利于技术创新的实现。这一结论印证了以银行为主导金融发展体系不利于 R&D 投资。

表 4 - 2　　最小二乘法回归结果

指标	混合 OLS		FE		RE	
	模型（1）	模型（2）	模型（1）	模型（2）	模型（1）	模型（2）
IPR1	0.209 8*** (0.058 3)		0.223 2*** (0.057 8)		0.199 8*** (0.054 2)	
IPR2		0.151 7** (0.071 1)		0.163 3** (0.068 5)		0.144 1** (0.071 1)
FDI	0.548 2*** (0.067 4)	0.496 1*** (0.064 4)	0.628 1** (0.048 4)	0.642 2*** (0.048 3)	0.448 2*** (0.032 1)	0.561 7*** (0.043 4)
IPR1 × FDI	-0.019 9*** (0.004 7)	-0.017 5** (0.006 1)	-0.021 2*** (0.004 7)	-0.015 2** (0.006 5)	-0.019 7*** (0.005 3)	-0.013 5*** (0.005 9)
human	0.423 5*** (0.051 7)	0.419 5*** (0.051 7)	0.230 9*** (0.044 6)	0.181 8*** (0.049 3)	0.403 5*** (0.046 7)	0.407 3*** (0.052 6)
market	2.388 3*** (0.414 9)	2.459 9*** (0.423 7)	1.497 9*** (0.350 3)	1.292 1*** (0.038)	2.188 3*** (0.278 8)	2.256 1*** (0.330 3)
finance	-0.281 8*** (0.108 4)	-0.186 2* (0.105 1)	-0.104 1** (0.036 2)	-0.115 2** (0.046 1)	-0.261 8*** (0.057 7)	-0.223 6*** (0.064 6)
常数项	3.541 6*** (0.583 8)	4.084 7*** (0.551 1)	4.319 1*** (0.384 6)	4.885*** (0.422 8)	3.246 1*** (0.461 3)	3.470 4*** (0.433 8)
R^2	0.826 8	0.835 7	0.864 1	0.871 3	0.851 7	0.862 3
F 检验			181.68***	176.19***		
LM 检验					1 998.12***	1 696.14***
Hausman 检验			24.31***	23.69***		
观测值	450	450	450	450	450	450

注：①括号内数值为回归系数的标准误。② ***、**、* 分别表示在 1%、5% 和 10% 的显著性水平上显著。③RE 与 FE 分别代表随机效应模型与固定效应模型，F 检验零假设是个体效应不显著，LM 检验的零假设为误差项是独立同分布的，Hausman 检验的零假设为 RE 与 FE 的估计系数不存在系统性差异。

（二）两阶段工具变量法估计结果分析

本书关注的核心变量 FDI 与自变量技术创新可能存在着严重的内生性关系。因为一国或地区 FDI 通过技术溢出影响本地创新的同时，该国或地区也会依靠更好的创新环境吸引更多的 FDI。除此之外，一些不可观测遗漏变量同样会导致内生性问题。基于以上两点，本书需要对内生性问题加以解决，否则严重的内生性问题可能导致最小二乘法的结论有偏或者非一致。

本书试图进一步运用两阶段工具变量法解决这一问题，并以海外市场地理距离作为 FDI 的工具变量。采用海外市场地理距离作为 FDI 工具变量优势如下：第一，地理距离与扰动项无关，满足工具变量严格外生性的基本条件。城市所在的地理位置始终固定不变，其最近港口的距离也不会受到外界因素的影响。第二，地理距离与 FDI 存在高度相关性。在引力模型中，地理距离被视为贸易活动中的“冰山成本”，它会影响一国或地区的进出口贸易，贸易与 FDI 之间存在着紧密联系。另外，已有文献表明，FDI 在中国东部沿海地区产生了明显的集聚效应，各地区距港口的地理距离是影响中国 FDI 区位分布的重要原因。具体计算方法借鉴毛其淋的研究，表示如下：

$$fma_i = \begin{cases} 100d_{ii}^{-1}, & i \in C \\ 100\ (\min d_{ij} + d_{jj})^{-1}, & i \notin C,\ j \in C \end{cases} \tag{4-4}$$

其中，C 为沿海省份的集合，d_{ii}表示内部距离，用沿海省份到海岸线距离衡量。d_{ij}表示省会城市 i 与城市 j 之间的距离。fma_i表示海外市场距离，以各省份省会到海岸线距离的倒数衡量，其数值越大表明该省份越接近海外市场。反之，该省份远离海外市场。为了使海外市场距离具有动态特征，本书用 2000 ~ 2014 年的名义汇率与fma_i相乘得到fma_{it}，并以fma_{it}作为 FDI 工具变量。

两阶段工具变量法的回归结果如表 4 – 3 所示，其中，第一列与第二列数据表示两阶段最小二乘法的回归结果，第三列与第四列数据表示两阶段 GMM 的回归结果，第五列与第六列数据表示迭代 GMM 的回归结果。考虑到相对于最小二乘法，GMM 方法能够更好地处理异方差等问题，本书采用以上三种工具变量法进行实证检验。由于两阶段工具变量法实证结果的有效性取决于工具变量是否有效。所以本书首先考察工具变量的有效性。由表 4 – 3 可知，以上三种方法识别问题检验的 LM 统计值均显著，表明识别不足的原假设是不成立的，即利用省会城市距最近港口的距离这一工具变量与 FDI 存在较强相关性。弱工具变量检验的 F 统计值均大于 20，满足斯托克和施泰格（Stock & Staiger，1997）提出的工具变量条件，即该值大于 10，同时大于 10% 显著性水平的临界值 19.93。因此，不存在着弱相关的工具变量。另外，Sargan 统计量不显著，表明以地理距离衡量作为工具变量具有严格的外生性，所以本书认为工具变量是有效的。

表 4-3　　工具变量回归结果

指标	2sls		两步 GMM		迭代 GMM	
	模型（1）	模型（2）	模型（1）	模型（2）	模型（1）	模型（2）
IPR1	0.410 8 *** (0.094 8)		0.215 7 *** (0.080 7)		0.153 7 *** (0.049 2)	
IPR2		0.109 6 *** (0.087 3)		0.142 1 ** (0.056 7)		0.091 9 * (0.074 1)
FDI	1.017 3 *** (0.189 1)	0.912 6 *** (0.190 3)	0.529 3 *** (0.157 8)	0.697 1 *** (0.157 7)	0.414 9 *** (0.159 9)	0.636 6 *** (0.161 3)
IPR1（2）×FDI	-0.035 8 *** (0.007 6)	-0.019 6 *** (0.005 3)	-0.020 6 *** (0.006 9)	-0.012 9 *** (0.004 3)	-0.015 5 ** (0.007 1)	-0.031 3 *** (0.005 1)
human	0.103 3 * (0.051 1)	0.085 7 * (0.065 4)	0.336 5 *** (0.088 2)	0.215 6 ** (0.097 7)	0.389 5 *** (0.089 8)	0.234 4 ** (0.100 5)
market	1.277 * (0.612 5)	1.191 1 * (0.768 4)	2.567 7 *** (0.843 7)	1.514 1 * (0.872 2)	3.308 1 *** (0.856 5)	1.798 5 ** (0.901 2)
finance	-0.087 1 (0.118)	-0.063 2 (0.152 3)	-0.078 2 * (0.041 5)	0.078 5 (0.11)	-0.042 1 * (0.021 5)	0.081 1 * (0.061 3)
常数项	1.307 ** (0.658)	1.652 3 ** (0.842 6)	4.140 1 *** (1.094 3)	3.254 1 *** (1.024 1)	4.775 *** (1.1)	3.611 2 *** (1.035 9)
D-W-H 内生性检验	73.65 ***	73.55 ***	73.65 ***	73.55 ***	73.65 ***	73.55 ***
Kleibergen-Paap rk LM	34.216 ***	28.741 ***	34.216 ***	28.741 ***	34.216 ***	28.741 ***
Kleibergen-Paap rk Wald F 统计量	22.714 [19.93]	21.386 [19.93]	22.714 [19.93]	21.386 [19.93]	22.714 [19.93]	21.386 [19.93]
Anderson-Rubin Wald 统计量	27.93 ***	27.92 ***	27.93 ***	27.92 ***	27.93 ***	27.92 ***
Sargan 检验统计量	0.213	0.225	0.219	0.231 4	0.226 2	0.235 6
观测值	435	435	435	435	435	435

注：①Kleibergen-Paap 中 [ ] 内的数值表示 Stock-Yogo 检验 10% 水平上的临界值。②括号内数值为回归系数的标准误。③ ***、**、* 分别表示在 1%、5% 和 10% 的显著性水平上显著。

根据表 4-3 的实证结果，变量外商直接投资与知识产权保护的系数显著为正并在 1% 的统计水平上显著，与面板普通最小二乘法估计的系数一致，但是 FDI 与知识产权保护交互项系数同样在 1% 的显著性水平上为负，说明知识产权保护会通过抑制模仿创新影响我国技术创新水平的提高。针对控制变量，本书发现，市场化水平与人力资本水平对技术创新的影响依然显著为正，以银行为主导的金融市场发展不利于技术创新。

为了进一步探寻知识产权保护抑制 FDI 技术溢出的原因，同时获得更为稳健的回归结果，本书进行以下分析，回归结果如表 4-4 所示。

表 4 - 4　　稳健性回归结果

指标	模型（1）	模型（2）	模型（3）	模型（4）	模型（5）
IPR1	0. 340 4 *** （0. 084 8）	0. 307 9 *** （0. 117 7）	0. 374 4 *** （0. 105 4）	0. 218 5 ** （0. 112 6）	0. 193 9 ** （0. 091 4）
FDI	0. 855 3 *** （0. 167 1）	0. 799 8 *** （0. 237 6）	0. 925 1 *** （0. 202 1）	0. 594 1 *** （0. 224 1）	0. 630 4 *** （0. 220 1）
IPR1 × FDI	-0. 029 9 （0. 006 9）	-0. 027 6 *** （0. 009 7）	0. 033 1 * （0. 017）	-0. 020 7 *** （0. 009 1）	-0. 018 45 *** （0. 009 1）
human	0. 164 1 * （0. 094 8）	0. 659 5 *** （0. 194 7）	0. 013 5 （0. 032 1）	0. 150 1 （0. 118 7）	0. 382 8 *** （0. 117 3）
market	0. 355 1 *** （0. 119 2）	3. 638 1 ** （1. 303 5）	0. 453 5 *** （0. 049 9）	0. 610 3 *** （0. 135 8）	0. 402 5 *** （0. 121 8）
finance	0. 129 7 * （0. 087 2）	0. 424 2 ** （0. 183 1）	0. 299 6 *** （0. 111 5）	0. 141 1 *** （0. 011 6）	0. 291 8 *** （0. 114 1）
常数项	2. 344 9 ** （1. 104 4）	7. 282 2 *** （1. 692 2）	3. 422 9 *** （1. 448 7）	2. 076 2 ** （1. 133 5）	4. 452 4 *** （1. 594 5）
D-W-H 内生性检验	16. 47 ***	40. 99 ***	32. 21 ***	37. 32 ***	16. 95 ***
Kleibergen-Paap rk LM	26. 366 ***	34. 216 ***	34. 216 ***	34. 216 ***	34. 216 ***
Kleibergen-Paap rk Wald F 统计量	20. 836 [19. 93]	22. 714 [19. 93]	22. 714 [19. 93]	22. 714 [19. 93]	22. 714 [19. 93]
Anderson-Rubin Wald 统计量	21. 35 ***	43. 5 ***	55. 71 ***	52. 15 ***	49. 94 ***
Sargan 检验	0. 226 1	0. 256	0. 229	0. 269 7	0. 239 5
观测值	402	435	435	435	435

注：①Kleibergen-Paap 中［ ］内的数值表示 Stock-Yogo 检验 10% 水平上的临界值。②括号内数值为回归系数的标准误。③ ***、**、* 分别表示在 1%、5% 和 10% 的显著性水平上显著。

（1）剔除异常样本值。由于中国幅员辽阔，各地经济、政策差异较大，为了避免极值导致的异方差问题，本书计算出创新指标的 5% 和 95% 的分位数值，继而将创新指标高于 95% 或低于 5% 的样本值删除，最终得到 402 个样本值，对这些样本值进行两阶段最小二乘法估计，回归结果见表 4 - 4 第一列数据，本书考察的知识产权保护、FDI 以及交互项的系数以及显著性没有发生显著变化。因此，异常极值并未改变估计结果，表明回归结果是稳健的。

（2）利用专利申请量作为创新指标的代理变量。如上所述，新产品作为创新的代理指标能够较好衡量一国或地区的创新水平，但是该指标也存在一定缺陷：如新产品指标能够体现产品创新，却无法衡量工艺创新；新产品定义相对模糊，无法准确统计。专利作为创新活动最直接的产出能够有效克服上述缺点，所以本书将专利作为创新的另一代理变量，考察回归结果的稳健性。回归结果如表4－4第二列数据，结果表明，回归结果依然是稳健的，但是与新产品指标相比，知识产权保护与FDI对专利指标的影响存在一定程度高估，两者之间的替代性也有所加强。

发明、实用新型以及外观设计作为专利的三种形式能够表明一国创新水平。其中，发明专利权利稳定性最强，审查耗时最长，能最大程度反映一国创新。所以本书将三种类型专利分别作为创新的代理指标，考察FDI、知识产权以及它们的交互项与创新的关系，回归结果如表4－4第三列、第四列与第五列数据，结果表明，知识产权保护和FDI能够有效促进发明创新、实用新型创新与外观设计创新，但是二者交互项对于三种创新影响不同，知识产权保护能够通过FDI外溢效应提升发明创新，但是不利于实用新型创新和外观设计创新。这一结论在一定程度上解释了知识产权保护与FDI交互项对创新的负向影响，由于我国现阶段知识产权保护水平较低，加强知识产权保护会促进市场垄断势力，减少FDI的技术溢出，特别是以模仿创新为主的实用新型创新与外观设计创新，但是由于发明创新主要依赖于自主研发，市场垄断势力影响较小，知识产权保护的加强对FDI技术外溢具有促进作用。

四、结论与政策建议

本书以理论机制分析为基础，考察2000～2014年我国30个省份FDI、知识产权保护水平与创新之间的关系，并采用工具变量法实证检验了FDI、知识产权保护及其协同效应对我国创新的影响，研究发现，现阶段FDI与知识产权保护对我国技术创新具有重要的推动作用，但是知识产权保护加强不利于FDI的技术溢出效应。当运用专利申请量作为创新的代理变量时，该结论仍然成立，但是当进一步考察以三种专利申请量作为创新代理变量时，本书发现，对于实用新型创新和外观设计创新，知识产权保护的加强阻碍FDI的技术溢出水平，不利于创新。但是对于发明专利，知识产权保护对FDI技术溢出的影响显著为正。针对其他控制变量，人力资本与市场化进程均能促进技术创新，但以银行为主导的金融发展不利于技术创新。

以上结论对于我国制定并实行合理的知识产权保护政策，从而增强FDI的技术溢出效应，实现技术创新具有重要的启示作用：由于FDI是我国技术进步重要的外部途径，对我国产品创新具有不可替代的作用，因此，在制定知识产权保护政策时，应当充分考虑到 FDI 的溢出作用。运用动态的视角制定并执行最适度的知识产权保护体系，从而达到与我国经济基础与创新能力相适应的目的。在加强知识产权保护理论研究的同时，深入开展知识产权与行业、经济跨领域全方位的合作，以期实现我国知识产权战略的主动权。另外，知识产权战略的制定与执行必须防范知识产权保护的滥用情况。现阶段，大量企业响应国家“走出去”战略，纷纷进入海外市场，但频频遭受国外的反垄断法不公平对待，因此，我国必须根据目前国际通用准则，完善知识产权保护的法律体系。

第五章

知识产权保护、国际专利申请溢出与企业创新绩效研究

随着全球经济一体化进程的加速，技术活动的全球化也在飞速发展，跨国公司基于市场占有、绸缪竞争等战略目标逐渐将研发活动转向海外，极大地促进了技术资源在全球范围内的转移和扩散。国际专利申请作为国际技术扩散的重要途径日益受到各国的重视。在此背景下，流入中国的国际专利申请与日俱增，2001年，在华国外技术申请37 800件，2015年，这一指标上升到159 054件，年均增长率高达22.91%。虽然我国已跃居世界第二大经济体，但是由于创新能力有限，技术水平不足，亟须通过国外技术溢出提升本国创新能力，因此，外国专利申请是否提升我国创新水平成为本书一个研究主题。另外，知识产权保护作为保证一国或地区持续创新的重要制度安排，在促进创新能力的提升过程中发挥巨大作用。发展中国家实施适度的知识产权保护体系能够促使发达国家将更多数量、更高质量的专利申请流入发展中国家，从而提升发展中国家的技术水平。因此，本书将在已有研究的基础上，考察知识产权保护视角下国外专利申请对我国技术创新的影响。

一、文献综述

现有关于国外专利申请技术溢出对创新水平影响的结论存在较大分歧，一些学者的研究表明，国外专利申请能够促进专利流入国或地区创新水平的提高。李平认为，发达国家的先进技术能够通过国外专利申请的方式快速传播和扩散到其他地区与国家，不但能够提高专利申请流入国的技术存量水平，而且能够避免侵权行为，有效促进了这些国家的二次创新，从而最终提升其技术水平。其实证结

果进一步表明，在华国外专利申请能够提高中国技术水平，但是其对东、中、西部的技术贡献存在差异。刘凤朝以跨国公司在华专利申请活动为研究对象进一步验证了这一结论。通过分析 1998 ~ 2007 年外国在华专利申请的技术溢出效应，他发现，跨国公司在华专利申请的技术溢出能够显著提升我国创新能力，而且这种技术溢出呈现阶段特征。但是，与此同时，一些学者的研究表明，外国专利申请的增加并非一定意味着专利流入国接触并获取外援新技术机会的增加，因此国外专利申请技术溢出效应有限。唐晓云认为，国外企业在华申请专利主要取决于市场占有假说（即国外企业在华申请专利的目的在于保护不断扩大的市场份额）和竞争威胁假说（即国外企业为了抑制竞争者在华进行更有成效的创新以及更活跃的新技术引进活动而不断增加在华专利申请活动），如果国外专利申请激增是由于竞争威胁假说，那么国外专利的申请可能会阻碍技术扩散。他进一步从技术相似性角度验证了这一结论。张经强和胡（Hu）的研究同样表明，市场竞争威胁主导的在华专利激增行为不利于技术扩散。

关于国际专利申请技术溢出效果的制约因素同样存在大量研究。李平认为，国外专利申请的技术溢出效应受制于市场制度，因为要素价格是否合理、要素供给是否活跃、产品市场的竞争是否充分这些市场化制度环境决定了本国企业的利润水平和企业的研发动力，最终决定了本国对国外专利的需求。除此之外，政府行政干预行为的减少将促使企业减少寻租行为，将资金用于研发和国外技术的引进，有利于国际专利申请的技术溢出。他利用 1998 ~ 2012 年中国省际面板数据考察了市场化制度对在华国外专利申请对创新的影响，发现国外专利申请溢出的创新效应依赖于市场化制度环境。邓海滨的研究同样表明，私有财产保护以及贸易便利等制度因素能够显著影响国际专利的流入。刘凤朝认为，技术差距与竞争程度是影响跨国公司专利活动技术溢出的重要影响因素，他通过对比分析 1987 ~ 1992 年、1993 ~ 2000 年以及 2001 ~ 2007 年三个阶段跨国公司在华专利活动技术溢出效应，发现技术差距越小，技术溢出程度越高。但是竞争程度在三个阶段中对技术溢出的影响存在差异，在第一和第三阶段，竞争程度与技术溢出效应呈负相关关系，在第二个阶段，竞争程度与技术溢出程度呈正相关关系。

如上所述，目前，关于外国专利申请对创新影响的研究成果较少，且结论存在较大争议，所以本书的第一个研究目的在于廓清国外专利申请对创新的结论。纵观已有文献发现，从知识产权的角度考察外国专利申请溢出对创新影响的研究鲜有，所以本书认为，知识产权保护对进口贸易技术溢出的影响需要进一步明确。

二、计量模型、指标构建与数据来源

（一）计量模型

本书的重点在于考察国外专利申请的技术外溢效应对中国省际创新的影响，以及检验知识产权保护和国外专利申请对省际创新的协同影响效应，因此本书构建计量模型如下：

$$y_{it} = \alpha + \beta \cdot N_{it}^{pat} + \gamma \cdot IPR_{it} + \varphi N_{it}^{pat} \cdot IPR_{it} + \lambda \cdot X_{it} + \varepsilon_{it} \quad (5-1)$$

其中，t 代表年份，i 表示省市地区，y 指代技术创新，N^{pat}代表国外在华专利申请技术溢出，IPR 表明知识产权保护水平，X_{it}代表影响技术创新的其他控制变量，ε_{it}表示随机误差项。另外，本书引入 N^{pat}与知识产权保护水平的交互项以检验知识产权保护和 N^{pat}对创新的协同影响。如果该交互项的估计系数为正，则表明知识产权保护水平的加强有利于国外专利申请的技术外溢效应，否则，知识产权保护水平的上升会阻碍国外专利申请的技术外溢效应。

（二）指标的构建

（1）各地区创新指标的测算。本书分别选取专利和新产品的销售收入作为创新指标的代理变量。专利作为创新活动最直接的产出包括申请授权与专利申请两种类型，由于专利授权具有时间滞后特征且专利能否得到授权受到政府专利机构人为因素影响，所以本书以专利申请作为企业创新的代理变量（王然，2010）。相关数据均来源于 2002 ~ 2016 年《中国科技统计年鉴》。

（2）各地区国外专利申请技术溢出指标的测算。考虑到当今世界大量的 R&D 活动来源于 OECD 国家，其中，以 G7 国家为主导，且 G7 国家是我国主要的贸易与投资伙伴国，所以本书将研究对象限定在 G7 国家，考察 G7 国家在华专利申请的技术溢出效应。借鉴李平（2015）国外专利申请技术溢出的计算方法如下：

$$N_t^{pat} = \sum_{j=1}^{7} \frac{VP_{jt}}{GDP_{jt}} \cdot S_{jt} \quad (5-2)$$

其中，VP_{jt}代表 t 年 j 国流入中国的专利申请的价值，GDP_{jt}表示国内生产总值，S_{jt}表示 t 年 j 国的资本存量。其中，$VP_{jt} = RD_{jt}/TPA_{jt} \cdot PA_{jt}$，$PA_{jt}$表示 t 年 j 国流入中国的专利申请量，$RD_{jt}$代表 t 年 j 国的研发支出费用，$TPA_{jt}$表示 t 年 j 国专利申请总量，$RD_{jt}/TPA_{jt}$表示每项专利申请所投入的研发费用。$S_{jt}$的计算采用永续盘存法，即 $S_{jt} = (1-\sigma) S_{jt-1} + RD_{jt}$，其中，各国基年的研发存量采用 Griliches

（1980）的计算方法，即 $S_{j2001} = RD_{j2001} / (g + \sigma)$，其中，g 表示 2001～2015 年 G7 各国每年研发支出的平均增长率，g 表示研发资本的折旧率，其数值本书采用科和赫尔普曼（Coe & Helpman，1995）实证回归所得并已被学术界普遍接受的 5%。

由于中国各省市国外专利申请的数据无法直接获取，本书采用中国历年省市专利申请量占全国专利申请量的比重作为权重（B_{it}），各省市 G7 国家专利申请技术溢出可以表示为该权重与历年专利申请技术溢出的国外研发存量的乘积，其计算公式如下：

$$N_{it}^{pat} = \left(\sum_{j=1}^{7} \frac{VP_{jt}}{GDP_{jt}} \cdot S_{jt} \right) \cdot B_{it} \tag{5-3}$$

国内各省份研发支出来源于 2002～2016 年《中国知识产权年鉴》，G7 各国国内的专利申请数据来源于世界知识产权局统计数据，G7 国家研发支出占 GDP 的比重数据来源于世界银行网站，G7 国家流入中国专利申请数量数据来源于 2002～2016 年《中国统计年鉴》。

（3）知识产权保护指标的测算。由于现阶段我国司法体系尚处于完善时期，立法进程与执法进程不能完全同步，所以知识产权保护强度应该由知识产权保护立法强度与知识产权保护执法强度共同决定。据此，本书借鉴韩玉雄与李祖怀（2005）对知识产权保护的测度方法，构建扩展的知识产权保护 G－P 指数公式如下：

$$IPR(t) = L(t) \cdot E(t) \tag{5-4}$$

具体指标见表 5－1，其中，IPR（t）表示一国（地区）在 t 时刻的知识产权保护强度，L（t）表示一国（地区）在 t 时刻知识产权保护立法强度，E（t）表示一国（地区）在 t 时刻的知识产权保护执法力度。立法强度 L（t）采用 G－P 指标的方法测定。知识产权保护立法强度由保护的覆盖范围、是否为国际条约成员、权利丧失的保护、执法措施以及保护期限等 5 个一级指标和其下辖的 17 个二级指标组成，分别考察一级指标与二级指标的满足条件并据此计算一国或地区立法综合得分。E（t）由司法保护水平、行政保护与管理水平、经济发展水平、社会公众意识及国际监督制衡共同决定。其中，司法保护水平用一国（地区）律师占总人口比重来衡量。当该比重超过 5‰，司法保护分值为 1。当该比重不足 5‰，以该比重除以 5‰所得数值作为司法保护计量分值。行政保护及管理水平用立法时间来衡量，即实际立法时间（1954）除以 100，当所得数值大于 1 时，行政保护及管理水平分值为 1，否则其分值为所得数值。经济发展水平用人均 GDP 衡量，当人均 GDP 超过 2 000 美元时，令经济发展水平分值为 1，否则，其分值为实际人均 GDP 除以 2 000。社会公众意识用成人识字率测度。当成人识字率超过 95% 时，令社会公众意识分值为 1，否则，其分值为实际成人识字率除以 95%。国际监督制衡用是否为 WTO 成员来衡量，当一国（地区）是 WTO 成员，国际监督制衡分值为 1，否则，其分值为 0。

表 5 - 1　　知识产权保护指标衡量体系

知识产权保护强度	知识产权保护立法强度	保护的覆盖范围	药品、化学品、食品、动植物品种、医用器械、微生物沉淀物、实用新型专利
		是否为国际条约成员	巴黎公约、专利合作公约、植物新品种保护公约
		权利丧失的保护	专利计划许可、专利强制许可、专利撤销
		执法措施	专利侵权的诉前禁令、连带责任、举证责任
		保护期限	发明专利（x/20）
	知识产权保护执法强度	司法保护水平	律师占总人口比例
		行政保护与管理水平	立法时间
		经济发展水平	人均 GDP
		社会公众意识	成人识字率
		国际监督制衡	WTO 成员

（4）金融发展。大量研究表明，由于信息不对称问题的存在，企业在技术创新时经常面临着融资约束。乔杜里和貌（Chowdhury & Maung）认为，在信息不对称的环境中，融资机构经常会错配资源，最终导致技术创新效率的低下。肖（Xiao）的研究同样表明，发达的金融体系不但能够有效解决信息不对称问题，而且可以促使相关信息揭示的帕累托改进，从而降低投资机会的评估风险，提高监督效率。因此，本书认为，金融发展是提高技术创新水平的重要因素之一。针对该金融发展的衡量方法，本书借鉴李苗苗的研究，金融发展 = 金融机构贷款余额/GDP。相关数据来源于 2002 ~ 2016 年《中国金融统计年鉴》。

（5）人力资本。人力资本作为技术吸收与创新的载体，其对经济发展的影响重大。黄茂兴和李军军（2009）的研究表明，各地技术创新能力差异主要源于经济发展水平、政策取向和开放程度，但是更大程度上取决于人力资本水平。人力资本水平不但是研发技术溢出的载体，而且决定了其自主创新水平，某种程度上，可以将人力资本水平和创新二者视为一体。本书将人力资本水平作为创新的重要影响因素之一，其计算方法借鉴朱承亮的研究，分别以 prim、mid、hig、uni

表示小学居民占省份6岁以上人口、初中居民占省份6岁以上人口、高中居民占省份6岁以上人口、大专及以上居民占省份6岁以上人口。人力资本 hum = 6prim + 9mid + 12hig + 16uni。相关数据来源于2002~2016年《中国教育统计年鉴》。

(6)市场化进程指标。相对于自由市场经济，集权经济对创新具有阻碍作用。其原因在于，高度集权经济中的软预算约束会促使企业家将更多的创新资源投入寻租领域，从而导致产品的创新投入以及创新绩效下降。与此不同，在自由的市场经济下，创新成功所带来的丰厚回报以及竞争压力会促使企业家坚持不懈地提升创新绩效。所以本书将市场化进程指标作为创新的一个控制变量，其测度方法参照孙早研究，即用规模以上国有工业销售产值占全部工业销售产值的比例衡量市场化程度。该比例越高，表明市场化程度越低。相关数据来源于2001~2015年《中国工业统计年鉴》。

(7)基础设施投资。基础设施投资对企业创新的影响源于两个方面：第一，基础设施投资能够开辟市场，保证原材料及相关能源供应，从而形成大规模生产，同时，大量的市场机会将会引致企业为获得高额利润而进行大量技术创新。第二，当大量社会资源被投入到基础设施建设时，由社会资源限制而带来的利率水平上升将会减少企业的研发投入，最终将会降低社会的创新水平（蔡晓慧，2016）。所以本书将基础设施投资作为创新的一个控制变量，其计算方法借鉴赵峥（2014）研究，运用“邮电业务总量占地区生产总值的比重”指标衡量基础设施指标。相关数据来源于2002~2016年《中国统计年鉴》，相关变量统计性描述分析如表5-2所示。

表5-2　　相关变量统计性描述分析

变量	样本数	均值	标准差	最小值	最大值
新产品（千亿元）	450	2.150 0	3.71	0.002 0	24.500 0
专利申请受理（万件）	450	3.377 4	6.514 8	0.012 4	50.450 1
知识产权保护水平	450	3.159 1	0.701 7	1.487 7	4.55E+00
国外专利申请技术溢出	450	0.031 9	0.042 88	0.000 4	0.247 1
国外发明专利申请技术溢出	450	0.031 1	0.039 1	0.000 4	0.205 6
国外实用新型专利申请技术溢出	450	0.032 1	0.035 8	0.000 3	0.211 1
国外外观设计专利申请技术溢出	450	0.032 7	0.062 3	0.000 1	0.397 6
人力资本	450	8.439 2	1.004 6	6.040 5	12.080 4
市场化指数	450	0.558 7	0.204 1	0.128 3	0.898 9
金融深化	450	1.138 2	0.389 6	0.537 3	2.584 7
基础设施	450	0.053 6	0.022 4	0.014 3	0.118 9

三、实证分析

表5－3第一列回归结果表明，从全国层面上看，国外申请所产生的国际技术溢出显著提升了我国的创新水平。具体表现为国外专利申请每溢出1单位，我国创新水平提升48单位，原因主要体现在两个方面：第一，国外专利申请可以通过技术信息的传播增加我国知识资本存量，进而促进我国技术水平提升。第二，通过研究国外专利中蕴含的技术信息，我国可以掌握研发方向从而避免盲目性创新，有效促进二次创新在我国发生。

表5－3第二至第四列回归分析进一步验证了国外三种专利申请的技术溢出对我国创新水平的影响，回归结果表明，相对于实用新型专利与外观设计专利，发明专利申请的技术溢出对我国创新水平的提升更为显著。原因在于发明专利技术信息的含量高于实用新型和外观设计专利。

表5－3第五至第七列回归分析揭示了国外专利申请对我国东、中、西部地区创新水平的影响，结果表明，国外专利申请技术溢出对东、中、西部创新水平的影响存在显著差异。首先，国外专利申请技术溢出对东部创新水平具有显著促进作用，国外专利申请技术溢出每增加1单位，创新水平提高60单位。其次，国外专利申请技术溢出对中部地区具有显著促进作用，但影响力度不如东部，具体表现为，国外专利技术溢出每增加1单位，中部地区创新水平上升50单位。再次，国外专利申请技术溢出对西部地区创新水平的影响显著但影响程度最小，具体表现为国外专利每上升1单位，西部地区创新水平增加29单位。以上回归结果的原因在于：一方面，相对于东、中部地区而言，西部地区人力资本及科研水平力量薄弱，技术吸收能力较差，对于国外专利申请技术溢出难以理解吸收，从而制约了其创新水平的提升；另一方面，西部地区劳动密集型产业居多，产业部门之间竞争不足，致使企业缺乏创新动力。这些因素均阻碍了国外专利技术溢出对西部地区创新水平的提升作用。

关于其他控制变量，表5－3中的实证结果表明，现阶段我国人力资本水平的提升仍然能够有效促进技术创新。同样，市场化程度对创新的影响系数为正，并且在1%的水平上显著，有力证明了地区市场化程度是地区创新水平提高的关键因素。金融发展对创新影响的系数为负并且显著，表明金融市场的发展阻碍了地区创新水平的提升，这一结论与理论预期违背，但是却印证了李苗苗的研究，即目前我国以银行为主导的金融发展体系将不利于研发投资。基础设施对创新的影响为负或者不显著，表明现阶段我国将大量社会资源投入基础建设当中，一定程度上，提高了利率水平，减少了企业的研发投入，降低了社会的创新水平。

表 5-3　　国外专利申请技术溢出对创新影响的分析

指标	模型（1）	模型（2）	模型（3）	模型（4）	模型（5）	模型（6）	模型（7）
国外专利申请技术溢出	48.019 1*** (3.343 2)				43.145 1*** (5.543 1)	58.855 6*** (10.027 9)	31.960 1*** (2.588 5)
国外发明专利申请技术溢出		60.988 9*** (3.964 8)					
国外实用新型专利申请技术溢出			50.104 1*** (3.874 8)				
国外外观设计专利申请技术溢出				29.518 3*** (2.275 1)			
人力资本	0.505 9*** (0.146 1)	0.371 9*** (0.102 4)	0.479 6*** (0.142 8)	0.746 2*** (0.151 1)	1.390 6*** (0.372 2)	0.749 9*** (0.171 9)	0.116 1*** (0.033 6)
市场化指数	3.142 5*** (0.756 6)	5.276 3*** (0.717 5)	2.638 8*** (0.747 7)	3.76*** (0.771 1)	10.103 5*** (2.244 9)	4.704 4*** (0.623 4)	1.092 6*** (0.161 6)
金融发展	-0.218 2* (0.110 2)	-0.274 9** (0.102 4)	-0.227 2 (0.213 4)	-0.207 7* (0.120 1)	-0.581 7 (0.924 9)	0.059 9 (0.545 4)	-0.009 2 (0.080 1)
基础设施	-22.944 6*** (5.626 7)	-25.784 1 (5.844 8)	-18.829 8*** (5.470 6)	-21.697 1*** (5.793 3)	-48.224 9** (12.326 9)	-9.854 9* (5.615 5)	-4.178 9*** (1.070 1)
样本数量	450	450	450	450	180	120	150

注：①括号内数值为回归系数的标准误。② ***、**、* 分别表示在 1%、5% 和 10% 的显著性水平上显著。

表 5-4 进一步分析了知识产权保护水平与国外专利申请技术溢出对我国创新水平影响的协同效应。其结果表明，整体上，中国知识产权保护力度的加强能够促进外国专利申请的技术溢出，从而提升我国的创新能力。即知识产权保护水平与国外专利申请技术溢出对我国创新水平的协同影响为正。但二者对不同地区创新的影响存在差异，即知识产权保护的加强能够较大程度地促进中部地区外国专利申请的技术溢出，提升该地区创新水平，但对东、西部地区，外国专利申请的技术溢出的影响较小。其原因在于，西部地区知识产权保护水平较低，国外专利申请流入该地区的意愿较低，虽然拥有较低的模仿成本，但是二次创新的产出效应较低。中部地区知识产权保护适中，流入该地区的国外专利申请在数量及质量上均有所上升，虽然模仿成本也随之上升，但是仍能有效促进中部地区进行技术创新。东部地区知识产权保护力度最强，流入的国外专利申请

数量最多、质量最高，但是高昂的模仿成本使东部地区创新水平的提升受到限制。

表 5-4　知识产权保护与国外专利申请技术溢出对创新影响的协同效应分析

指标	模型（1）	模型（2）	模型（3）	模型（4）
国外专利申请技术溢出	211.962 2*** (12.080 9)	205.059 7*** (22.658 6)	221.285 4*** (47.407 1)	46.150 6*** (7.988 1)
知识产权保护	0.353 2*** (0.100 4)	0.552 1*** (0.154 2)	1.085 4*** (0.384 5)	0.396 7*** (0.092 5)
国外专利申请技术溢出×知识产权保护	77.080 7*** (3.420 4)	43.170 03*** (6.273 6)	85.848 4*** (14.342 7)	24.527 1*** (2.356 9)
人力资本	0.230 9** (0.112 7)	0.391 5** (0.187 9)	0.641 6*** (0.246 4)	0.361 5** (0.172 3)
市场化指数	2.751 1*** (0.579 5)	3.828 5* (2.253 8)	3.355 6*** (0.745 9)	0.727 4*** (0.125 8)
金融发展	-0.863 9*** (0.231 6)	-0.976 7** (0.381 3)	-0.312 1* (0.163 5)	-0.146 8*** (0.055 9)
基础设施	-24.477 5*** (3.649 8)	-45.679 1*** (8.051 1)	-13.861 4*** (5.072 5)	-2.025 1*** (0.744 5)
样本数量	450	450	450	450

注：①括号内数值为回归系数的标准误。②***、**、*分别表示在1%、5%和10%的显著性水平上显著。

四、结论与政策建议

本书的研究结果表明，整体上，国外专利申请的技术溢出对我国创新水平具有显著促进作用，相对于实用新型专利和外观设计专利，国外发明专利申请的技术溢出对我国创新水平的影响最强。分地区而言，国外专利申请技术溢出能够显著促进东、中、西部技术创新，但是相对于中部和西部地区，国外专利申请技术溢出对东部地区创新水平的提升影响最大。另外，知识产权保护水平的提升能够促进全国以及东、中、西部地区国外专利申请的技术溢出，但是对不同地区影响程度存在差异，知识产权保护对中部地区国外专利技术溢出的影响强于东部地区和西部地区。以此为基础，本书提出以下政策建议。

第一，总体而言，我国应加大本国研发投入，提高自身技术吸收能力，促使国外专利申请的技术溢出效应达到最大化。第二，积极引入技术溢出效应较高的国外发明专利申请。第三，针对不同地区特点，制定差异化的政策。由于东部地区人力资本及技术吸收能力较强，国外专利申请的技术溢出较为明显，所以东部地区应积极吸引国外专利申请。反观西部地区，由于人力资本及吸收能力较弱，应着重加强自身研发，提升创新水平。第四，在 TRIPS 框架协议内，积极提升我国知识产权保护水平，创造良好的外部条件，促使数量更多、质量更好的专利申请。与此同时，在东、中、西部制定不同的知识产权保护政策。

第六章

知识产权保护、进口贸易技术溢出与企业创新绩效研究

自2014年以来，我国经济进入新常态，其核心内容在于保持经济平稳增长的同时，实现经济结构转型升级，为此，李克强总理提出了“万众创新，大众创业的口号”。学术界普遍认为，实现这一目标潜在的一种路径是进口数量更多、技术水平更为先进的优质产品。原因在于这些产品的进口有助于进口国企业通过垂直效应和水平效应提高其技术水平，实现技术创新。目前，大量理论研究与实证研究均已表明，进口产品的技术溢出是进口国企业全要素生产率提升的重要渠道之一。中国2001年加入WTO，进口贸易规模迅速扩张，2016年，我国进口贸易总额高达1.58万亿美元，位居世界第二。从进口商品的国别来看，经济合作与发展组织（OECD）国家为主要进口贸易国，其中不乏拥有国际先进技术的发达国家如G7国家。如何利用进口贸易获取技术溢出，实现我国技术创新，在当下尤为重要。另外，大量研究表明，影响进口贸易技术溢出的因素众多，如技术势差、人力资本水平、研发投入强度等，但以知识产权保护为视角的研究较少。现阶段，我国已经进入了知识产权制度变革和发展的活跃时期，尤其是在签订《与贸易有关的知识产权协议》以后，确立并全面完善我国知识产权保护的框架体系已迫在眉睫。在此背景下，本书从知识产权保护视角考察进口贸易技术溢出对创新的影响具有重要的理论意义和现实意义。

一、文献综述

现阶段关于进口贸易对技术创新的影响结论存在着分歧，一些学者认为，进口贸易种类与规模的增加有利于进口国企业技术水平的提升。余淼杰利用2002～

2006 年中国制造业企业面板数据考察了进口贸易对不同行业企业生产率的影响，他的研究表明，中间投入品与最终产品的进口均能促进国内企业生产率水平的提升。当进一步考虑到行业的差异化问题时，研究表明，进口贸易仅仅对同质性行业的企业生产率水平具有促进作用。钱学锋基于微观数据考察了异质性产品的进口对中国制造业企业生产率的差异化影响，他认为，异质性产品的进口能够通过两种效应对中国制造业企业的生产率产生影响。上游相关行业产品种类进口的增加有利于中国全要素生产率水平的提高，同一行业内增加进口商品种类无法有效提升企业生产率水平。另一些学者则提出了相反的观点。高凌云基于中国三位码工业行业数据对进口贸易与工业行业全要素生产率关系进行了分析。他的研究结论表明，进口贸易可以通过物化渠道和非物化渠道影响我国工业行业全要素生产率，并且这一影响在 1% 的水平上显著为负。其原因在于，我国工业行业的商品进口以加工贸易进口为主要形式，而加工贸易进口的商品主要集中于附加值低、技术含量低的劳动密集型行业，所以未能形成正向技术溢出效应。

大量研究表明，进口贸易对技术创新的影响受到以下几方面因素制约。（1）贸易自由化。施炳展认为，贸易自由化能够通过成本效应、竞争效应、产业关联效应、学习溢出效应四个方面影响高质量中间产品进口的贸易价格与相对价格，从而提升进口国企业的技术水平。该研究的进一步分析表明，伴随着关税水平的下降，中国进口中间产品质量整体得到提升，一般贸易尤为明显。相对于加工贸易，关税水平下降 1%，一般贸易进口的中间产品质量提高 0.06% ~ 3.74%。陈维涛认为，贸易自由化不仅能够通过“学习效应”促进一国技术和知识水平的增长，也能通过“自我选择效应”抑制进口国的创新水平。他的研究进一步将进口产品划分为最终产品和中间产品，其结果表明，最终产品的进口竞争整体不利于我国工业行业技术水平的提升，尤其是阻碍低技术行业技术水平的提升，但是能够有效促进高技术行业技术水平的提升；同样，中间产品的进口竞争不利于低等和高等技术行业技术水平的提升，但有助于促进中等技术行业技术水平的提升。（2）研发强度。何雄浪的研究表明，国内研发投入的增加整体上不利于进口贸易技术外溢效应，分地区而言，研发投入对东部地区进口贸易的技术外溢起到积极作用，但研发投入对中、西部地区进口贸易技术外溢效应的影响不显著。（3）人力资本。谢建国利用 1992 ~ 2006 年中国省区面板数据考察了人力资本对进口贸易技术溢出的影响。他发现，人力资本显著促进了中国东部地区和西部地区进口贸易的技术外溢效应，提高了当地全要素增长率，但是人力资本对西部地区进口贸易的技术外溢影响不显著。杨剑波的研究同样表明，只有跨越了一定的人力资本门槛，进口贸易的技术外溢效应才能充分发挥出来。焦建玲利用 LP 的方法计算了中国 30 个省份 1998～2014 年从 G7 国家的进口贸易中获取的技术外溢效应，她发现，人力资本在东部地区的进口贸易技术外溢中发挥正向作用，在西部地区起到负向作用。这一结论进一步印证了进口贸易外溢效应的人力资本门槛效应。（4）技术差距。沈能利用我国 1992～2010 年省级面板数据考察了技术差距在进口贸易技术溢出中的作用，他发现进口贸易技术溢出存在着显著的非线性特征。即如果地区间的技术差距过大，进口贸易的技术外溢效果不显著，进口国因缺乏吸收能力，不能有效消化引进的先进技术。如果地区间技术差距过小，当地技术水平较高，进口贸易对当地技术转移空间不足，进口贸易的技术外溢效应也难以发挥。只有地区间技术差距适当时，该地区有学习的动力，也有吸收消化的能力时，进口贸易的技术外溢效应才能充分发挥。

如上所述，关于进口贸易对创新影响的研究成果丰硕，为后续研究奠定了坚实基础，但以下问题仍有待加强：一是进口贸易对技术创新的结论有待进一步廓清；二是已有文献鲜有从知识产权的角度考察进口贸易对创新影响的研究。本书认为，知识产权保护对进口贸易技术溢出的影响需要进一步明确。

二、机制分析

知识产权保护通过市场扩张效应和市场垄断效应影响进口贸易。市场扩张效应主要表现为两个方面：第一，知识产权保护的加强会提高进口国厂商的模仿成本，厂商为了逃避法律制裁会减少模仿行为，进而导致进口国该类进口货物供给减少，这部分需求会转移至国际市场，从而扩大进口规模。第二，国外企业会通过额外增加成本的方式防范进口国企业的模仿行为，一旦知识产权保护力度加强，国外企业的防范成本将会降低，这些企业会增加对进口国中间产品的出口，从而促使进口国中间产品进口规模扩大。市场垄断效应同样表现为两个方面：第一，进口国知识产权保护的加强将促使出口国企业的垄断势力得到巩固，在利益最大化目标的驱使下，出口国企业会通过减少中间品出口数量，获取更多利润。最终进口国中间产品的进口规模将会下降。第二，随着进口国知识产权保护的加强，进口国企业的模仿成本上升，进口国企业会加强自身创新能力，一定程度上替代进口。另外，进口国知识产权保护的加强会提升出口国企业的垄断势力，国外企业专利产品价格将会上升，进一步刺激国内进口替代行为。最终，由于进口替代，进口国中间产品的进口规模将会下降。

进口贸易对进口国企业创新的影响主要体现为三个方面：第一，中间品尤其是资本品的进口包含着大量的技术信息，在实际操作和使用的过程中，大量隐性的知识以及无形的技术得到转移，国内企业自身技术不断提高，从而形成溢出效应。第二，示范和模仿效应的技术溢出。进口国引进设备、产品、技术的同时，先进的管理方式与销售策略也得到引进，这些信息的扩散有利于进口国技术水平的提升。第三，竞争效应的技术溢出。进口国进口的增加会使本土企业竞争压力增大。为了能在激烈的竞争中胜出，进口国企业必须增加研发投入，提升自身的创新水平。

三、计量模型、指标的测算与数据来源

（一）计量模型

本书的研究重点在于考察进口贸易的技术外溢效应对中国省际创新的影响，以及检验知识产权保护与进口贸易对省际创新的共同影响效应，因此，本书在上述理论机制的基础上构建如下计量模型：

$$y_{it} = \alpha + \beta \cdot N_{it}^{IMP} + \gamma \cdot IPR_{it} + \varphi N_{it}^{IMP} \cdot IPR_{it} + \lambda \cdot X_{it} + \varepsilon_{it} \quad (6-1)$$

其中，t 表示年份，i 代表省区市，y 表示技术创新，N^{IMP}代表进口产品的技术溢出，IPR 表示知识产权保护水平，X_{it}代表影响技术创新的其他控制变量，ε_{it}表示随机误差项。另外，本书引入 N^{IMP}与知识产权保护水平的交互项，检验知识产权保护和进口产品技术溢出对创新的协同影响。如果该交互项的估计系数为正，则表明知识产权保护水平的加强有利于进口的技术外溢效应，否则，知识产权保护水平的上升会阻碍进口贸易的技术外溢效应。

（二）指标的度量

（1）创新。本书分别选取专利和新产品的销售收入作为创新指标的代理变量。创新活动最直接的产出是专利，而专利包括两种类型即申请授权量与专利申请量，专利授权量受到政府专利机构人为因素影响较大，所以本书选用专利申请量作为企业创新的绩效（王然，2010）。鉴于专利作为衡量创新的指标存在一定缺陷，即创新通常被定义为具有市场价值的发明创造，但是体现新知识的专利无法准确衡量其经济价值，所以相比专利，能够反映市场价值的新产品销售及新产品开发能够更好地衡量地区创新（李勃昕，2013；刘思明，2015）。本书将选取新产品的销售收入作为创新的第二个指标。相关数据来源于 2003～2017 年《中国科技统计年鉴》。

（2）进口技术溢出（N^{IMP}）。国民经济核算体系（SNA）将商品分为消费品、中间品和资本品。联合国 BEC 体系根据商品的用途将其划分为 19 类。本书将 BEC 体系的 19 类进口商品按照 SNA 进行重新划分，进而产生三类进口商品如下：资本品进口 N_{it}^{IMP-K}、中间品进口 N_{it}^{IMP-i}、消费品进口 N_{it}^{IMP-C}。考虑到世界上主要研发国家都是 OECD 国家，其中，G7 国家占据大部分，而且 G7 是我国主要的贸易伙伴国，所以本书将进口范围限定在 G7 国家。

针对进口商品技术溢出的衡量，本书参照肖文和林高榜的计算方法：中国从 j 国进口资本品而产生的技术溢出 $N_{jt}^{IMP-K}=(IMP-K_{jt})/(IMP-K_{j-total})S_{jt}^{D}$，其中，$S_{jt}^{D}$表示 j 国 t 年国内研发资本的存量总和，$IMP-K_{jt}$代表中国 t 年从 j 国进口的资本总值，$IMP-K_{j-total}$表示 t 年 j 国出口的资本品总值。然后，将 G7 国家资本品进口的技术溢出加总从而得到 t 年中国进口资本品的技术溢出水平。中间品与消费品技术溢出计算方法同上。

由于各省对资本品的进口数据无法直接取得，本书参考王尧（2014）的做法利用各省商品进口额占全国商品进口额的比重表示各省资本品的进口份额，则 $N_{it}^{IMP-K}=\frac{IMP_{it}}{\sum_{i}IMP_{it}}\sum_{j=1}^{n}\frac{IMP-K_{jt}}{IMP-K_{j-total}}S_{jt}^{D}$，其中，$IMP_{it}$表示 t 年 i 省进口总额。同理，可以利用上述公式计算出中间品与消费品进口的技术外溢水平。中国从 G7 国家进口的资本品、消费品与中间品等数据来源于 UN COMTRADE 数据库，G7 国家 R&D 数据来源于 OECD《主要科技指标》，中国各省的进口商品数据来源于《中国统计年鉴》。

（3）知识产权保护（TM）。中国作为一个立法权高度集中的国家，各个地区的产权制度与契约制度并无较大差异，其差别主要体现为实施机制的不同。对于知识产权保护而言，实施机制的不同主要表现为行政执法与司法的过程及效率上。目前，我国出版的统计资料尚未提供省份区域层面的数据，因此，无法准确衡量各地司法保护水平。尽管《中国知识产权年鉴》提供了各地区知识产权的立案数与结案数，可以用知识产权纠纷结案率来衡量我国地区知识产权行政执法保护水平，但是这一指标是值得商榷的。结案率并不能有效反映知识产权纠纷的裁决质量。司法地方保护在中国仍是一个较为普遍的现象（李善同，2004）。现实中，技术交易市场规模能够较好地衡量知识产权保护水平，是一个合适的代理变量（胡凯，2012；Ang，2008）。以交易市场的成交额衡量知识产权保护水平时，不需要了解技术交易合同细节，犹如哈耶克的理论“市场中的价格包含了所有供求信息”，技术交易市场的成交额本身也包含了所有与知识产权保护相关的所有信息，例如，买卖双方能够通过市场有效维护自身合法利益，技术交易市场能否提供买卖双方公正的司法裁决等。因此，利用将该指标作为知识产权保护的代理变量，优点是显而易见的。相关数据来源于 2003 ~ 2017 年《中国知识产权年鉴》。

（4）金融发展（finance）。由于信息不对称问题的存在，技术创新经常面临着融资约束。乔杜里和貌（Chowdhury & Maung）的研究表明，在信息不对称的环境下，融资机构时常会收回或者错配资源，从而导致技术创新效率低下，肖（Xiao）的研究表明，发达的金融体系不但能够有效缓解信息不对称问题，而且能够产生相关信息揭示的帕累托改进，从而降低投资机会的评估风险，提高监督效率。因此，本书认为，金融发展是提高技术创新水平的重要因素之一。针对该金融发展的衡量方法，本书借鉴李苗苗研究，金融发展 = 金融机构贷款余额/GDP。相关数据来源于 2003 ~ 2017 年《中国金融统计年鉴》。

（5）人力资本（human）。由于人力资本决定着一国（地区）技术吸收能力与创新水平，所以其对经济发展存在重大影响。黄茂兴和李军军（2009）的研究表明，各地技术创新能力差异主要源于经济发展水平、政策取向和开放程度，但是更大程度上取决于人力资本水平。人力资本水平不但是研发技术溢出的载体，而且决定了其自主创新水平，某种程度上，可以将人力资本水平和创新二者视为一体。本书将人力资本水平作为创新的重要影响因素之一，其计算方法借鉴朱承亮的研究，分别以 prim、mid、hig、uni 表示小学居民占省份 6 岁以上人口比例、初中居民占省份 6 岁以上人口比例、高中居民占省份 6 岁以上人口比例、大专及以上居民占省份 6 岁以上人口比例。人力资本指标的计算公式为 $hum = 6prim + 9mid + 12hig + 16uni$。相关数据来源于 2003 ~ 2017 年《中国教育统计年鉴》。

（6）市场化进程（market）。相对于自由市场经济，集权经济对创新具有阻碍作用。其原因在于，高度集权经济中的软预算约束会促使企业家将更多的创新资源投入寻租领域，从而导致产品的创新投入以及创新绩效下降。与此不同，在自由的市场经济下，创新成功所带来的丰厚回报以及竞争压力会促使企业家坚持不懈地提升创新绩效。所以本书将市场化进程指标作为创新的一个控制变量，其测度方法参照孙早研究，即用规模以上国有工业销售产值占全部工业销售产值的比例衡量市场化程度，该比值越高，代表市场化程度越低。相关数据来源于 2003 ~ 2017 年《中国工业统计年鉴》。

（7）基础设施投资（infra）。基础设施投资对企业创新的影响源于两个方面：第一，基础设施投资能够开辟市场，保证原材料及相关能源供应，从而形成大规模生产，同时，大量的市场机会将会引致企业为获得高额利润而进行大量技术创新。第二，当大量社会资源被投入基础设施建设时，由社会资源限制而带来的利率水平上升将会减少企业的研发投入，最终将会降低社会的创新水平（蔡晓慧，2016）。所以本书将基础设施投资作为创新的一个控制变量，其计算方法借鉴赵峥（2014）的研究，运用“邮电业务总量占地区生产总值的比重”指标衡量基础设施指标。相关数据来源于2003～2017年《中国统计年鉴》。

表6-1揭示了2003～2016年主要变量的统计性描述分析，根据样本数据，本书发现，代表创新指标的新产品销售收入与专利申请受理量存在较大差异，进口商品的溢出以中间产品为主，其次为资本品的技术溢出，消费品的资本溢出最弱。控制变量方面，人力资本、市场化进程，金融发展与基础设施投资区分程度较高，差异程度较大。通过计量工具及方法的运用，探寻知识产权保护、进口贸易技术溢出与创新之间的关系。

表6-1　　2003～2016年主要变量的统计性描述分析

变量	样本数量	均值水平	标准差值	最小数值	最大数值
新产品（万元）	450	2.15E+07	3.71E+07	22 804	2.45E+08
专利申请受理（件）	450	33 774.22	65 148.27	124	504 500
技术市场交易额（万元）	450	1 156 138	2 956 378	599	3.14E+07
进口商品技术溢出	450	1 925.224	3 628.916	4.349 4	19 907.41
进口资本品技术溢出	450	1 819.187	3 386.679	5.218 5	18 814.94
进口中间品技术溢出	450	2 180.184	4 119.024	0	22 213.94
进口消费品技术溢出	450	846.933 3	1 696.083	1.232 7	9 984.035
人力资本	450	8.439 1	1.004 7	6.040 4	12.080 6
市场化进程	450	0.558 8	0.204 1	0.128 4	0.898 9
金融发展	450	1.138 3	0.389 6	0.537 2	2.584 7
基础设施投资	450	0.053 4	0.022 5	0.014 3	0.118 9

四、实证分析

（一）基本估计结果

本书运用最小二乘法进行初步估计，其结果报告如表6-2所示。其中，模型（1）和模型（2）分别以新产品和专利作为创新指标的代理变量。为了使回归结果更为稳健，本书同时运用了混合最小二乘法，回归结果见第一列和第二列；面板固定效应回归方法，估计结果见第三列和第四列；面板随机效应，回归结果见第五列和第六列。面板设定的 F 检验结果显著，表明存在个体效应，在固定效应与混合回归二者之间应该选择固定效应。LM 检验结果显著，表明随机效应估计结果优于混合回归估计结果。Hausman 检验在 1% 的水平上拒绝原假设，进一步表明相对于随机效应估计，固定效应的估计结果更为稳健。所以，本书以固定效应模型的估计结果为基础进行分析。表 6 – 2 第三列和第四列固定效应估计结果显示，无论以新产品衡量创新还是以专利作为创新的代理变量，进口贸易对创新均具有正向影响，并在 1% 的水平上显著。表明现阶段我国存在着进口贸易的技术外溢，而且显著促进我国创新水平。知识产权保护与进口技术外溢的交互项系数显著为正，表明知识产权保护与进口贸易的技术外溢效应存在互补关系，知识产权保护水平越高，进口贸易的技术溢出效应越强。针对其他控制变量，人力资本对技术创新的影响显著为正，表明现阶段人力资本仍是我国创新重要影响因素，地区人力资本越高，地区创新水平越高。同样，市场化程度的系数为正，并在 1% 的水平上显著，表明地区市场化程度越高，越有利于地区创新水平的提高。金融发展的系数显著为负，表明金融市场的发展不利于地区创新水平的上升，似乎与理论预期违背，但是这一结论印证了李苗苗的研究，即目前我国以银行为主导的金融发展体系将不利于研发投资。基础设施对创新的影响为负或者不显著，表明现阶段我国将大量社会资源投入基础建设当中，一定程度上提高了利率水平，减少了企业的研发投入，降低了社会的创新水平。

表 6 – 2　　最小二乘法估计结果

指标	混合 OLS		FE		RE	
	模型（1）	模型（2）	模型（1）	模型（2）	模型（1）	模型（2）
lnTM	0.374 8*** (0.067 4)	0.377 3*** (0.059 5)	0.268 9*** (0.065 3)	0.282 7*** (0.055 1)	0.294 9*** (0.064 9)	0.291 9*** (0.054 5)
lnNIMP	0.409 4*** (0.149 6)	0.142 3*** (0.037 1)	0.541 5*** (0.140 7)	0.277 2*** (0.098 6)	0.513 3*** (0.139 9)	0.263 3** (0.117 8)
lnTM × lnNIMP	0.004 7*** (0.001 5)	0.012 9** (0.006)	0.002 2** (0.009)	0.015 6*** (0.004 1)	0.002 8** (0.001 1)	0.015 3*** (0.004 6)
human	0.169 5*** (0.053 1)	0.158 1*** (0.042 6)	0.139 9*** (0.040 3)	0.258 9*** (0.048 1)	0.128 1*** (0.003 5)	0.239 5*** (0.047 6)

续表

指标	混合 OLS		FE		RE	
	模型（1）	模型（2）	模型（1）	模型（2）	模型（1）	模型（2）
market	2.858 2 ***	2.059 8 ***	1.668 9 ***	0.924 8 ***	1.924 8 ***	1.040 5 ***
	(0.242 1)	(0.213 8)	(0.271 1)	(0.227 6)	(0.275 7)	(0.226 1)
finance	-0.658 6 ***	-0.249 6 **	-0.487 2 ***	-0.331 6 ***	-0.530 1 ***	-0.311 1 ***
	(0.111 9)	(0.098 8)	(0.114 7)	(0.096 7)	(0.112 3)	(0.094 9)
infra	0.396 8	-4.078 6 ***	-9.412 3 ***	-0.426 6	-6.362 4 **	-1.588 9
	(1.726 7)	(1.524 7)	(3.181 5)	(2.682 7)	(2.889 8)	(2.463 9)
常数项	6.511 6 ***	2.414 9 ***	9.930 2 ***	4.791 3 ***	9.131 1 ***	4.596 8 ***
	(0.953 9)	(0.842 3)	(1.003 5)	(0.846 1)	(1.013 1)	(0.835 9)
F 检验			6.18 ***	9.73 ***		
LM 检验					32.94 ***	66.47 ***
Hausman 检验			25.11 ***	27.8 ***		

注：①括号内数值为回归系数的标准误。②***、**、*分别表示在1%、5%和10%的显著性水平上显著。③RE与FE分别代表随机效应模型与固定效应模型，面板设计的F检验零假设是个体效应不显著，LM检验的零假设为误差项是独立同分布的，Hausman检验的零假设为RE与FE的估计系数不存在系统性差异。

（二）内生性问题的处理及工具变量估计

考虑到进口技术溢出与创新可能存在着严重的内生性关系，本书进一步采用工具变量法进行回归分析。本书认为，海外市场接近度与1985年进口贸易额是有效的工具变量，第一，从外生性角度考虑，海外市场接近度由地理位置决定，而城市所在地理位置固定，不会受到外界影响，因而是外生的；1985年的进口额是历史数据，当前地区创新不会对其产生影响，因而也是外生的。第二，从内生性的角度考虑，海运成本低廉，是对外贸易的主要形式。因此，与各省份的进口密切相关。本书借鉴毛其淋、盛斌（2011）的计算方法，选择30个省份的省会城市到海岸线距离的倒数作为海外市场接近度的衡量指标。其中，d_{ii}代表沿海省份与海岸线之间的距离，内地省份与海岸线之间的距离由两部分距离之和组成，分别为沿海省份的内部距离与内部省份到沿海省份距离，具体计算方法如下：

$$fma_i = \begin{cases} 100d_{ii}^{-1}, i \in C \\ 100\,(\min d_{ij} + d_{jj})^{-1}, i \notin C, j \in C \end{cases} \tag{6-2}$$

其中，fma_i表示海外市场接近度，C代表沿海省份的集合，d_{ii}表示各省份内部距离，d_{ij}表示内地省份到沿海省份的距离。

表6-3反映了工具变量的回归结果，其中，第一列与第二列数据揭示了两阶段最小二乘法的回归结果，第三列与第四列数据反映了两阶段GMM的回归结果，第五列和第六列数据表示迭代GMM的回归结果，由于GMM方法能够更好地处理异方差问题，本书综合使用三种工具变量法进行实证研究。由表6-3可知，三种工具变量法的LM统计值均显著，表明不存在识别不足，F统计值均大于20，表明不存在弱工具变量，Sargan统计量不显著，表明工具变量严格外生。所以本书选取的工具变量是有效的。进一步分析进口技术溢出与知识产权保护系数均在1%的显著水平上为正，与最小二乘法的估计结果一致，表明进口贸易有利于创新水平的提升，知识产权的加强能够提高创新能力，知识产权保护与进口技术溢出的交互项系数显著为正，进一步表明知识产权保护的加强能够显著提升进口的技术溢出效应从而促进创新。另外，其他控制变量的影响也没有发生明显变化。

表6-3　两阶段工具变量估计结果

指标	2sls		两步 GMM		迭代 GMM	
	模型（1）	模型（2）	模型（1）	模型（2）	模型（1）	模型（2）
lnTM	0.565 8***	2.308 9***	0.340 6***	2.373 7***	0.233 1**	2.416 1**
	(0.134 2)	(0.456 7)	(0.112 1)	(0.475 8)	(0.115 7)	(0.917 8)
lnNIMP	2.290 1**	7.566 4**	1.703 1**	7.875 6**	1.358 9**	7.981 3**
	(1.110 1)	(3.638 8)	(0.712 4)	(3.722 9)	(0.657 9)	(3.764 3)
lnTM × lnNIMP	0.186 2***	0.558 4***	0.142 7***	0.578 9***	0.118 5**	0.586 5**
	(0.063 7)	(0.157 5)	(0.057 9)	(0.170 5)	(0.043 7)	(0.268 9)
human	0.189 1***	0.093 1***	0.285 2***	0.117 5***	0.272 8***	0.119 6***
	(0.070 6)	(0.035)	(0.063 7)	(0.041 2)	(0.061 1)	(0.043 5)
market	3.868 9***	4.945 9***	3.698 1***	4.959 1***	3.615 1***	4.980 5***
	(0.754 8)	(1.491 8)	(0.578 4)	(1.409 4)	(0.541 1)	(1.425 8)
finance	-1.478 7***	-2.591 4**	-1.431 6***	-2.877 8***	-1.311 5***	-2.907 9***
	(0.575 1)	(1.136 5)	(0.462 2)	(1.087 9)	(0.435 4)	(1.099 7)
infra	2.076 7	0.718 1	4.504 6*	3.275 1	4.498 6**	3.287 5
	(2.526 2)	(4.992 8)	(2.384 1)	(5.372 3)	(2.266 7)	(5.440 2)
常数项	19.839 9**	40.473 9**	15.926 9**	40.659 5**	14.415 1**	41.244 3
	(9.124 1)	(18.032 6)	(7.415 4)	(18.561 1)	(6.889 6)	(18.768 4)
D-W-H 内生性检验	78.97***	76.23***	78.97***	76.23***	78.97***	76.23***
Kleibergen-Paaprk LM	32.54***	27.165***	32.54***	27.165***	32.54***	27.165***

续表

指标	2sls		两步 GMM		迭代 GMM	
	模型（1）	模型（2）	模型（1）	模型（2）	模型（1）	模型（2）
Kleibergen-Paap rk Wald F 统计量	39.168 [19.93]	35.472 [19.93]	39.168 [19.93]	35.472 [19.93]	39.168 [19.93]	35.472 [19.93]
Anderson-Rubin Wald 统计量	29.84***	29.16***	29.84***	29.16***	29.84***	29.16***
Sargan 检验统计量	0.279	0.284	0.257	0.263	0.241	0.281
观测值	450	450	450	450	450	450

注：①Kleibergen-Paap 中［］内的数值表示 Stock-Yogo 检验 10% 水平上的临界值。②括号内数值为回归系数的标准误。③ ***、**、* 分别表示在 1%、5% 和 10% 的显著性水平上显著。

（三）资本品、消费品与中间品进口溢出效应分析

本书考虑到资本品、消费品与中间品的进口溢出效应可能存在差异，因此，进一步将进口商品分为资本品、消费品和中间产品，分析不同种类进口商品的技术溢出以及知识产权保护对其影响。为使回归结果稳健，本书仍然选取专利申请量和新产品作为创新的代理变量，分别表示为表 6 - 4 中的模型（1）和模型（2）。根据表 6 - 4 回归结果可知，资本品、中间品的系数在 1% 的显著水平上为正，表明资本品与中间品的进口具有正向溢出效应，原因在于，中间品和资本品通常是高科技含量的机器设备与零部件，进口企业在使用过程中会对其性能以及用途进行了解，从而掌握物化在产品中的科技，最终提高企业的创新水平。而消费品的系数显著为负，表明消费品的进口具有负向技术溢出效应。可能的原因在于，进口的消费品普遍是技术含量较低主要用于家庭消费的产品，其对创新水平的提升没有明显的促进效应。

表 6 - 4　　不同类型进口商品的技术溢出效应分析

指标	KG（资本品）	CG（消费品）	MG（中间品）	KG（资本品）	CG（消费品）	MG（中间品）
	模型（1）	模型（1）	模型（1）	模型（2）	模型（2）	模型（2）
lnNIMPK	0.015 1*** (0.002 8)			0.543 9*** (0.143 7)		
lnTM	0.286 5*** (0.055 7)	0.292 3*** (0.056 4)	0.295 1*** (0.046 3)	0.269 8*** (0.006 1)	0.278 7*** (0.067 1)	0.260 6*** (0.054 9)
lnTM × lnNIMPK	0.285 1** (0.121 3)			0.241 9*** (0.061 7)		
lnNIMPI		0.289 7*** (0.100 5)			0.555 1*** (0.142 1)	

续表

指标	KG（资本品）	CG（消费品）	MG（中间品）	KG（资本品）	CG（消费品）	MG（中间品）
	模型（1）	模型（1）	模型（1）	模型（2）	模型（2）	模型（2）
lnTM × lnNIMPI		-0.014 7***			-0.031 6***	
		(0.003 8)			(0.010 3)	
lnNIMPC			-0.272 5*			-0.523 4***
			(0.150 1)			(0.131 8)
lnTM × lnNIMPC			0.016 1			0.000 843
			(0.024)			(0.095)
human	0.258 8***	0.266 1***	0.259 1***	0.079 7**	0.085 1**	0.080 6**
	(0.048 2)	(0.048 4)	(0.048 05)	(0.034 7)	(0.042 1)	(0.037 8)
market	0.921 8***	0.928 1***	0.931 4***	1.669 1***	1.662 9***	1.669 7***
	(0.227 7)	(0.230 6)	(0.227 5)	(0.269 9)	(0.274 1)	(0.270 1)
finance	-0.328 6***	-0.327 1***	-0.332 3***	-0.486 4***	-0.485 2***	-0.493 5***
	(0.097 1)	(0.097 4)	(0.095 4)	(0.115 1)	(0.115 7)	(0.113 2)
infra	-0.451 9	-0.635 4	-0.444 3	-9.402 8***	-9.546 1***	-9.424 6***
	(2.684 7)	(2.696 8)	(2.680 5)	(3.182 5)	(3.203 5)	(3.181 7)

注：①以上回归结果基于面板固定效应分析，由于篇幅所限，本书略去相关检验。②括号内数值为回归系数的标准误。③ ***、**、* 分别表示在1%、5%和10%的显著性水平上显著。

知识产权保护与资本品进口的交互项系数为正且在1%的水平上显著，表明知识产权水平的加强有利于资本品进口的技术溢出效应。原因在于，进口的资本品通常为技术含量较高的产品，国外出口商为保护核心技术会对进口国的知识产权保护提出较高的要求，所以我国知识产权水平保护的加强有利于高技术水平的进口，从而提升创新能力。知识产权保护与中间品交互项的系数显著为负，表明知识产权保护水平的提升抑制了中间品进口的技术溢出，其原因在于，中间品多为技术含量较高的产品，较强的知识产权保护水平使进口企业的模仿成本提升，无法有效发挥进口溢出效应。知识产权保护与消费品交互项的系数不显著，表明知识产权保护的提升不能促进消费品进口的技术溢出效应，其原因在于，消费品通常是技术含量较低的产品，而知识产权保护主要影响高技术水平产品的进口，因此，消费品进口的技术溢出效应受知识产权保护水平的制约较小。

五、结论与政策建议

利用我国30个省份2002～2016年的面板数据，分析我国进口商品技术溢出对创新的影响以及知识产权保护对这种影响的制约。研究发现，现阶段，进口的技术溢出能够显著提升我国创新水平，知识产权保护水平的提高能够显著强化这种影响。进一步将进口商品划分为资本品、中间品与消费品，本书发现，资本品和中间品进口的技术溢出对创新的影响为正，但消费品进口的技术溢出却抑制了我国创新水平。知识产权保护水平的提升能够加强资本品进口技术溢出对创新的正向影响，但是不利于中间品进口溢出对创新的正向影响。而消费品进口技术溢出对创新的影响不受知识产权保护的影响。

针对以上结论，本书认为，我国知识产权保护水平整体上应该加强，但是具体到不同商品应该差别对待。对于中间品，现阶段不宜实行过高的知识产权保护水平，否则将会提高进口企业的模仿成本，抑制创新能力的提升。对于资本品，我国应该加强知识产权保护力度，从而引进更多高水平的机器设备，促进创新。在消费品领域，我国应该降低知识产权保护水平，从而减少消费品进口，弱化外国企业的垄断势力，扩大国内生产规模，提高技术水平。

第七章

知识产权保护、研发投入与创新绩效研究

当前，创新已成为全球热议的话题。世界各主要经济体将创新作为重要发展战略。中国自 2013 年进入经济新常态，中央提出“大众创新、万众创业”的发展战略，试图以此激发市场活力，实现经济再次腾飞，而研发投入作为创新的重要途径，受到各方面密切关注。根据世界银行统计数据，近年我国研发经费快速上升，其占 GDP 的比例由 1996 年的 0.563 3% 上升至 2015 年的 2.065 6%，与此同时，研发实力有较大提升，科技水平上升迅速。一方面，与发达国家相比，虽然我国研发投入已经处于较高水平，但与发达国家仍有一定差距。2015 年，美国研发支出占 GDP 比例为 2.793 9%，日本研发支出占 GDP 的比例为 3.283 6%，德国研发支出占 GDP 比例为 2.877 5%，法国研发支出占 GDP 比例为 2.231 4%。另一方面，我国研发投入的效率水平与发达国家之间还有一定差距，深入研究我国研发投入的创新效应，分析二者的内在机理，从而提高我国研发投入效率水平成为当下我国迫切需要解决的问题。

知识产权保护是影响研发投入的重要因素，大量研究表明，强化知识产权保护能够提高研发投入回报率，从而鼓励企业进行研发投入。但是，高的知识产权保护水平，将导致自主研发创新的难度增加，抑制企业投入。所以本书将从知识产权保护的视角深入研究研发投入对创新的影响。

一、文献综述

（一）知识产权保护对研发投入的影响

刘小鲁考察了知识产权保护对自主研发投入的影响，其结论表明，二者呈现

倒U型的阶段性特征，即在初始阶段，知识产权保护的增加能够促进企业自主研发投入，但是随着知识产权保护达到一定程度，知识产权保护的增加会抑制企业自主研发投入。其根源在于以下两个方面。首先，加强知识产权保护体系能够提升自主研发企业创新的收益，促进企业自主研发水平。其次，强化知识产权保护体系将加强国外专利保护水平，致使我国自主创新面临障碍。具体而言，我国自主研发创新不但面临国内技术瓶颈，而且受制于国外专利的制约，在强化知识产权保护的情景下，只有进一步提高国内专利技术水平，使其与国外专利技术形成较大差异，国内企业才能具有专利的合法性，否则，国内专利技术与国外专利技术处于同一专利宽度范围内，即使国内专利有一定程度上的超越，仍然无法获得专利授权，甚至在司法领域遭遇侵权诉讼。所以知识产权保护的加强会抑制研发投入。基于上述分析，知识产权保护对研发投入的影响呈现非线性特征。宗庆庆基于行业异质性特征，分析了知识产权保护对企业研发投入的影响，其结论表明，知识产权保护能够显著促进企业的研发投入，但是针对异质性行业，其影响具有差异。分行业实证结果表明，垄断行业程度较高的工业行业中，知识产权保护与企业研发投入呈现倒U型关系，即初始阶段，知识产权保护程度较低时，知识产权保护能够促进企业研发投入，当知识产权保护上升至一定程度时，知识产权保护加强抑制企业研发投入。在竞争程度较高的工业行业中，知识产权保护能够促进企业的研发投入。李伟运用1992～2012年相关数据考察了知识产权保护、政府科技投入与企业研发投入之间的关系，其结果表明，知识产权保护能够显著促进中国企业研发投入，运用格兰杰因果检验定量分析发现，2002年之后，知识产权保护提高1%，企业研发投入上升0.147，相较于2002年之前，该效应提升了一倍。李蕊运用1997～2010年省际面板数据，考察了知识产权保护对我国技术创新的影响，其结果表明，知识产权保护能够显著促进我国企业研发投入、外商直接投资进而提升我国技术创新水平。

（二）研发投入对创新的影响

李尚骜的研究表明，研发同时具备两种特征：第一，研发过程伴随着人力资本的投入；第二，新技术产生于干中学。他分别通过集中均衡与分散均衡两种方法考察了研发对人力资本的“侵蚀效应”。其结论表明，垄断加价会引致物资资本即人力资本的过度投资，这些过度投资与侵蚀效应共同抑制人力资本积累率以及经济增长率的上升。李静首先考察了中国的“索洛悖论”，即研发投入的递增会导致创新水平的下降，其结论表明，当研发强度较低时（0～3区间），研发投入的增加会引致技术升级，当研发强度上升至一定程度时（5~6区间），研发投入的增长会抑制技术进步。以此为基础，他进一步从实证的角度分析了“索洛悖论”存在的原因，其结论表明，人力资本与研发投入的错配导致了研发投入抑制创新的结果，只要实现人力资本与研发投入相互匹配，“索洛悖论”不再存在。周祥军考察了初创企业研发强度与企业创新能力之间的关系，其结论表明，研发投入对企业创新的影响呈现非线性特征，当企业科研转化能力小于门限值的17%时，研发投入抑制创新；当科研转换能力介于门限值的17%~45.7%时，研发投入刺激创新；当科研转化能力高于45.7%时，研发投入再次抑制创新。张同斌考察了研发投入对中国高技术产业生产率的影响，其结论表明，随着研发投入的增长，中国的高技术产业生产率呈现先下降后上升的阶段性趋势，其“索洛悖论”特征十分显著。李若曦考察了自主创新、模仿创新以及技术模仿对高技术产业生产效率的影响，其结果表明，相较于模仿创新，自主创新对生产率的影响更大，除此之外，自主创新对生产率的影响呈现倒U型特征，原因在于，相对于模仿创新，在初始阶段，企业能够有效掌握本国市场需求，通过研发投入进行创新，但是当国内技术水平提高到国际前沿时，企业面临创新瓶颈，难以继续创新。蒂恩陶（A. Tientao）利用2000~2011年107个样本国家数据并结合空间杜宾模型考察了研发投入对创新的影响，其结论表明，无论是R&D投入的直接效应还是空间技术溢出的间接效应均显著为正。如皮卡·康纳（Rupika Khanna）利用2000~2016年印度制造行业900个微观企业数据并结合GMM方法，考察了IT技术及研发投入对劳动生产率的影响，其结果表明，IT技术及研发投入能够显著提升劳动生产率，并且IT技术与研发投入存在互补性。

二、机制分析

（一）产权保护与研发投入

由于研发投入创造的现金流不在当下，而在未来，所以极易受到制度风险的影响。换言之，制度质量是影响研发投入的关键因素。本书用知识产权保护衡量制度因素。企业研发是一个创新过程，通过该过程，公司创造产生新的有形和无形资产，以此为基础，进行后续商业化行为，企业在研发阶段和商业化阶段均体现了企业对研发的激励。首先，知识产权保护决定研发投资的回报。研发生产具有积极的溢出效应，企业不能仅仅依赖市场力量，缺乏一个有效的知识产权保护体系，研发投入的回报将会降低，企业将因此降低对研发的投资。其次，知识产权保护降低了投资特质对研发投资的不利影响。糟糕的制度体系往往会减少公司投资，这通常也涉及研发活动。企业研发费用促进新产品诞生，这些新产品有别于其他新产品。最后，知识产权保护削弱了信息不对称对研发投入的负面影响。一方面，信息的对称性降低了投资回报，与现有产品不同，研发产品没有统一标准，研发回报不可避免地会受到事后风险的影响。另一方面，信息不对称性会抑制投资研发投入，导致更为严重的滞留问题。因此，信息的不对称性削弱了企业适应研发投入的制度性风险。鉴于知识产权保护减少了合同不完备性的不利影响，知识产权保护能够通过限制机会主义行为促进公司研发。

（二）知识产权保护与研发投入

（1）正面影响。知识产权保护通过两方面渠道影响研发投入。第一，研发活动带来的技术创新具有外部性，即企业的技术创新会受到其他企业的模仿，加强知识产权保护有利于减少研发投入的外部性，降低企业被侵权所带来的风险，同时，提高研发的投资回报率，鼓励更多企业进行研发投入。第二，知识产权保护的加强有利于提高信息的对称性，从而激发创新技术交易市场的巨大潜力，最终促进研发投资。由于研发投资带来的技术创新具有知识密集型特征，存在高度的信息不对称性，如果将创新技术完全展现在投资者面前，研发投入者将面临巨大的窃取风险，但如果投资者无法详细了解创新技术，其价值无法准确评估，创新技术将失去交易市场，研发投入也将因此下降。所以，知识产权保护有利于企业研发投入。

（2）负面影响。强化知识产权保护体系将加强国外专利保护水平，致使我国自主创新面临障碍。具体而言，我国自主研发创新不但面临国内技术瓶颈，而且受制于国外专利的制约，在强化知识产权保护的情景下，只有进一步提高国内专利技术水平，使其与国外专利技术形成较大差异，国内企业才能具有专利的合法性，否则，国内专利技术与国外专利技术处于同一专利宽度范围内，即使国内专利有一定程度上的超越，仍然无法获得专利授权，甚至在司法领域遭遇侵权诉讼。所以知识产权保护的加强会抑制研发投入。基于上述分析，知识产权保护对研发投入的影响呈现非线性特征。

（三）研发对创新的影响

研发投入对创新的影响分为三个阶段，首先是知识的集聚，其次是知识的产出，再次是成果的转化。在考虑研发投入对创新的影响时，必须考察不同阶段的技术能力。具体而言，在第一阶段知识的集聚过程中，企业的创新源于知识的积累，此时，知识的存量起到支撑作用。知识的积累来源于两个方面：第一，通过研发投入进而在学习过程中获得的知识积累；第二，通过技术引进、吸收和转化而来的技术积累。无论是自主学习还是引进、吸收和转化均依赖于较高的知识存量储备。因此，当学习能力较低时，知识存量不足，研发投入转化只是存量水平的提高，但未直接作用于企业创新水平，因此，研发投入对企业创新影响不显著。当企业知识存量上升，认知水平提高到一定程度时，企业研发投入将会转化为企业的技术创新，此时，研发投入对企业创新水平的影响显著为正。

在第一阶段过程中，研发投入对企业创新水平的影响取决于企业的认知能力，当企业的认知能力较弱时，研发投入对创新的影响不显著，当企业的认知能力较强时，研发投入能够显著促进创新水平的提高。

在第二阶段知识产出的过程中，企业的创新源于知识转化为实验创新的能力，主要体现为产品的创新能力以及工艺的革新能力，该阶段，较低的知识产出能力表明知识存量转化为科技成果速度慢、效率低，知识的输出水平有限，对创新水平的影响不显著。此时，企业较难获利甚至出现入不敷出的现象，企业创新投入下降。相反，较高的知识产出水平表明，知识存量大量转化为科技成果，成本低、效率较高，在一定程度上刺激了企业研发投入的积极性。所以，第二阶段，研发投入的创新的影响仍旧表现为非线性，当企业知识产出水平较低时，研发投入对创新的影响不显著，当企业知识产出能力达到某一门槛值时，研发投入能够促进企业创新。

第三阶段表现为科技成果转化为新产品的能力，即从实验室到生产车间过程，在这一阶段中，成果转化能力成为创新的重要影响因素，企业的科技成果转化能力低会导致研发创新停滞于创新的第二个阶段即知识产出的节点中，无法形成最终的创新产品，更无法推动商业进程，实现最终盈利。只有当企业的科技转化能力上升至某一高度时，研发投入才能推动企业创新水平。

综上所述，企业创新必须经历三个阶段，即知识的集聚至知识的产出最后到成果的转化，每一阶段，研发投入的影响均存在差异，主要表现为初始阶段，研发投入对创新影响不显著，随着各项能力的提升，研发投入才能显著促进创新水平。

三、计量模型、指标的构建与数据来源

（一）计量模型的设定

本书认为，创新活动也是一种生产，与物质生产不同，创新活动的主要产品

是知识，因此，本书根据柯布—道格拉斯生产函数：$Y = AK^{\alpha}L^{1-\alpha}$计算创新的影响因素，其中，自变量Y代表创新活动的产出，L代表知识生产过程中劳动的投入量，本书中以研发活动的人员投入作为代理，K代表生产过程中资本的投入量，本书以研发活动的经费投入作为代理。根据上文所述，知识产权保护对研发投入同时具备促进作用及抑制作用，因此，本书进一步考虑知识产权保护对自主创新的影响。另外，根据已有研究，基础设施、市场化程度、金融深化以及对外开放均能显著影响创新水平，本书将其作为控制变量，其具体计量模型如下：

$$RD_{it} = \beta + \beta_1 IPP_{it} + \beta_2 Market_{it} + \beta_3 Finance_{it} + \beta_4 Infra_{it} + \beta_5 Openness_{it} + \varepsilon_{it} \quad (7-1)$$

$$Inno_{it} = \alpha + \alpha_1 IPP_{it} + \alpha_2 Market_{it} + \alpha_3 Finance_{it} + \alpha_4 Infra_{it} + \alpha_5 Openness_{it} + \varepsilon_{it} \quad (7-2)$$

$$Inno_{it} = \theta + \theta_1 RD_{it} + \theta_2 Market_{it} + \theta_3 Finance_{it} + \theta_4 Infra_{it} + \theta_5 Openness_{it} + \varepsilon_{it} \quad (7-3)$$

其中，i代表省份，t代表年份，IPP代表知识产权保护水平，RD代表研发投入，Market代表市场化程度，Finance代表金融深化指标，Infra表示基础设施指标，Openness代表对外开放度。式（7-1）研究了知识产权保护对研发投入的影响；式（7-2）分析了知识产权保护对技术创新的影响；式（7-3）分析了研发投入对技术创新的影响。

（二）指标的选取与设定

（1）创新。本书分别选取专利和新产品的销售收入作为创新指标的代理变量。创新活动最直接的产出是专利，而专利包括两种类型即申请授权量与专利申请量，专利授权量受到政府专利机构人为因素影响较大，所以本书选用专利申请量作为企业创新的绩效。鉴于专利作为衡量创新的指标存在一定缺陷，即创新通常被定义为具有市场价值的发明创造，但是体现新知识的专利无法准确衡量其经济价值，所以相比专利，反映市场价值的新产品销售及新产品开发能够更好地衡量地区创新。本书选取新产品的销售收入作为创新的第二个指标。相关数据来源于2003~2017年《中国科技统计年鉴》。

（2）知识产权保护。由于现阶段我国司法体系尚处于完善时期，立法进程与执法进程不能完全同步，所以知识产权保护强度应该由知识产权保护立法强度与知识产权保护执法强度共同决定。据此，本书借鉴韩玉雄与李祖怀（2005）对知识产权保护的测度方法，构造扩展的知识产权保护 G－P 指数公式如下：

$$IPR(t) = L(t) \cdot E(t) \quad (7-4)$$

其中，IPR（t）表示一国（地区）在 t 时刻的知识产权保护强度，L（t）表示一国（地区）在 t 时刻知识产权保护立法强度，E（t）表示一国（地区）在 t 时刻的知识产权保护执法力度。立法强度 L（t）采用 G－P 指标的方法测定。知识产权保护立法强度由保护的覆盖范围、是否为国际条约成员、权利丧失的保护、执法措施以及保护期限等 5 个一级指标和其下辖的 17 个二级指标组成，分别考察一级指标与二级指标的满足条件并据此计算一国（地区）立法综合得分。E（t）由司法保护水平、行政保护与管理水平、经济发展水平、社会公众意识及国际监督制衡共同决定。其中，司法保护水平用一国（地区）律师占总人口比重来衡量，当该比重超过万分之五，司法保护分值为 1；当该比重不足万分之五，以该比重除以万分之五所得数值作为司法保护计量分值。行政保护及管理水平用立法时间来衡量，即实际立法时间（1954）除以 100，当所得数值大于 1 时，行政保护及管理水平分值为 1，否则为其分值为所得数值。经济发展水平用人均 GDP 衡量，当人均 GDP 超过 2 000 美元时，令经济发展水平分值为 1，否则，其分值为实际人均 GDP 除以 2 000。社会公众意识用成人识字率测度，当成人识字率超过 95% 时，令社会公众意识分值为 1，否则，其分值为实际成人识字率除以 95%。国际监督制衡用是否为 WTO 成员来衡量，当一国（地区）是 WTO 成员，国际监督制衡分值为 1，否则，其分值为 0。

（3）研发投入。根据上述柯布—道格拉斯函数研发投入包括研发人员投入与研发费用投入，本书分别用研发人员投入与研发费用投入作为研发投入的代理变量。考虑到研发投入的存量对创新的影响更为显著，本书用永续盘存法计算研发存量，其计算方法如下：

$$S_{jt} = (1-\sigma) S_{jt-1} + RD_{jt} \quad (7-5)$$

其中，各省基年的研发存量采用格瑞里茨（Griliches，1980）的计算方法，即 $S_{j2\,001} = RD_{j2\,001}/(g+\sigma)$，g 表示 2001～2016 年 G7 各国每年研发支出的平均增长率，g 表示研发资本的折旧率，其数值本书采用科和赫尔普曼（Coe & Helpman，1995）实证回归所得并已被学术界普遍接受的 5%。

（4）市场化程度。市场化程度主要通过三个方面对技术创新产生影响。首先，市场化程度提升会减少企业的寻租行为从而优化资源配置，最终促进创新水平。其次，随着非国有企业经济市场份额的增加，市场竞争趋于加剧，无论国有企业还是非国有企业均须通过学习，模仿、吸收外部先进技术提升创新能力，从而达到加强市场竞争力，在市场中保持领先地位的目的。最后，市场化程度上升能够使市场信息的传递更具准确性、及时性。有效的市场信息传递机制促使企业能够对资源进行优化配置，有利于提高企业的创新效率。本书参照张云的研究，用规模以上国有工业销售产值占全部工业销售产值的比例衡量市场化程度。

（5）对外开放度。外贸通过最终产品的进口与中间产品的进口两方面对创新产生影响。首先，进口最终产品通过“逃避竞争效应”与“熊彼特效应”影响创新。由于竞争加剧会引致企业利润率下降，企业必须通过创新战胜竞争对手，从而保持较高的垄断收益水平。我们通常将其称为“逃避竞争效应”，在该效应的作用下，对外开放扩大，引致竞争加剧，有利于创新水平的提高。而“熊彼特效应”是指随着竞争产品的增加，国内竞争程度进一步加剧，促使企业利润率下降，降低企业研发投入，从而不利于创新水平的上升。因此，最终产品的进口对创新的影响具有不确定性。其次，进口中间产品对创新水平的提升同样存在不确定性，一方面，内化于中间产品的国外先进技术能够产生技术效应提升进口国的技术水平，促进其创新；另一方面，进口促使国内减少产品生产种类，使其基础研究下降，最终不利于创新水平的提升。因此，对外开放对创新的影响存在不确定性。本书依据刑孝兵的研究，采用进出口总额与 GDP 的比值作为贸易开放度的代理变量。

（6）基础设施投资。大量研究表明，基础设施较为完善的地区能够吸引大量人力资本、外商直接投资等，而这些均是提升创新水平刺激经济增长最基本的要素，换言之，完善基础设施能够提高创新水平。但是一些持相反观点的研究表明，过度依赖基础设施投资将固化投资驱动的增长模式，该模式不利于资源优化配置，对研发投入具有挤出效应，不利于创新水平的提升。贾俊雪考察了 1986 ~ 2006 年我国地级市公共基础投资与全要素生产率之间的关系，其结果表明，二者呈现倒 U 型特征。因此，基础设施投资与创新水平之间存在显著不确定性，并非简单的线性关系。本书参考孙早的研究，以电力、燃气、水的生产及供应行业和交通运输、邮电以及仓储行业社会固定资产投资作为基础社会投资，并将其与 GDP 的比值作为基础投资的代理变量。

（7）金融深化。金融深化可通过微观途径和宏观途径影响技术创新，具体而言，宏观金融深化拓宽了企业的融资渠道，降低了企业融资成本，缓解了企业融资压力。另外，企业创新需要大量研发成本投入，且该投入具有不确定性强、风险较高等特征。因此，金融深化通过为技术创新提供资金支持从而有效促进其发展。另一些研究从微观层面探讨金融深化对技术创新的影响，其研究结论表明，过度金融深化将导致金融资产回报率上升，资金从实体经济转移至虚拟经济，由产业资本转化为金融资本，最终导致创新水平下降。因此，金融深化对技术创新的影响具有不确定性。本书参照方显仓的研究，以各地区金融机构存贷款总额与 GDP 的比值作为金融深化指标。

表 7－1 揭示了 2001～2016 年主要变量的统计性描述分析，根据样本数据，本书发现，代表创新指标的新产品销售收入与专利申请受理量存在较大差异，进口商品的溢出以中间产品为主，其次为资本品的技术溢出，消费品的资本溢出最弱。控制变量方面，对外开放度、市场化进程、金融发展与基础设施投资区分程度较高，差异程度较大。通过计量工具及方法的运用，探寻知识产权保护、研发投入与创新之间的关系。

表 7－1　　2001～2016 年主要变量的统计性描述分析

变量	样本数量	均值水平	标准差值	最小数值	最大数值
新产品（万元）	480	2.38E+07	4.17E+07	22 804	2.87E+08
专利申请授权（件）	480	21 352.63	42 305.31	70	269 944
发明专利申请授权（件）	480	2 850.996	5 779.661	6	40 952
实用新型和外观设计专利申请授权(件)	480	18 501.63	37 538.72	49	253 702
知识产权保护水平	480	3.22	0.719 8	1.487 7	4.62E+00
研发费用投入（万元）	480	9 881 878	1.68E+07	4 990.273	1.08E+08
研发人员投入（人）	480	76 247.38	92 661.59	848	5.43E+05
对外开放度	480	0.058 9	0.119 3	0.003 6	1.113 7
市场化程度	480	0.567 5	0.204 1	0.128 4	0.903 4
金融发展	480	2.755 9	1.063 2	1.288 1	8.131
基础设施投资	480	0.102 1	0.058 4	0.014 5	0.401 5

四、实证分析

（一）知识产权保护对创新的影响

表 7－2 揭示了知识产权保护对创新影响的实证分析，为了使回归结果更为稳健，本书同时使用了固定效应模型与随机效应模型，并以新产品的销售收入和专利申请授权作为创新的衡量指标。具体而言，模型（1）中，自变量创新的衡量指标是新产品的销售收入，模型（2）中，自变量创新的衡量指标为专利申请授权，模型（3）以发明专利申请授权量作为创新的衡量指标，模型（4）以实

用新型和外观设计专利的申请授权量作为创新的衡量指标。为了避免异方差，本书以新产品的销售收入和专利申请授权量的对数计量模型自变量。由模型（1）可知，知识产权保护指标的系数为正，并且在1%的统计性水平上显著，这一结果具有稳健性，具体表现为无论固定效应模型还是随机效应模型，该结论均成立。其经济学含义为，知识产权保护能够显著提升新产品的销售收入，促进技术创新。模型（2）的回归结果同样表明，知识产权保护能够促进技术创新，主要表现为强化知识产权保护指标可以促进专利申请授权数量，并且该结论具有稳健性，固定效应模型下，知识产权保护系数为正，且在10%的统计性水平下显著，随机效应模型下，知识产权保护指标的系数为正，并且在1%的统计性水平上显著。模型（3）的回归结果表明，知识产权保护能够显著提升发明专利申请授权数量，固定效应模型下，知识产权保护对发明专利申请授权数量的影响在5%的统计性水平上显著为正，随机效应模型下，知识产权保护对发明专利申请授权数量的影响在1%的统计性水平上显著为正。模型（4）的回归结果进一步表明，知识产权保护能够显著提升实用新型和外观设计申请授权数量，固定效应模型下，知识产权保护对实用新型和外观设计申请授权数量的影响在10%的统计性水平上显著为正，随机效应模型下，知识产权保护对实用新型和外观设计申请授权数量的影响在1%的统计性水平上显著为正。

表7-2　知识产权保护对创新影响的实证分析

指标	FE				RE			
	模型（1）	模型（2）	模型（3）	模型（4）	模型（1）	模型（2）	模型（3）	模型（4）
IPP	1.1664***	0.3653*	0.3073**	0.3651*	1.2354***	1.0525***	1.5207***	0.9948***
	(0.2332)	(0.2187)	(0.1479)	(0.1936)	(0.0783)	(0.0866)	(0.0882)	(0.0903)
openness	0.4746	0.5324	0.2932	0.5575	0.8854**	1.1212***	1.1656***	1.0814***
	(0.4985)	(0.4889)	(0.4742)	(0.5029)	(0.4088)	(0.4274)	(0.4348)	(0.4407)
market	3.0209***	2.7944***	1.3926***	2.9709***	3.2035***	2.8394***	1.4119***	3.0104***
	(0.2726)	(0.2673)	(0.2593)	(0.275)	(0.2697)	(0.2679)	(0.2723)	(0.2743)
finance	-0.0484	0.1678***	0.3163***	0.1303**	-0.0795*	0.0671	0.1214***	0.04
	(0.0587)	(0.0576)	(0.0558)	(0.0592)	(0.0468)	(0.0478)	(0.0486)	(0.049)
infra	-13.0715***	-12.1926	-13.1837***	-12.0089***	-11.7051***	-9.7931***	-9.2***	-9.8379***
	(0.9209)	(0.9033)	(0.8761)	(0.9291)	(0.7582)	(0.7686)	(0.7814)	(0.7893)
常数项	11.725***	6.7077***	5.2857***	6.5366***	11.3213***	4.4671***	1.4465***	4.4825***
	(0.6689)	(0.6561)	(0.6364)	(0.6749)	(0.2172)	(0.2419)	(0.2465)	(0.2525)

注：①括号内数值为回归系数的标准误。②***、**、*分别表示在1%、5%和10%的显著性水平上显著。③RE与FE分别代表随机效应模型与固定效应模型。

进一步考察相关控制变量对创新的影响，本书发现，对外开放指标对创新的影响不具稳健性，具体表现为，固定效应模型下，对外开放对提升创新水平没有显著影响，而随机效应模型下，对外开放能够显著促进创新水平。可能的原因在于，外贸通过最终产品的进口与中间产品的进口两方面对创新产生影响。首先，进口最终产品通过“逃避竞争效应”与“熊彼特效应”影响创新。由于竞争加剧会引致企业利润率下降，企业必须通过创新战胜竞争对手，从而保持较高的垄断收益水平。我们通常将其称为“逃避竞争效应”，在该效应的作用下，对外开放扩大，引致竞争加剧，有利于创新水平的提高。而“熊彼特效应”是指随着竞争产品的增加，国内竞争程度进一步加剧，促使企业利润率下降，降低企业研发投入，从而不利于创新水平的上升。因此，最终产品的进口对创新的影响具有不确定性。其次，进口中间产品对创新水平的提升同样存在不确定性，一方面，内化于中间产品的国外先进技术能够产生技术效应，提升进口国的技术水平，促进其创新。另一方面，进口促使国内减少产品生产种类，使其基础研究下降，最终不利于创新水平的提升。因此，对外开放对创新的影响存在不确定性。市场化程度指标系数为正，并且在1%的统计水平上显著，表明市场化水平提高能够显著提升创新水平。可能的原因正如上文所述，首先，市场化程度提升会减少企业的寻租行为，从而优化资源配置，最终促进创新水平。其次，随着非国有企业经济市场份额的增加，市场竞争趋于加剧，无论是国有企业还是非国有企业均须通过学习，模仿、吸收外部先进技术提升创新能力，从而达到加强市场竞争力，在市场中保持领先地位的目的。最后，市场化程度上升能够使市场信息的传递更具准确性、及时性。有效的市场信息传递机制促使企业能够对资源进行优化配置，有利于提高企业的创新效率。金融深化对创新的影响不具有稳定性，具体表现为金融深化对新产品销售收入的影响为负，但是对专利申请授权的影响为正。原因如上文所述，金融深化可通过微观途径和宏观途径影响技术创新，具体而言，宏观金融深化拓宽了企业的融资渠道，降低了企业融资成本，缓解了企业融资压力。另外，企业创新需要大量研发成本投入，且该投入具有不确定性强、风险较高等特征。因此，金融深化通过为技术创新提供资金支持从而有效促进其发展。另一些研究从微观层面探讨金融深化对技术创新的影响，其研究结论表明，过度金融深化将导致金融资产回报率上升，资金从实体经济转移至虚拟经济，由产业资本转化为金融资本，最终导致创新水平下降。因此，金融深化对技术创新的影响具有不确定性。基础设施投入对创新的影响为负，表明基础设施较为完善的地区能够吸引大量人力资本、外商直接投资等，而这些均是提升创新水平刺激经济增长最基本的要素，换言之，完善基础设施能够提高创新水平。但是过度依赖基础设施投资将固化投资驱动的增长模式，该模式不利于资源优化配置，对研发投入具有挤出效应，不利于创新水平的提升。

（二）研发投入对创新的影响

表7－3揭示了研发费用投入对创新影响的实证分析，同样，为了使回归结果更为稳健，书中同时使用了固定效应模型与随机效应模型，并以新产品的销售收入和专利申请授权作为创新的衡量指标。具体而言，模型（1）中，自变量创新的衡量指标是新产品的销售收入，模型（2）中，自变量创新的衡量指标为专利申请授权，模型（3）以发明专利申请授权量作为创新的衡量指标，模型（4）以实用新型和外观设计专利的申请授权量作为创新的衡量指标。同样，为了避免异方差，本书以新产品的销售收入和专利申请授权量的对数计量模型自变量。由模型（1）可知，研发费用投入指标的系数为正，并且在1%的统计性水平上显著，这一结果具有稳健性，具体表现为无论固定效应模型还是随机效应模型，该结论均成立。其经济学含义为，研发费用投入能够显著提升新产品的销售收入，促进技术创新。模型（2）的回归结果同样表明，研发费用能够促进技术创新，主要表现为研发费用投入可以促进专利申请授权数量，并且该结论具有稳健性，无论是固定效应模型还是随机效应模型，研发费用投入指标的系数为正，并且在1%的统计性水平上显著。模型（3）的回归结果表明，研发费用投入能够显著提升发明专利申请授权数量，固定效应模型下，研发费用投入对发明专利申请授权数量的影响在1%的统计性水平上显著为正；随机效应模型下，研发费用投入对发明专利申请授权数量的影响同样在1%的统计性水平上显著为正。模型（4）的回归结果进一步表明，研发费用投入能够显著提升实用新型和外观设计申请授权数量，无论固定效应模型还是随机效应模型，研发费用投入对实用新型和外观设计申请授权数量的影响在1%的统计性水平上显著为正。

表7－3　研发费用投入对创新影响的实证分析

指标	RE				FE			
	模型（1）	模型（2）	模型（3）	模型（4）	模型（1）	模型（2）	模型（3）	模型（4）
inRD1	0.681 2***	0.697 5***	0.803 3***	0.680 6***	0.742 4***	0.768 1***	0.782 4***	0.770 5***
	(0.019 6)	(0.020 3)	(0.018 1)	(0.021 8)	(0.028 9)	(0.024 2)	(0.020 5)	(0.026 1)
openness	0.339	0.464 1*	0.382 9*	0.456 1*	0.594 3*	0.464 5*	0.209 2	0.489 1*
	(0.268 7)	(0.263 8)	(0.224 5)	(0.281 3)	(0.326 4)	(0.272 8)	(0.232 1)	(0.295 2)

续表

指标	RE				FE			
	模型（1）	模型（2）	模型（3）	模型（4）	模型（1）	模型（2）	模型（3）	模型（4）
market	2.164 8***	1.604 8***	0.245 1**	1.761 3***	2.248 3***	1.650 2***	0.200 5*	1.822 6***
	(0.174 5)	(0.151 9)	(0.125 1)	(0.165 6)	(0.175)	(0.146 3)	(0.124 4)	(0.158 2)
finance	-0.487 2***	0.022 9***	0.133 7***	-0.009 5	-0.076 1**	0.002 5	0.137 5***	-0.035 6
	(0.218 8)	(0.026 4)	(0.021 8)	(-0.028 8)	(0.030 7)	(0.025 7)	(0.021 8)	(0.027 8)
infra	-5.441 5***	-3.229 1	-1.798 1***	-3.453 2***	-3.950 4***	-1.728 7***	-2.444 9***	-1.510 5**
	(0.464 9)	(0.487 2)	(0.438 1)	(0.521 4)	(0.708 2)	(0.592 1)	(0.503 7)	(0.640 5)
常数项	5.164 8***	-2.292 5***	-5.646***	-2.173 2***	4.051 4***	-3.461 4***	-5.245 3***	-3.668***
	(0.249 5)	(0.293 3)	(0.273 3)	(0.311 2)	(0.452 2)	(0.378)	(0.321 6)	(0.408 9)

注：①括号内数值为回归系数的标准误。②***、**、*分别表示在1%、5%和10%的显著性水平上显著。③RE与FE分别代表随机效应模型与固定效应模型。

表7－4揭示了研发人员投入对创新影响的实证分析，与上述回归模型相同，为了使回归结果更为稳健，书中同时使用了固定效应模型与随机效应模型，并以新产品的销售收入和专利申请授权作为创新的衡量指标。具体而言，模型（1）中，自变量创新的衡量指标是新产品的销售收入，模型（2）中，自变量创新的衡量指标为专利申请授权，模型（3）以发明专利申请授权量作为创新的衡量指标，模型（4）以实用新型和外观设计专利的申请授权量作为创新的衡量指标。同样，为了避免异方差，本书以新产品的销售收入和专利申请授权量的对数计量模型自变量。由模型（1）可知，研发人员投入指标的系数为正，并且在1%的统计性水平上显著，这一结果具有稳健性，具体表现为，无论固定效应模型还是随机效应模型，该结论均成立。其经济学含义为，研发人员投入能够显著提升新产品的销售收入，促进技术创新。模型（2）的回归结果同样表明，研发人员投入能够促进技术创新，主要表现为研发人员投入可以促进专利申请授权数量，并且该结论具有稳健性，无论是固定效应模型还是随机效应模型，研发人员投入的系数为正，并且在1%的统计性水平上显著。模型（3）的回归结果表明，研发人员投入能够显著提升发明专利申请授权数量，固定效应模型下，研发人员投入对发明专利申请授权数量的影响在1%的统计性水平上显著为正；随机效应模型下，研发费用投入对发明专利申请授权数量的影响同样在1%的统计性水平上显著为正。模型（4）的回归结果进一步表明，研发人员投入能够显著提升实用新型和外观设计申请授权数量，无论固定效应模型还是随机效应模型，研发人员投入对实用新型和外观设计申请授权数量的影响在1%的统计性水平上显著为正。

表7-4　研发人员投入对创新影响的实证分析

指标	RE				FE			
	模型（1）	模型（2）	模型（3）	模型（4）	模型（1）	模型（2）	模型（3）	模型（4）
inRD2	1.035 9***	1.059 4***	1.025 8***	1.048 2***	0.878 6***	0.939 3***	0.935 1***	0.945 4***
	(0.034 3)	(0.027 2)	(0.027 5)	(0.028 4)	(0.033 4)	(0.025 4)	(0.022 5)	(0.027 7)
openness	0.706 7**	0.936 3***	0.630 8**	0.875 3***	0.433 9	0.287 9	0.036 9	0.310 8
	(0.294 8)	(0.233 7)	(0.259 1)	(0.244 4)	(0.322 1)	(0.245 1)	(0.217 3)	(0.267 3)
market	2.828 1***	2.065 7***	0.481 5**	2.152 3***	2.119 4***	1.469 1***	0.050 2	1.635 8***
	(0.182 8)	(0.144 9)	(0.144 1)	(0.151 5)	(0.173 9)	(0.132 3)	(0.43)	(0.144 3)
finance	0.012 4	0.114 7***	0.230 9***	0.077 4***	0.010 3	0.087 6***	0.227 3***	0.049 1**
	(0.032 3)	(0.025 6)	(0.024 9)	(0.026 8)	(0.029 5)	(0.022 5)	(0.019 9)	(0.024 5)
infra	-0.765 5	-2.509 2***	-0.804 5	-2.191***	-3.941 4***	-1.353 7***	-2.324 7***	-1.095 9*
	(0.574 9)	(0.455 9)	(0.537 6)	(0.476 6)	(0.696 5)	(0.530 1)	(0.470 1)	(0.578 1)
常数项	2.993 7***	-4.333 2***	-5.315 4***	-4.279 3***	5.569 5***	-2.211 3***	-3.742 5***	-2.447 7***
	(0.347 5)	(0.275 5)	(0.311 2)	(0.288 1)	(0.389 3)	(0.296 3)	(0.262 7)	(0.323 1)

注：①括号内数值为回归系数的标准误。②***、**、*分别表示在1%、5%和10%的显著性水平上显著。③RE与FE分别代表随机效应模型与固定效应模型。

（三）知识产权保护对研发投入的影响

上述实证部分分别考察了知识产权保护与研发投入对创新的影响，且结论表明，知识产权与研发投入均能显著提升创新水平，本部分进一步考察知识产权保护对研发投入创新效应的影响（见表7-5）。为了使回归结果更为稳健，书中同时使用了固定效应模型与随机效应模型，并以研发费用投入和研发人员投入作为研发投入的代理变量。具体而言，模型（1）中，自变量研发投入的衡量指标是研发费用投入，模型（2）中，自变量研发投入的衡量指标为研发人员投入。由模型（1）可知，知识产权保护指标的系数为正，并且在1%的统计性水平上显著，这一结果具有稳健性，具体表现为，无论固定效应模型还是随机效应模型，该结论均成立。其经济学含义为，知识产权保护能够显著提升研发费用投入，促进技术创新。模型（2）的回归结果表明，知识产权保护通过提升研发人员投入促进技术创新，具体表现为，固定效应模型下，研发人员投入指标的系数为正，并且在5%的统计水平上显著。随机效应模型下，研发人员投入指标的系数同样为正，并且在1%的统计性水平上显著。

表 7-5 知识产权保护对研发投入影响的实证分析

指标	FE		RE	
	模型（1）	模型（2）	模型（1）	模型（2）
IPP	0.856 8*** (0.244 2)	0.369 4** (0.155 1)	1.838 3*** (0.085 7)	0.646 7*** (0.069 6)
openness	0.001 5 (0.522 1)	0.276 1 (0.450 1)	0.783 7* (0.447 3)	0.575 1* (0.313 3)
market	1.333 2*** (0.285 5)	1.439 3*** (0.246 1)	1.471 6*** (0.295 1)	1.524*** (0.239 7)
finance	0.153 2** (0.061 5)	0.096 6* (0.053 1)	-0.015 8*** (0.052 1)	0.043 7 (0.042 3)
infra	-13.157 1*** (0.964 5)	-11.623 4*** (0.831 6)	-9.283 4*** (0.829 6)	-10.083 2*** (0.673 8)
常数项	12.228 4*** (0.700 5)	9.678 9*** (0.604 1)	9.013 7*** (0.237 6)	8.548*** (0.193)

注：①括号内数值为回归系数的标准误。②***、**、*分别表示在1%、5%和10%的显著性水平上显著。③RE 与 FE 分别代表随机效应模型与固定效应模型。

六、结论与政策建议

本书利用 2001~2016 年中国 30 个省区市数据并结合多种计量方法考察了知识产权保护、研发投入与创新之间的关系，其结论表明，研发投入能显著提升创新水平，无论创新是以新产品的销售收入为衡量标准还是以专利申请授权量为代理指标，该结论均成立。其经济学含义在于，创新的第二阶段（知识转化为实验创新的能力）与创新的第三阶段（科技成果转化为新产品的能力，即从实验室到生产车间过程），研发投入均具有显著的促进作用。知识产权保护通过促进研发投入提升技术创新水平，表明尽管知识产权保护对研发投入具有不利影响，自主研发创新不但面临国内技术瓶颈，而且受制于国外专利的制约，在强化知识产权保护的情景下，只有进一步提高国内专利技术水平，使其与国外专利技术形成较大差异，国内企业才能具有专利的合法性，否则，国内专利技术与国外专利技术处于同一专利宽度范围内，即使国内专利有一定程度上的超越，仍然无法获得专利授权，甚至在司法领域遭遇侵权诉讼。但是，知识产权保护对研发投入的有利影响居于主导地位，如加强知识产权保护有利于减少研发投入的外部性，降低企业被侵权所带来的风险，同时，提高研发的投资回报率，鼓励更多企业进行研发投入。知识产权保护的加强有利于提高信息的对称性，从而激发创新技术交易市场的巨大潜力，最终促进研发投资。

第八章

知识产权保护对出口技术复杂度的影响

随着经济一体化水平的提高，世界各国经贸合作日益频繁，贸易作为经济发展的重要驱动力被各国重视，根据世界银行的统计数据，2017 年，世界各国商品贸易总额为 357 540 亿美元，其中，出口额为 177 300 亿美元，进口额为 180 240亿美元，同期，世界各国 GDP 总额为 806 838 亿美元，世界商品贸易总额占世界 GDP 总额的比例高达 44.31%。中国作为“世界工厂”，对外贸易依赖度同样位于较高水平，2017 年，中国商品贸易出口总额为 22 633 亿美元，进口总额为 18 419 亿美元，对外贸易总额为 41 052 亿美元，同期，GDP 总额为 122 377亿美元，中国对外贸易总额占 GDP 的比例为 33.54%。在贸易规模扩大的同时，贸易质量同样存在较大变化。众多经济学者将出口技术复杂度作为贸易质量的衡量指标，其中，以豪斯曼（Hausmann，2007）为代表，他认为一国（地区）的国际竞争力的衡量应该同时考察贸易规模和技术含量。因此，本书认为，出口技术复杂度是一国（地区）出口产品技术水平的关键指标，可以通过出口技术复杂度对比分析各国（地区）的技术创新水平。

进入 21 世纪，世界各国普遍认为，制度是创新的环境保障，是提升对外竞争力的关键驱动因素，而知识产权保护作为一国（地区）制度质量重要的衡量指标，越发受到各国（地区）的重视。发展中国家（地区）需要通过知识产权保护促进自主研发提升出口竞争力，同时，通过引进 FDI，扩大对外贸易以及专利许可等渠道加强外部知识积累，提升出口技术复杂度。本书将知识产权保护与出口技术复杂度纳入同一分析框架，考察知识产权保护对出口技术复杂度的影响。

一、文献综述

（一）出口技术复杂度衡量的相关文献

关于出口技术复杂度衡量的相关文献主要包括以下三类。

（1）企业层面出口技术复杂度。李俊青通过匹配中国工业企业数据库与海关数据库，考察了中国企业出口技术复杂度，该文将加工贸易剔除，仅采用一般贸易出口额考察企业的出口技术复杂度。具体计算公式如下：

$$Prody_k = \sum_j \frac{y_{ik}/Y_j}{\sum_j y_{jk}/Y_j} \cdot gdp_j \quad (8-1)$$

其中，k 表示海关6 位代码，y_{jk}表示 j 地区 k 产品一般贸易出口额，Y_j代表 j 地区一般贸易的总出口额。gdp_j表示 j 地区人均国民生产总值。进一步计算企业出口技术复杂度可得：

$$ESIi_i = \sum_k \frac{y_{ik}}{y_i} \cdot Prody_k \quad (8-2)$$

其中，$ESIi_i$表示企业的出口技术复杂度。y_{ik}表示 i 企业 k 产品的出口额，y_i表示 i 企业的出口额。为了进一步剔除中间产品对出口技术复杂度的影响，文章进一步从行业层面、企业层面以及显性比较优势三个角度修正出口技术复杂度。毛其淋和方森辉运用相同的方法计算了中国制造业企业出口技术复杂度。

（2）省区市层面出口技术复杂度。陈晓华运用 2002 ~ 2014 年省际 HS 码贸易数据考察了各省市出口技术复杂度，其具体计算方法如下：

$$Prody_k = \sum_j \frac{y_{ik}/Y_j}{\sum_j y_{jk}/Y_j} \cdot gdp_j \quad (8-3)$$

其中，$Prody_k$表示 k 产品的出口技术复杂度，对比上述企业出口技术复杂度可知，其计量方法没有发生变化。继而计算省市出口技术复杂度公式如下：$ETC_i = \sum_k \frac{y_{ik}}{y_i} \cdot Prody_k$，其中，$y_{ik}$表示 i 地区 k 产品的出口额，$y_i$表示 i 地区的出口额。王正新在李晓华的基础上将加工贸易纳入考察范围，其计算公式如下：

$$ETSI_i = \sum_c \frac{(1-\theta_{ic})\, x_{ic} / \sum_{m=1}^{\infty} (1-\theta_{mc})\, x_{mc}}{\sum_{c=1}^{n} (1-\theta_{ic})\, x_{ic} / \sum_{m=1}^{\infty} (1-\theta_{mc})\, x_{mc}} \cdot Y_c \quad (8-4)$$

其中，x_{ic}表示 c 省份 i 产品的出口额，θ_{ic}为 c 省份 i 产品加工贸易进口额占出口额的比重，$ETSI_i$表示 i 产品的出口技术复杂度。进一步计算地区出口技术复杂度得到如下公式：

$$ETS_c = \sum_{i=1}^{k} \frac{(1-\theta_i)\, x_{ic}}{\sum_{i=1}^{k}(1-\theta_i)\, x_{ic}} \cdot ETSI_i \tag{8-5}$$

其中，ETS_c表示 c 地区的出口技术复杂度，$1-\theta_i$表示剔除加工贸易后 i 产品的出口份额。

(3) 基于增加值视角的出口技术复杂度。马盈盈认为，国际分工的深化与细化导致传统计量出口技术复杂度的方法缺乏科学性，因此，需要借鉴库普曼和王等（Koopman & Wang et al.）的方法，使用增加值构建两个出口技术复杂度指数，即 EXPY_ B 和 EXPY_ F。前者表示基于前向联系计算所得的出口技术复杂度，反映国内制造业技术水平。后者表示后向联系计算所得的出口技术复杂度，反映出口制造业产品技术水平。计算公式如下：

$$EXPY\_F = \sum_{i}^{I} \left(\frac{vai\_f_i^r}{\sum_{i}^{I} vai\_f_t^r} RTV\_VA_i \right) \tag{8-6}$$

$$EXPY\_B = \sum_{i}^{N} \left(\frac{va_i^r}{\sum_{i}^{N} va_i^r} RTV\_VA_i \right) \tag{8-7}$$

其中，$vai\_f_i^r = \sum_{s}^{G} \sum_{j}^{N} v_i^r b_{ij}^{rs} e_j^s$，代表地区 r 制造业 i 基于前向联系增加值的出口额；$\sum_{i}^{I} vai_f_i^r$表示 r 地区所有制造业行业增加值的出口总额；$va_i^r = \sum_{s}^{G} \sum_{j\in I} v_i^s b_{ij}^{sr} e_j^s$ 表示 r 地区制造业出口额中 i 部的增加值产值；$\sum_{i}^{N} va_i^r$ 表示 r 地区制造业出口额。

（二）出口技术复杂度影响因素的相关文献

关于出口技术复杂度影响因素的相关文献主要包括以下八个方面。

(1) 金融发展。刘威将金融发展分为金融效率与金融规模，前者以股票市场市值总交易额/GDP 衡量，后者以股票市场市值/GDP 衡量，并结合中国 26 个制造业行业出口技术复杂度考察金融发展对中国制造业出口技术复杂度的影响，其结论表明，总体上，金融发展通过 FDI 技术溢出、人力资本积累以及技术研发效率促进中国制造业出口技术复杂度水平提升，但是前两种渠道具有长期效应与短期效应，第三种渠道仅有长期效应。第二，金融规模对中国出口技术复杂度的影响大于金融效率。第三，相对于资本以及技术密集型行业，金融发展对劳动密集型行业出口技术复杂度影响更大。孙玉琴同样将金融发展划分为两类，即金融规模与金融结构，并以商业银行私人信贷与股票交易量衡量金融规模，以股票市值/银行私人信贷衡量金融效率，同时，基于国内增加值视角测度出口技术复杂度，考察金融发展对出口技术复杂度的影响。其结论同样证明了金融发展能够促进出口技术复杂度。

（2）进口贸易自由化。盛斌以最终品的关税税率对贸易自由化进行衡量，考察了贸易自由化对出口技术复杂度的影响，其中，贸易自由化的计算公式如下：

$$\tau_{jt}^{o} = \sum_{k \in Ind_j} num_{kt} \cdot importtariff_{kt} / \sum_{k \in Ind_j} num_{kt} \quad (8-8)$$

其中，j 表示行业，t 表示年份，k 代表海关 6 分位产品代码，Ind_j代表 j 行业的产品集合，num_{kt}代表海关 6 位产品代码 t 年 k 产品的税目数量，$importtariff_{kt}$代表海关 6 位产品代码 t 年 k 产品的进口关税税率。其结论表明，贸易自由化能够显著提高中国制造业企业的出口技术复杂度，进口贸易自由化主要通过资源配置影响出口技术复杂度。

（3）人口老龄化。高越考察了人口老龄化对出口技术复杂度的影响，理论上，人口老龄化对出口技术复杂度同时存在积极和消极两方面影响，实证结果表明，人口老龄化对出口技术复杂度的影响呈现先升后降的倒 U 型特征。对于不同类型制造业行业出口技术复杂度，老龄化的影响存在差异，如果一个制造业行业“顺年龄认知能力”密度较高，那么老龄化将促进该行业的出口技术复杂度。相反，如果一个制造业行业“逆年龄认知能力”密度较高，那么老龄化将抑制该行业的出口技术复杂度。

（4）劳动力市场灵活性。张先锋运用 2000 ~2010 年中国 22 个制造业行业细分数据，考察了劳动力市场灵活性对出口技术复杂度的影响。其结论表明，总体而言，提高劳动力市场灵活性有助于提高中国出口技术复杂度，具体而言，劳动力市场灵活性的提高有助于通过用工成本以及技术溢出效应提升我国制造业出口技术复杂度。但是其通过人力资本效应提高出口技术复杂度的效应不显著。另外，劳动力市场灵活性的提升可以通过资源配置效应降低产出的波动幅度从而提高制造业出口技术复杂度。

（5）贸易壁垒。杨连星运用 1995 ~2010 年 CEPII BACI 数据库 HS-6 码数据考察了反倾销对中国制造业出口技术复杂度的影响，其结论表明，总体而言，反倾销不利于我国制造业出口技术复杂度的提升，并且对技术密集型制造业出口技术复杂度的抑制作用最为突出。

（6）制造业出口服务化。王思语基于 WIOD 数据库测算了 2000～2014 年各国制造业行业的出口服务化含量，并以此为基础，实证分析了制造业出口服务化对出口技术复杂度的影响，其结果表明，制造业出口服务化能够显著提升制造业出口技术复杂度，且其结论存在稳健性，无论本国还是外国，制造业服务化水平的提升均能促进出口技术复杂度。另外，邮电、通信、金融等生产性服务行业对出口技术复杂度的影响尤为明显。

（7）余娟娟利用中国工业企业数据库以及中国海关统计数据库，并结合倍差法和倾向得分匹配法，考察了政府补贴对企业出口技术复杂度的影响，其结论表明，政府补贴不利于企业出口技术复杂度水平的提升，相对于中高技术企业，低技术企业补贴对其出口技术复杂度的抑制更为显著。

（8）唐诗和包群利用 2000～2007 年中国工业企业数据库，并结合 Heckman 两阶段方法，考察了高新技术产业开发区对出口技术复杂的影响，其结论表明，高新技术产业开发区能够显著提升出口技术复杂度，具体而言，高新技术产业开发区抑制出口规模，提升高技术产品出口概率。

如上所述，关于出口技术复杂度的研究成果较为丰硕，为后续研究奠定基础，但以下研究仍有待加强：一是关于出口技术复杂度的衡量有待进一步廓清；二是已有文献鲜有提及知识产权保护对出口技术复杂度的影响，本书认为这一问题需要进一步明确。三是鲜有从空间相关性的视角考察出口技术复杂度，本书运用多种空间计量方法进行分析。

二、计量模型、指标构建与数据来源

（一）模型的设定

考虑到知识产权保护及创新存在空间相关性，即一国（地区）的知识产权保护或创新行为会直接或间接影响另一国（地区）的知识产权保护或创新行为，正如我们在分析时间序列模型时，通常会考虑到 t 时刻的反应变量会受到过去时刻该变量的影响。因此，我们认为，一国（地区）的知识产权保护与创新的观察值可能与其周边地区观测值存在如下的关系式：

$$y = \lambda Wy + \varepsilon \tag{8-9}$$

进一步考察中国 30 个省区市知识产权保护与创新空间相关性的根源，首先，由于中国各省份地理位置的接近从而导致其行为存在相似性，这一现象符合地理学第一定律。其次，各省份之间存在相互竞争和相互合作。由于邻近省份通常位于同一市场中，因此，当某一地区政府或企业实施一些经济政策或经济行为时，相邻省份会对这些行为进行反应，或者与之合作共同进步，或者与之竞争抢夺市场，无论上述任何一种行为均导致地区间经济行为的互动性。再次，地区之间存在着模仿行为，如某一地区实施知识产权保护政策或创新相关行为获取成功时，邻近地区会及时获得相关信息从而模仿这些知识产权保护以或创新行为。除此之外，地区之间知识产权保护与创新行为存在溢出效应，溢出效应是指一些地区在进行经济活动的过程中会造成外部性从而对未参与该项经济活动的个体产生影响。例如，某一地区在实施知识产权保护提升该地区居民知识产权保护意识的同时会通过人员流动等途径提高其邻近地区居民知识产权保护意识，客观上造成某一地区知识产权保护的上升带动周边知识产权保护上升的局面。最后，测量误差进一步导致经济行为的空间相关性。中国市场经济经历 40 年的发展已逐步趋于完善，市场分割现象基本消失，按照行政边界划分的各省市地区其经济边界日益模糊，因此，在测量某一经济变量时，难以准确区分其地区差异，因此，会出现数据测量误差，即某一数据为不同区域共享，进而导致空间相关性。

空间权重模型包含以下三类：第一，空间自回归模型。空间自回归模型（SAR）可以表示如下：$y=\lambda Wy+\zeta$，其中，W 为空间权重矩阵，它通常是已知的，正如下文所介绍的几种常用的空间权重矩阵，而空间的依赖性由参数 λ 进行度量。由于参数 λ 刻画空间滞后 Wy 对 y 的影响，所以该参数被称为“空间自回归系数”。由于上述空间自回归模型形式与时间滞后模型十分相似，所以该模型又被称为“空间滞后模型”（SLM）。上述模型表明，某一地区自变量可能依赖于其相邻地区自变量，并最终形成一个均衡结果。比如，本书所考察的出口技术复杂度水平由创新水平所决定，地区之间由于溢出效应、学习效应等渠道，其创新水平互相影响，形成空间依赖。更为一般的空间自回归模型可以表达为：$y=\lambda Wy+X\beta+\zeta$，其中，X 表示相关解释变量，这些变量共同构成一个 $n\cdot k$ 的矩阵，k 为解释变量的个数，β 为相应的系数矩阵。空间自回归系数 λ 刻画空间滞后 Wy 对 y 的影响，如果该系数取值为 0，则该模型简化为一般的线性回归模型。第二，空间杜宾模型。对于空间效应而言，存在另一形式，即某一地区自变量 y 受到其邻近地区解释变量 X 的影响，具体表达式如下：$y=X\beta+WX\delta+\zeta$，其中，$WX\delta$ 表示邻近地区自变量对该地区被解释变量的影响，如本书某一地区出口技术复杂度不仅受制于本地区知识产权保护的影响，同时受邻近地区知识产权保护的影响，如果邻近地区盗版泛滥必将影响本地区创新能力，从而不利于本地区出口技术复杂度水平的上升。此模型被称为“空间杜宾模型”（SDM）。与空间自回归模型相似，如果参数 δ 为 0，即某一地区自变量 y 不受其邻近地区解释变量 X 的影响，则该模型简化为一般线性回归模型。通常将空间杜宾模型与空间自回归模型结合得到如下空间计量模型：$y=\lambda Wy+X\beta+WX\delta+\zeta$，即某一地区被解释变量 y 既依赖于其相邻地区自变量，又同时受制于其邻近地区自变量的影响。此模型被称为扩展的空间杜宾模型。第三，空间误差模型。如果某些变量不在解释变量范围之内，但是该变量对被解释变量存在影响，而这些遗漏变量存在空间相关性，则会造成区域间的空间依赖，我们称此类模型为“空间误差模型”（SEM），其具体表达式如下：$y=X\beta+u$，$u=\theta Mu+\zeta$，$\zeta\sim N(0,\ \sigma^2 I_n)$，其中，M 表示空间权重矩阵，模型表明扰动项 u 存在空间依赖性。如果参数 θ 为 0，则空间误差模型简化为一般线性回归模型。

针对每种空间权重模型，其空间权重矩阵通常有三种类型，第一种类型是邻接权重矩阵，是国内空间计量模型中运用最为广泛的，它假定只要观测样本在空间上存在共同边界，二者就会相互作用，产生影响。将有共同边界的样本用 1 表示，否则设定为 0。其具体形式如下：

$$W_{ij}=\begin{cases}1 & \text{当空间单元 i 空间单元 j 存在共同边界时}\\ 0 & \text{当空间单元 i 与空间单元 j 不存在共同边界时}\end{cases} \tag{8-10}$$

其中，i 和 j 分别代表空间单元的编号，$i,\ j\in[1,\ n]$，n 为空间的单元个数。

第二种类型是反距离权重矩阵，该矩阵假定空间效应的强弱取决于样本之间的距离，一般而言，空间单元之间距离越大，单元之间的影响越不明显，空间效应越弱。空间反距离权重矩阵的表达式如下：

$$W_{ij}=\begin{cases}\dfrac{1}{d_{ij}} & \text{当空间单元 i 空间单元 j 存在共同边界时}\\ 0 & \text{当空间单元 i 与空间单元 j 不存在共同边界时}\end{cases} \tag{8-11}$$

其中，i 和 j 同样代表空间单元的编号，$i,\ j\in[1,\ n]$，n 为空间的单元个数。d_{ij} 代表空间单元 i 与空间单元 j 之间的距离，以 $1/d_{ij}$ 作为空间权重的指标表示空间距离越大，空间效应越弱。

第三种类型是经济权重矩阵，邻接权重矩阵与反距离权重矩阵均以地理位置为视角，假定距离是影响区域空间效应的重要因素，但是与此同时，我们应该注意到，距离并非影响空间效应的唯一因素，因此，本书以经济视角考察区域间空间效应即经济权重矩阵。正如区域经济学中所述，影响空间效应的因素包括经济发展水平、社会习俗、社会文化因素。经济权重矩阵的表达式如下：

$$W_{ij} = \begin{cases} \dfrac{1}{|\bar{X}_i - \bar{X}_j|} & \text{当空间单元 i 空间单元 j 不同时} \\ 0 & \text{当空间单元 i 与空间单元 j 相同时} \end{cases} \tag{8-12}$$

其中，X 表示常用的经济变量如人力资本量、人均 GDP 以及外商投资量，之所以选取这些经济变量是因为这些变量是引起空间效应的主要原因。分析上式可知，i 地区经济变量 X_i 与 j 地区经济变量 X_j 越接近，则二者的差异越小既 $X_i - X_j$，那么其空间效应即 $1/|X_i - X_j|$ 越大。这意味着经济空间权重矩阵与反距离权重矩阵思维相似。这样的假定存在一定的合理性，因为发展阶段相似的经济更容易发生经贸关系，相互之间产生影响。但是根据比较优势理论，经济禀赋决定贸易方式，发展阶段不同的经济体由于其资源禀赋存在差异，更容易产生贸易。所以，针对经济权重矩阵的使用应该更为慎重。尽管如此，国内学者使用经济权重矩阵的频率远远高于国外，因此本书将这一指标纳入考察范围。

本书同时考察空间自回归模型、空间杜宾模型及空间误差模型，并使用三种空间权重矩阵分析知识产权保护对出口技术复杂度的影响。

（二）数据的选取

（1）出口技术复杂度。本书对中国制造业产品出口技术复杂度的测算借鉴豪斯曼德（Hausmand）等方法，其基本思想源于以下两方面理论基础：一是比较优势理论，该理论认为，在开放条件下一国（地区）出口的产品种类取决于生产的比较成本，高工资水平国家（地区）倾向于出口高技术复杂度产品，低工资水平国家（地区）倾向于出口低技术复杂度产品；二是出口产品的技术复杂度与经济发展水平相关，样本国家（地区）的加权平均收入越高则产品技术复杂度越高。首先，分别计算制造业产品的出口技术复杂度。其公式如下：

$$TSI_i = \sum_j \frac{\frac{x_{ji}}{X_j}}{\sum_j \frac{x_{ji}}{X_j}} Y_j \tag{8-13}$$

然后，计算国家（地区）j 制造业产品的出口技术复杂度，其公式如下：

$$ES_j = \sum_i \frac{x_{ji}}{X_j} TSI_i \tag{8-14}$$

其中，TSI_i 表示第 i 类制造业产品的技术复杂度指数，x_{ji} 表示 j 国家（地区）对 i 类制造业产品的出口额，X_j 表示 j 国家（地区）制造业产品的出口总额，Y_j 表示

j 国家（地区）的人均收入水平，ES_j表示 j 国家（地区）制造业产品的出口技术复杂度指数。

（2）知识产权保护指数。由于现阶段我国司法体系尚处于完善时期，立法进程与执法进程不能完全同步，所以知识产权保护强度应该由知识产权保护立法强度与知识产权保护执法强度共同决定。据此，本书借鉴韩玉雄与李祖怀对知识产权保护的测度方法，构造扩展的知识产权保护 G－P 指数，公式如下：

$$IPR(t) = L(t) \cdot E(t) \tag{8-15}$$

具体指标见表 8－1，其中，IPR（t）表示一国（地区）在 t 时刻的知识产权保护强度，L（t）表示一国（地区）在 t 时刻知识产权保护立法强度，E（t）表示一国（地区）在 t 时刻的知识产权保护执法力度。立法强度 L（t）采用 G－P 指标的方法测定。知识产权保护立法强度由保护的覆盖范围、是否为国际条约成员、权利丧失的保护、执法措施以及保护期限等 5 个一级指标和其下辖的 17 个二级指标组成，分别考察一级指标与二级指标的满足条件并据此计算一国（地区）立法综合得分。E（t）由司法保护水平、行政保护与管理水平、经济发展水平、社会公众意识及国际监督制衡共同决定。其中，司法保护水平用一国（地区）律师占总人口比重来衡量。当该比重超过 5‱，司法保护分值为 1；当该比重不足 5‱，以该比重除以 5‱所得数值作为司法保护计量分值。行政保护及管理水平用立法时间来衡量，即实际立法时间（1954）除以 100，当所得数值大于 1 时，行政保护及管理水平分值为 1，否则其分值为所得数值。经济发展水平用人均 GDP 衡量，当人均 GDP 超过 2 000 美元时，令经济发展水平分值为 1，否则，其分值为实际人均 GDP 除以 2 000。社会公众意识用成人识字率测度，当成人识字率超过 95% 时，令社会公众意识分值为 1，否则，其分值为实际成人识字率除以 95%。国际监督制衡用是否为 WTO 成员来衡量，当一国（地区）是 WTO 成员，国际监督制衡分值为 1，否则，其分值为 0。

（3）研发投入。研发投入 S_{jt}的计算采用永续盘存法，即 $S_{jt} = (1-\sigma) S_{jt-1} + RD_{jt}$，其中，各省基年的研发存量采用格瑞里茨（Griliches）的计算方法，即 $S_{j2\,001} = RD_{j2\,001}/(g+\sigma)$，其中，g 表示 2004～2016 年 30 个省区市每年研发支出的平均增长率，g 表示研发资本的折旧率，其数值本书采用科和赫尔普曼（Coe & Helpman）实证回归所得并已被学术界普遍接受的 5%。

（4）市场化进程。市场化程度主要通过三个方面对技术创新产生影响。第一，市场化程度提升会减少企业的寻租行为从而优化资源配置，最终促进创新水平，提高出口技术复杂度。第二，随着非国有企业经济市场份额的增加，市场竞争趋于加剧，无论国有企业还是非国有企业均须通过学习，模仿、吸收外部先进技术提升创新能力，从而达到加强市场竞争力、在市场中保持领先地位的目的。第三，市场化程度上升能够使市场信息的传递更具准确性、及时性。有效的市场信息传递机制促使企业能够对资源进行优化配置，有利于提高企业的创新效率从而提升出口技术复杂度。本书参照张云的研究，用规模以上国有工业销售产值占全部工业销售产值的比例衡量市场化程度。

（5）金融发展。金融深化可通过微观途径和宏观途径影响技术创新从而影响出口技术复杂度，具体而言，宏观金融深化拓宽了企业的融资渠道，降低了企业融资成本，缓解了企业融资压力。另外，企业创新需要大量研发成本投入，且该投入具有不确定性强、风险较高等特征。因此，金融深化通过为技术创新提供资金支持从而有效促进其发展。另一些研究从微观层面探讨金融深化对技术创新的影响，其研究结论表明，过度金融深化将导致金融资产回报率上升，资金从实体经济转移至虚拟经济，由产业资本转化为金融资本，最终导致创新水平下降。因此，金融深化对技术创新及出口技术复杂度的影响具有不确定性。本书参照方显仓的研究，以各地区金融机构存贷款总额与 GDP 的比值作为金融深化指标。

（6）基础设施投资。大量研究表明，基础设施较为完善的地区能够吸引大量人力资本、外商直接投资等，而这些均是提升创新水平刺激经济增长最基本的要素，换言之，完善基础设施能够促进创新水平，提升出口技术复杂度。但是，一些持相反观点的研究表明，过度依赖基础设施投资将固化投资驱动的增长模式，该模式不利于资源优化配置，对研发投入具有挤出效应，不利于创新水平的提升从而抑制出口技术复杂度，贾俊雪考察了 1986 ~ 2006 年我国地级市公共基础投资与全要素生产率之间的关系，其结果表明二者呈现倒 U 型特征。因此，基础设施投资与创新水平之间存在显著不确定性，并非简单的线性关系。本书参考孙早的研究，以电力、燃气、水的生产及供应行业和交通运输、邮电以及仓储行业社会固定资产投资作为基础社会投资，并将其与 GDP 的比值作为基础投资的代理变量。

（7）对外开放度。外贸通过最终产品的进口与中间产品的进口两方面对出口技术复杂度的产生影响。首先，进口最终产品通过“逃避竞争效应”与“熊彼特效应”影响创新。由于竞争加剧会引致企业利润率下降，企业必须通过创新战胜竞争对手，从而保持较高的垄断收益水平，我们通常将其称为“逃避竞争效应”，在该效应的作用下，对外开放扩大，引致竞争加剧，有利于创新水平的提高从而提升出口技术复杂度。而“熊彼特效应”是指随着竞争产品的增加，国内竞争程度进一步加剧，促使是企业利润率下降，降低企业研发投入，从而不利于创新水平的上升从抑制出口技术复杂度。因此，最终产品的进口对出口技术复杂度的影响具有不确定性。其次，进口中间产品对出口技术复杂度的提升同样存在不确定性。一方面，内化于中间产品的国外先进技术能够产生技术效应，提升进口国的技术水平，促进其创新从而提升出口技术复杂度。另一方面，进口促使国内减少产品生产种类，使其基础研究下降，最终不利于创新水平的提升从而抑制出口技术复杂度。因此，对外开放对出口技术复杂度的影响存在不确定性。本书依据刑孝兵的研究，采用进出口总额与 GDP 的比值作为贸易开放度的代理变量。表 8 - 1 揭示了 2004 ~ 2016 年相关自变量出口技术复杂度与因变量知识产权保护、研发投入、市场化程度、金融发展、基础设施投资以及对外开放度的统计性描述分析。

表 8 - 1　　统计性描述分析

变量	样本数量	均值水平	标准差值	最小数值	最大数值
出口技术复杂度	390	1.04E+01	4.83E-01	9.186 4	1.10E+01
知识产权保护指数	390	3.447 6	0.567	1.991 7	4.62
研发投入	390	15.304 7	1.578 5	10.771 8	1.85E+01
市场化进程	390	0.601 2	0.191 2	0.161 1	0.903 4
金融发展	390	2.763 9	1.084 6	1.288 1	8.131
基础设施投资	390	0.109 7	0.058 7	0.027	0.401 5
对外开放度	390	0.065 8	0.130 2	0.003 6	1.113 7

由表 8 - 1 中数据可知，390 个样本存在较大差异，其中，出口技术复杂度对数的均值为 10.4，最小值为 9.186 4，最大值为 11，表明中国各省市创新存在较大差异。知识产权保护指数最大值为 4.62，最小值为 1.991 7，表明中国各地区知识产权保护程度具有较大差异。其他控制变量也存在较大差异，如研发投入最小值仅为 10.771 8，最大值为 18.5。市场化进程最大值为 0.903 4，最小值为 0.161 1，前者是后者的 5.6 倍。金融发展指标的最大值是最小值的 6.31 倍，前者为 8.131，后者为 1.288 1。基础设施投资与对外开放度差异更为明显，其中，基础设施指标的最大值是最小值的 14.87 倍，对外开放度指标的最大值是最小值的 309.36 倍。

三、实证分析

表 8 - 2 揭示了基于不同计量方法知识产权保护对出口技术复杂度影响的实

证回归结果，表中前两列数据揭示了基于混合最小二乘法（ols）知识产权保护对出口技术复杂度的影响，其中，第一列数据表明，在没有控制变量时，知识产权保护能够显著促进出口技术复杂度的提升，第二列数据表明，在控制了研发投入、市场化指数、金融发展、基础设施以及对外开放度等变量时，知识产权保护仍能够显著提升出口技术复杂度水平。第三列与第四列运用了随机效应面板模型考察基于随机效应面板模型（re）知识产权保护对出口技术复杂度的影响，表中数据表明，无论是否控制相关变量，知识产权保护均能显著提升出口技术复杂度。表中最后两列揭示了基于固定效应面板模型（fe）知识产权保护对出口技术复杂度的影响，与随机效应面板模型与混合最小二乘法相似，运用该模型同样表明，知识产权保护能够促进出口技术复杂度水平的提升。针对其他控制变量本书发现，基于混合最小二乘法，研发投入、市场化指数、基础设施等变量均在1%的统计水平上显著提升出口技术复杂度，金融发展对出口技术复杂度的影响在1%的统计水平上显著为负，对外开放度对出口技术复杂度的影响为负但是不显著。基于面板随机效应分析，研发投入及市场化指数均能在1%显著水平上提升出口技术复杂度，金融发展在10%的显著水平上抑制出口技术复杂度。基础设施对出口技术复杂度的影响为负但是不显著。对外开放对出口技术复杂度影响在1%的统计水平上显著为负。基于面板固定效应，研发投入及市场化指数均能在1%显著水平上提升出口技术复杂度，金融发展在10%的显著水平上抑制出口技术复杂度。基础设施对出口技术复杂度的影响为正但是不显著。对外开放对出口技术复杂度影响在1%的统计水平上显著为负。

表8－2　　　　基本回归结果

指标	OLS		RE		FE	
	模型（1）	模型（2）	模型（1）	模型（2）	模型（1）	模型（2）
知识产权保护	0.791 7*** (0.016)	0.693 9*** (0.021)	0.849 7*** (0.013 6)	0.308*** (0.026 9)	0.868 9*** (0.013 1)	0.275 3*** (0.026 3)
研发投入		0.077 1*** (0.008 3)		0.296 1*** (0.016 5)		0.315 1*** (0.016 2)
市场化指数		0.222 5*** (0.051 6)		0.563 3*** (0.083 9)		0.595 6*** (0.085 4)
金融发展		0.052 2*** (0.009)		0.020 2* (0.012 2)		0.022 5* (0.012 4)
基础设施		－1.605 7*** (0.162 6)		－0.252 7 (0.167 3)		0.130 7 (0.167)

续表

指标	OLS		RE		FE	
	模型（1）	模型（2）	模型（1）	模型（2）	模型（1）	模型（2）
对外开放度		-0.038 (0.070 4)		-0.139 5*** (0.045 2)		-0.149 1*** (0.045 5)
常数项	7.625 1*** (0.056 1)	6.687*** (0.099)	7.425 2*** (0.049 6)	4.346 2*** (0.173 8)	7.358 8*** (0.045 7)	4.157 5*** (0.157 3)
回归方法	ols	ols	re	re	fe	fe
样本数量	390	390	390	390	390	390

注：①括号内数值为回归系数的标准误。②***、**、*分别表示在1%、5%和10%的显著性水平上显著。

由于出口技术复杂度与知识产权保护可能存在内生性，即政府深知法治水平较为健全、知识产权保护水平较高的地区，能够吸引大量高科技企业入驻，促使这些地区初始出口技术复杂度较高，因此，地方政府会注重法制建设，从而发展经济。另外，这些高科技企业知识产权意识较强，自身遵纪守法，有效提高当地知识产权保护水平。由于知识产权保护与出口技术复杂度之间的双向因果关系知识内生性的问题。解决这一问题通常使用工具变量法，即找到某一工具变量使之与自变量高度相关，但是不受因变量的影响。本书参照豪斯曼和泰勒（Hausman & Taylor，1981）对工具变量的处理方法，将知识产权保护作为内生变量，并以知识产权保护与GDP的滞后项为工具变量。回归结果如表8－3中前两列数据所示，其中，第一列数据表明，加强知识产权保护能够显著提升我国出口技术复杂度水平，第二列数据进一步表明，当加入其他控制变量，知识产权保护对出口技术复杂度的影响没有发生变化，仍然在1%的显著水平上表现为正。由于某一地区出口技术复杂度水平的高低受其综合实力影响，如人力资本、物质资本，具有较强的惯性，即前一期的出口技术复杂度水平会影响本期出口技术复杂度水平，因此，本书将滞后一期出口技术复杂度指标加入回归方程，运用动态面板模型进行实证分析，考虑到GMM方法能够解决动态面板模型中的内生性问题，而GMM方法包括一阶差分GMM与系统GMM，相对于一阶GMM方法，系统GMM方法能够提供更多的样本信息，所以本书最终选取系统GMM方法，其回归结果如表8－3后两列数据所示，由表中数据可知，正如理论分析结论，出口技术复杂度受前期数值的影响显著，在动态模型中，知识产权保护仍然能够显著影响出口技术复杂度，其影响为正。针对其他控制变量，基于两阶段工具变量法的实证结果表明，研发投入、市场化指数、基础设施等变量均在1%的统计水平上显著提升出口技术复杂度，金融发展对出口技术复杂度的影响在1%的统计水平上显著为负，对外开放度对出口技术复杂度的影响为负但是不显著。基于GMM的实证分析表明，研发投入、市场化指数等变量均在1%的统计水平上显著提升出口技术复杂度，金融发展对出口技术复杂度的影响在1%的统计水平上显著为负，基础设施对出口技术复杂度的影响为正但是不显著。对外开放度对出口技术复杂度的影响为负但是不显著。

表8-3　　两阶段工具变量法与系统GMM方法回归结果

指标	IV		系统GMM	
	模型（1）	模型（2）	模型（1）	模型（2）
出口技术复杂度滞后项			0.816 4*** (0.013 6)	0.783 8*** (0.024 9)
知识产权保护	0.754 9*** (0.023 4)	0.650 8*** (0.026 5)	0.190 5*** (0.013 5)	0.087 8*** (0.012 6)
研发投入		0.079*** (0.008 8)		0.070 2*** (0.014 3)
市场化指数		0.261 8*** (0.052 4)		0.183 8*** (0.074 5)
金融发展		-0.044 1*** (0.009 6)		-0.086 1*** (0.011 1)
基础设施		1.611 7*** (0.172 5)		0.063 8 (0.112 9)
对外开放度		-0.049 7 (0.039 2)		-0.014 7 (0.023 1)
常数项	7.771 5*** (0.082 8)	6.700 6*** (0.110 4)	1.622 7*** (0.096 6)	1.248 8*** (0.107 3)
回归方法	IV	IV	系统GMM	系统GMM
样本数量	330	330	360	360

注：①括号内数值为回归系数的标准误。②***、**、*分别表示在1%、5%和10%的显著性水平上显著。

表8-4揭示了基于反距离权重矩阵加权计算的2004~2016年出口技术复杂度与知识产权保护的全域自相关Moran's I指数即莫兰指数，该指数取值为[-1，1]，当数值越接近于1，则地区之间的正相关依赖性越强，反之，当该指数取值越接近于-1，表明地区之间的负相关依赖性越强。当其取值为0时，样本地区之间呈现独立随机分布的特点。由表8-4数据可知，地区之间出口技术复杂度依赖性显著，且表现为正。即附近区域出口技术复杂度的上升能够促使本

地区出口技术复杂度提升。针对知识产权保护指数的取值，本书得到同样的结论，即附近区域知识产权保护水平的提升能够显著强化本地区知识产权保护水平。动态分析 2004 ~ 2016 年莫兰指数的变化可知，该指数数值整体呈现变小趋势，如 2004 年，出口技术复杂度的全域自相关 Moran's I 指数即莫兰指数为 0. 111，2016 年，该指数下降为 0. 041，2004 年，知识产权保护指数的全域自相关 Moran's I 指数为 0. 14，2016 年，该指数下降为 0. 074，可能的原因在于，随着现代交通技术的发展，距离不再成为区域经济联动的主要因素，其影响强度逐渐趋于弱化。

表 8 - 4　基于反距离权重矩阵加权计算的 2004 ~ 2016 年出口技术复杂度与知识产权保护的全域自相关 Moran's I 指数

年份	lnETC	IPP
2004	0. 111 ***	0. 14 ***
2005	0. 121 ***	0. 138 ***
2006	0. 126 ***	0. 128 ***
2007	0. 117 ***	0. 073 ***
2008	0. 089 ***	0. 049 ***
2009	0. 071 ***	0. 039 **
2010	0. 051 **	0. 035 **
2011	0. 048 **	0. 048 **
2012	0. 038 **	0. 056 ***
2013	0. 047 **	0. 062 ***
2014	0. 054 ***	0. 066 ***
2015	0. 064 ***	0. 077 ***
2016	0. 041 **	0. 074 ***

注：***、**、*分别表示在 1%、5% 和 10% 的显著性水平上显著。

表 8 - 5 揭示了基于反距离权重矩阵加权的空间自回归模型回归分析，如上文所述，出口技术复杂度水平由创新水平所决定，地区之间由于溢出效应、学习效应等渠道，其创新水平互相影响，形成空间依赖。表中前两列数据表示基于固定效应的回归结果，第三列与第四列数据表示基于随机效应的回归结果，第五列与第六列数据揭示了基于动态固定效应的回归结果。由表中数据可知，在固定效应模型下，知识产权保护能够显著提升出口技术复杂度水平，且其结论具有稳健性，具体表现为无论是否加入控制变量，该结论均成立。与固定效应回归结果相

似，随机效应模型的实证结果同样表明加入或者不加入控制变量，知识产权保护均能显著提升出口技术复杂度。与上文分析相似，由于出口技术复杂度具有连续性，即本期出口技术复杂度受到上一期出口技术复杂度的影响。本书继而考察了动态空间自回归固定效应模型，其结论表明，前一期出口技术复杂度显著影响本期出口技术复杂度，并且显著为正，知识产权保护对出口技术复杂度同样具有显著正向影响。基于反距离权重矩阵的空间自回归模型分析控制的影响，本书发现，在固定效应模型下，研发投入及市场化指数能够在1%的显著性水平上提升出口技术复杂度，基础设施在10%的显著性水平上提升出口技术复杂度，对外开放在1%的显著性水平上抑制出口技术复杂度的提升，金融发展对出口技术复杂度的影响为正，但是不显著。当使用随机效应模型时，研发投入及市场化指数能够在1%的显著性水平上提升出口技术复杂度，基础设施在5%的显著性水平上提升出口技术复杂度，对外开放在1%的显著性水平上抑制出口技术复杂度的提升，金融发展对出口技术复杂度的影响为正，显著性水平为10%。使用动态固定效应时，本书发现，研发投入能够在1%的显著性水平上提升出口技术复杂度，市场化指数对出口技术复杂的影响为正，显著性水平为5%。对外开放在1%的显著性水平上抑制出口技术复杂度的提升，金融发展对出口技术复杂度的影响为负，显著性水平为1%。基础设施对出口技术复杂度的影响为正，但是不显著。

表8－5　　　　基于反距离权重矩阵加权的空间自回归模型回归分析

指标	FE		RE		GMM-FE	
	模型（1）	模型（2）	模型（1）	模型（2）	模型（1）	模型（2）
出口技术复杂度滞后项					0.730 9*** (0.028 3)	0.776 5*** (0.030 2)
知识产权保护	0.151*** (0.022 7)	0.092 7*** (0.023)	0.176 5*** (0.024)	0.119 8*** (0.023 2)	0.071 9*** (0.016 8)	0.064 7** (0.032 6)
研发投入		0.068 5*** (0.019 8)		0.048 5*** (0.009 8)		0.046 4*** (0.015 3)
市场化指数		0.531 4*** (0.064 7)		0.377 6*** (0.057 7)		0.138 2** (0.074 5)
金融发展		0.055 9 (0.064 7)		0.014 7* (0.008 2)		−0.065 6*** (0.009 5)
基础设施		0.198 4* (0.106 3)		0.275 5** (0.118 9)		0.110 9 (0.086 6)
对外开放度		−0.113 7*** (0.034 4)		−0.119 8*** (0.035 2)		−0.133 1*** (0.023 1)

续表

指标	FE		RE		GMM-FE	
	模型（1）	模型（2）	模型（1）	模型（2）	模型（1）	模型（2）
常数项			1.351 6*** (0.201 4)	1.433 9*** (0.190 9)		
回归方法	fe	fe	re	re	动态 fe	动态 fe
样本数量	390	390	390	390	360	360

注：①括号内数值为回归系数的标准误。② ***、**、* 分别表示在 1%、5% 和 10% 的显著性水平上显著。

考虑到某一地区出口技术复杂度既依赖于其相邻地区解释变量，又同时受制于其邻近地区自出口技术复杂度的影响，本书进一步运用空间杜宾模型对知识产权保护的出口技术复杂度效应分析。表 8－6 揭示了基于反距离权重矩阵加权的空间杜宾模型回归分析，同样，本部分考察了三种不同类型的空间杜宾模型，表中前两列数据为基于固定效应的回归结果，第三列与第四列数据表示基于随机效应的回归结果，第五列与第六列数据揭示了基于动态固定效应的回归结果。由表中数据可知，在固定效应模型下，知识产权保护能够显著提升出口技术复杂度水平，且其结论具有稳健性，具体表现为无论是否加入控制变量，该结论均成立。与固定效应回归结果相似，随机效应模型的实证结果同样表明加入或者不加入控制变量，知识产权保护均能显著提升出口技术复杂度。与上文分析相似，由于出口技术复杂度具有连续性，即本期出口技术复杂度受到上一期出口技术复杂度的影响。本书继而考察了动态空间杜宾固定效应模型，其结论表明，前一期出口技术复杂度显著影响本期出口技术复杂度，并且显著为正，知识产权保护对出口技术复杂度同样具有显著正向影响。基于反距离权重矩阵加权的杜宾模型分析控制变量对出口技术复杂度的影响，本书发现，固定效应模型下，研发投入及市场化指数能够在 1% 的显著性水平上提升出口技术复杂度，基础设施在 10% 的显著性水平上提升出口技术复杂度，对外开放在 1% 的显著性水平上抑制出口技术复杂度的提升，金融发展对出口技术复杂度的影响为正，但是不显著。当使用随机效应模型时，研发投入及市场化指数能够在 1% 的显著性水平上提升出口技术复杂度，基础设施在 5% 的显著性水平上提升出口技术复杂度，对外开放在 1% 的显著性水平上抑制出口技术复杂度的提升，金融发展对出口技术复杂度的影响为正，但是不显著。使用动态固定效应时，本书发现，研发投入能够在 1% 的显著性水平上提升出口技术复杂度，市场化指数及金融发展对出口技术复杂的影响均为正，显著性水平都为 1%。对外开放与基础设施对出口技术复杂度的影响不显著。

表 8-6　　基于反距离权重矩阵加权的空间杜宾模型回归分析

指标	FE		RE		GMM-FE	
	模型（1）	模型（2）	模型（1）	模型（2）	模型（1）	模型（2）
出口技术复杂度滞后项					0.709 9*** (0.028 2)	0.711 5*** (0.029 1)
知识产权保护	0.348 9*** (0.050 4)	0.279 4*** (0.045 7)	0.355 7*** (0.040 7)	0.273 7*** (0.038 5)	0.173 7*** (0.036 3)	0.114 7*** (0.032 2)
研发投入		0.085 3*** (0.026 2)		0.041 7*** (0.009 9)		0.028 3** (0.011 3)
市场化指数		0.487 6*** (0.065 4)		0.333*** (0.057)		0.218 2** (0.073 5)
金融发展		0.012 5 (0.010 6)		0.005 5 (0.008 6)		-0.028 6*** (0.011)
基础设施		0.222 9* (0.111 7)		0.304 2** (0.138 7)		-0.076 8 (0.091 1)
对外开放度		-0.109 1*** (0.035 2)		-0.133 9*** (0.045 7)		0.014 4 (0.028 1)
常数项			0.872 9*** (0.184 2)	0.911 2*** (0.250 2)		
回归方法	fe	fe	re	re	动态 fe	动态 fe
样本数量	390	390	390	390	360	360

注：①括号内数值为回归系数的标准误。②***、**、*分别表示在1%、5%和10%的显著性水平上显著。

由于一些变量不在解释变量范围之内，但是这些变量对被解释变量出口技术复杂度存在影响，而这些遗漏变量的空间相关性会造成区域间的空间依赖，所以本部分进一步运用广义空间自相关模型以及空间误差模型对相关数据进行考察。表 8-7 中前两列数据表示基于广义空间自相关模型的实证结果，由表中数据可知，固定效应模型下，强化知识产权保护能够显著提升出口技术复杂度水平，且具有稳健性，具体表现为无论是否加入控制变量，该结论均成立。表中后四列数据表示基于面板空间误差模型的回归结果。其中，第三列与第四列数据表示基于固定效应的回归结果，由表中数据可知，无论是否加入控制变量，知识产权保护均能够显著提升出口技术复杂度。第五列与第六列数据表示基于随机基于随机效应的回归结果，该结果表明，强化知识产权保护能够显著提升出口技术复杂度。基于广义空间自相关模型对控制变量的影响进行分析，本书发现，研发投入及市场化指数能够在 1% 的显著性水平上提升出口技术复杂度，基础设施在 10% 的显著性水平上提升出口技术复杂度，对外开放在 1% 的显著性水平上抑制出口技术复杂度的提升，金融发展对出口技术复杂度的影响为正，但是不显著。基于空间误差模型的回归结果显示，固定效应模型下，研发投入及市场化指数能够在1%的显著性水平上提升出口技术复杂度，基础设施在5%的显著性水平上提升出口技术复杂度，对外开放在1%的显著性水平上抑制出口技术复杂度的提升，金融发展对出口技术复杂度的影响为正，但是不显著。随机效应模型下，研发投入及市场化指数能够在1%的显著性水平上提升出口技术复杂度，基础设施在1%的显著性水平上提升出口技术复杂度，对外开放在1%的显著性水平上抑制出口技术复杂度的提升，金融发展对出口技术复杂度的影响为正，但是不显著。

表8-7　基于反距离权重矩阵加权的广义空间自相关模型与空间误差模型回归分析

指标	FE		RE		GMM-FE	
	模型（1）	模型（2）	模型（1）	模型（2）	模型（1）	模型（2）
知识产权保护	0.325 3***	0.218 7***	0.413 2***	0.356 2***	0.410 9***	0.308 4***
	(0.047 3)	(0.045 5)	(0.053 3)	(0.052 5)	(0.041 5)	(0.038 5)
研发投入		0.084 7***		0.110 1***		0.043 4***
		(0.022 3)		(0.030 2)		(0.009 4)
市场化指数		0.490 8***		0.481 2***		0.343 5***
		(0.065 2)		(0.066 1)		(0.053 4)
金融发展		0.011 1		0.016 4		0.006 7
		(0.010 3)		(0.010 9)		(0.008 5)
基础设施		0.217 1*		0.305 3**		0.360 8***
		(0.124 8)		(0.140 4)		(0.134 6)
对外开放度		-0.112***		-0.093 4***		-0.130 8***
		(0.042 2)		(0.046 1)		(0.045 8)
常数项					8.925 7***	8.373 9***
					(0.163 1)	(0.179 2)
回归方法	fe	fe	fe	fe	re	re
样本数量	390	390	390	390	390	390

注：①括号内数值为回归系数的标准误。②***、**、*分别表示在1%、5%和10%的显著性水平上显著。

表8-8揭示了基于邻接矩阵加权计算的2004~2016年出口技术复杂度与知识产权保护的全域自相关Moran's I指数，由表中数据可知，在考察期间，区域出口技术复杂度呈现显著正相关特征，即相邻区域出口技术复杂度的上升能够促使本地区出口技术复杂度提升。针对知识产权保护指数的取值，本书得到同样的结论，即相邻区域知识产权保护水平的提升能够显著强化本地区知识产权保护水平。动态分析2004~2016年莫兰指数的变化可知，该指数数值整体呈现变小趋

势，如2004~2009年，出口技术复杂度的全域自相关 Moran's I 指数即莫兰指数的平均值为0.328，2010~2016年，该指数的平均值下降为0.23，2004~2009年，知识产权保护指数的全域自相关 Moran's I 指数平均值为0.291，2010~2016年，该指数下降为0.205，该结论进一步证明了随着现代交通技术的发展，距离不再成为区域经济联动的主要因素，其影响强度逐渐趋于弱化。

表8-8　基于邻接矩阵加权计算的2004~2016年出口技术复杂度与知识产权保护的全域自相关 Moran's I 指数

年份	lnETC	IPP
2004	0.298***	0.383***
2005	0.339***	0.393***
2006	0.334***	0.374***
2007	0.377***	0.249***
2008	0.33***	0.181**
2009	0.29***	0.17**
2010	0.255**	0.153*
2011	0.209**	0.19**
2012	0.173*	0.204**
2013	0.171*	0.21**
2014	0.219**	0.217**
2015	0.271***	0.234**
2016	0.316***	0.232**

注：***、**、*分别表示在1%、5%和10%的显著性水平上显著。

表8-9揭示了基于邻接矩阵加权的空间自回归模型回归结果，表中前两列数据表示基于固定效应的回归结果，第三列与第四列数据表示基于随机效应的回归结果，第五列与第六列数据揭示了基于动态固定效应的回归结果。由表中数据可知，在固定效应模型下，知识产权保护能够显著提升出口技术复杂度水平，且其结论具有稳健性，具体表现为无论是否加入控制变量，该结论均成立。与固定效应回归结果相似，随机效应模型的实证结果同样表明加入或者不加入控制变量，知识产权保护均能显著提升出口技术复杂度。与上文分析相似，由于出口技术复杂度具有连续性，即本期出口技术复杂度受到上一期出口技术复杂度的影响。本书继而考察了动态空间自回归固定效应模型，其结论表明，前一期出口技术复杂度显著影响本期出口技术复杂度，并且显著为正，知识产权保护对出口技术复杂度同样具有显著正向影响。基于邻接矩阵加权的空间自回归模型进行分析，在使用固定效应模型时，研发投入及市场化指数能够在1%的显著性水平上

提升出口技术复杂度，金融发展在5%的显著性水平上提升出口技术复杂度，对外开放在1%的显著性水平上抑制出口技术复杂度的提升，基础设施对出口技术复杂度的影响为正，但是不显著。使用随机效应的结果表明，研发投入及市场化指数能够在1%的显著性水平上提升出口技术复杂度，金融发展在5%的显著性水平上提升出口技术复杂度，对外开放在1%的显著性水平上抑制出口技术复杂度的提升，基础设施对出口技术复杂度的影响为正，但是不显著。基于动态固定效应的分析表明，金融发展在1%的显著性水平上提升出口技术复杂度，其他控制变量对出口技术复杂度的影响均不显著。

表8-9　　基于邻接矩阵加权的空间自回归模型回归分析

指标	FE		RE		GMM-FE	
	模型（1）	模型（2）	模型（1）	模型（2）	模型（1）	模型（2）
出口技术复杂度滞后项					0.785 7*** (0.022 6)	0.840 1*** (0.031 7)
知识产权保护	0.399 4*** (0.025 6)	0.177 9*** (0.023)	0.449 7*** (0.029 3)	0.206 1*** (0.024 9)	0.087 4*** (0.015 4)	0.087 5*** (0.015)
研发投入		0.205 8*** (0.016 2)		0.217 9*** (0.016 9)		-0.018 7 (0.014 2)
市场化指数		0.585 8*** (0.069 6)		0.589 8*** (0.072 9)		0.068 9 (0.051 7)
金融发展		0.024 1** (0.010 1)		0.024 2** (0.010 6)		0.046 6*** (0.010 3)
基础设施		0.126 1 (0.136 1)		0.145 7 (0.142 8)		-0.085 8 (0.091 6)
对外开放度		-0.131 9*** (0.037 1)		-0.131 2*** (0.039)		0.000 7 (0.024 4)
常数项			1.351 6*** (0.201 4)	1.433 9*** (0.190 9)		
回归方法	fe	fe	re	re	动态 fe	动态 fe
样本数量	390	390	390	390	360	360

注：①括号内数值为回归系数的标准误。②***、**、*分别表示在1%、5%和10%的显著性水平上显著。

表8-10揭示了基于邻接矩阵加权的空间杜宾模型回归结果，表中前两列数据表示基于固定效应的回归结果，第三列与第四列数据表示基于随机效应的回归结果，第五列与第六列数据揭示了基于动态固定效应的回归结果。由表中数据可知，在固定效应模型下，知识产权保护能够显著提升出口技术复杂度水平，且其

结论具有稳健性，具体表现为无论是否加入控制变量，该结论均成立。与固定效应回归结果相似，随机效应模型的实证结果同样表明，加入或者不加入控制变量，知识产权保护均能显著提升出口技术复杂度。与上文分析相似，由于出口技术复杂度具有连续性，即本期出口技术复杂度受到上一期出口技术复杂度的影响。本书继而考察了动态空间杜宾固定效应模型，其结论表明，前一期出口技术复杂度显著影响本期出口技术复杂度，并且显著为正，知识产权保护对出口技术复杂度同样具有显著正向影响。基于邻接矩阵加权的杜宾模型分析，在固定效应模型下，研发投入及市场化指数能够在1%的显著性水平上提升出口技术复杂度，基础设施在10%的显著性水平上提升出口技术复杂度，对外开放在1%的显著性水平上抑制出口技术复杂度的提升，金融发展对出口技术复杂度的影响为正，但是不显著。在随机效应模型下，研发投入及市场化指数能够在1%的显著性水平上提升出口技术复杂度，基础设施在5%的显著性水平上提升出口技术复杂度，对外开放在1%的显著性水平上抑制出口技术复杂度的提升，金融发展对出口技术复杂度的影响为正，但是不显著。在动态固定效应的分析框架下，研发投入能够在1%的显著性水平上提升出口技术复杂度，金融发展能够在5%的显著性水平上提升出口技术复杂度，其他控制变量对出口技术复杂度的影响不显著。

表8－10　　　　基于邻接矩阵加权的空间杜宾模型回归分析

指标	FE		RE		GMM-FE	
	模型（1）	模型（2）	模型（1）	模型（2）	模型（1）	模型（2）
出口技术复杂度滞后项					0.725 3*** (0.025)	0.764 8*** (0.031 2)
知识产权保护	0.348 9*** (0.050 4)	0.279 4*** (0.045 7)	0.355 7*** (0.040 7)	0.273 7*** (0.038 5)	0.176 1*** (0.026 7)	0.149 2*** (0.027 4)
研发投入		0.085 3*** (0.026 2)		0.041 7*** (0.009 9)		0.049 2*** (0.011 3)
市场化指数		0.487 6*** (0.065 4)		0.333*** (0.057)		0.104 1** (0.051 8)
金融发展		0.012 5 (0.010 6)		0.005 5 (0.008 6)		0.009 4 (0.011 8)
基础设施		0.222 9* (0.111 7)		0.304 2** (0.138 7)		0.140 8** (0.071 2)
对外开放度		－0.109 1*** (0.035 2)		－0.133 9*** (0.045 7)		0.010 8 (0.034)

续表

指标	FE		RE		GMM-FE	
	模型（1）	模型（2）	模型（1）	模型（2）	模型（1）	模型（2）
常数项			0.872 9 *** (0.184 2)	0.911 2 *** (0.250 2)		
回归方法	fe	fe	re	re	动态 fe	动态 fe
样本数量	390	390	390	390	360	360

注：①括号内数值为回归系数的标准误。② ***、**、* 分别表示在 1%、5% 和 10% 的显著性水平上显著。

表 8－11 揭示了基于邻接矩阵加权的广义空间自相关模型与空间误差模型回归结果，表中前两列数据表示基于广义空间自相关模型的实证结果，由表中数据可知，固定效应模型下，强化知识产权保护能够显著提升出口技术复杂度水平，且具有稳健性，具体表现为无论是否加入控制变量，该结论均成立。表中后四列数据表示基于面板空间误差模型的回归结果。其中，第三列与第四列数据表示基于固定效应的回归结果，由表中数据可知，无论是否加入控制变量，知识产权保护均能够显著提升出口技术复杂度。第五列与第六列数据表示基于随机基于随机效应的回归结果，该结果表明，强化知识产权保护能够显著提升出口技术复杂度。基于邻接矩阵加权的广义空间自相关模型对控制变量的影响进行分析，本书发现，在固定效应模型下，研发投入、市场化指数及金融发展能够在 1% 的显著性水平上提升出口技术复杂度，基础设施在 10% 的显著性水平上提升出口技术复杂度，对外开放在 1% 的显著性水平上抑制出口技术复杂度的提升。基于空间误差模型的分析，在固定效应模型下，研发投入、市场化指数、基础设施及金融发展能够在 1% 的显著性水平上提升出口技术复杂度，对外开放在 10% 的显著性水平上抑制出口技术复杂度的提升。在随机效应模型下，研发投入、市场化指数、基础设施及金融发展能够在 1% 的显著性水平上提升出口技术复杂度，对外开放对出口技术复杂度的影响不显著。

表 8－11　基于邻接矩阵加权的广义空间自相关模型与空间误差模型回归分析

指标	FE		RE		GMM-FE	
	模型（1）	模型（2）	模型（1）	模型（2）	模型（1）	模型（2）
知识产权保护	0.682 8 *** (0.033 8)	0.250 7 *** (0.036 1)	0.748 1 *** (0.031 2)	0.384 3 *** (0.034 8)	0.698 4 *** (0.035 1)	0.452 3 *** (0.041 6)
研发投入		0.201 3 *** (0.017 5)		0.208 9 *** (0.02)		0.129 7 *** (0.025 2)

续表

指标	FE		RE		GMM-FE	
	模型（1）	模型（2）	模型（1）	模型（2）	模型（1）	模型（2）
市场化指数		0.539 3*** (0.074 2)		0.428 5*** (0.076 5)		0.358 5*** (0.074 3)
金融发展		0.039 5*** (0.011 7)		0.051 2*** (0.011 7)		0.036 3*** (0.012 7)
基础设施		0.266 4* (0.152 9)		0.448 5*** (0.159 5)		0.714 7*** (0.170 9)
对外开放度		-0.108 3*** (0.043 6)		-0.060 5* (0.031 8)		-0.045 3 (0.053)
常数项					7.939 3*** (0.123 2)	6.420 1*** (0.343 4)
回归方法	fe	fe	fe	fe	re	re
样本数量	390	390	390	390	390	390

注：①括号内数值为回归系数的标准误。②***、**、*分别表示在1%、5%和10%的显著性水平上显著。

表8-12揭示了基于经济权重矩阵加权计算的2004~2016年出口技术复杂度与知识产权保护的全域自相关Moran's I指数。由表中数据可知，中国各地区出口技术复杂度整体呈现空间相关性，且显著为正。但是相对前段时期即2004~2008年，后段时期的空间相关性趋于弱化。具体表现为2009年、2011年、2012年、2014年、2016年，区域出口技术复杂度空间相关性不显著。主要的原因可能在于，随着发展中地区经济的增长，经贸往来不再集中于发达地区之间，发展中地区与发达地区之间经济的联系逐渐强化。针对区域知识产权保护空间相关性的分析，本书发现，知识产权溢出主要集中于相同发展阶段的区域中，具体表现为空间相关性显著为正。

表8-12　基于经济权重矩阵加权计算的2004~2016年出口技术复杂度与知识产权保护的全域自相关Moran's I指数

年份	lnETC	IPP
2004	0.267***	0.308***
2005	0.621***	0.38***
2006	0.348**	0.324**
2007	0.354**	0.201
2008	0.404***	0.464***

续表

年份	lnETC	IPP
2009	0.182	0.399
2010	0.503***	0.705***
2011	0.21	0.639***
2012	0.14	0.501*
2013	0.186**	0.59***
2014	0.681	0.576
2015	0.279**	0.91***
2016	-0.052	0.916***

注：***、**、*分别表示在1%、5%和10%的显著性水平上显著。

表8-13揭示了基于经济权重矩阵加权的空间自回归模型回归结果，表中前两列数据表示基于固定效应的回归结果，第三列与第四列数据表示基于随机效应的回归结果，第五列与第六列数据揭示了基于动态固定效应的回归结果。由表中数据可知，在固定效应模型下，知识产权保护能够显著提升出口技术复杂度水平，且其结论具有稳健性，具体表现为无论是否加入控制变量，该结论均成立。与固定效应回归结果相似，随机效应模型的实证结果同样表明，加入或者不加入控制变量，知识产权保护均能显著提升出口技术复杂度。与上文分析相似，由于出口技术复杂度具有连续性，即本期出口技术复杂度受到上一期出口技术复杂度的影响。本书继而考察了动态空间自回归固定效应模型，其结论表明，前一期出口技术复杂度显著影响本期出口技术复杂度，并且显著为正，知识产权保护对出口技术复杂度同样具有显著正向影响。基于经济权重矩阵加权的空间自回归模型分析控制变量对出口技术复杂度的影响，在固定效应模型下，本书发现，研发投入、市场化指数以及金融发展均能在1%的显著性水平提升出口技术复杂度，基础设施对出口技术复杂度的影响不显著，对外开放在1%的显著性水平上抑制出口技术复杂度。在随机效应模型下，研发投入、市场化指数以及基础设施均能在1%的显著性水平提升出口技术复杂度，金融发展在5%的显著性水平上提升出口技术复杂度，对外开放在1%的显著性水平上抑制出口技术复杂度。在动态固定效应的模型下，研发投入及金融发展在1%的显著性水平下提升出口技术复杂度，市场化指数及基础设施对出口技术复杂度的影响不显著，对外开放对出口技术复杂度的影响为负，显著性水平为10%。

表 8 – 13　　基于经济权重矩阵加权的空间自回归模型回归分析

指标	FE		RE		GMM-FE	
	模型（1）	模型（2）	模型（1）	模型（2）	模型（1）	模型（2）
出口技术复杂度滞后项					0.659 4*** (0.028 2)	0.731 8*** (0.030 7)
知识产权保护	0.177 7*** (0.012 3)	0.112 2*** (0.021 9)	0.192 5*** (0.021 6)	0.137 1*** (0.021 8)	0.057 5*** (0.015 6)	0.046*** (0.014 6)
研发投入		0.127 5*** (0.016 9)		0.065 6*** (0.011 2)		0.056 9*** (0.013 8)
市场化指数		0.372 8*** (0.064 1)		0.240 7*** (0.054 9)		0.043 9 (0.047)
金融发展		0.014 5*** (0.043 1)		0.026 4** (0.011 8)		0.049 7*** (0.009 3)
基础设施		0.134 9 (0.122 1)		0.283 9*** (0.116)		–0.056 4 (0.048 1)
对外开放度		–0.086 4*** (0.033 5)		–0.066 8*** (0.033 8)		–0.014 2* (0.008 4)
常数项			1.759*** (0.174 2)	1.767*** (0.175 4)		
回归方法	fe	fe	re	re	动态 fe	动态 fe
样本数量	390	390	390	390	360	360

注：①括号内数值为回归系数的标准误。②***、**、*分别表示在1%、5%和10%的显著性水平上显著。

表 8 – 14 揭示了基于经济权重矩阵加权的空间杜宾模型回归结果，表中前两列数据表示基于固定效应的回归结果，第三列与第四列数据表示基于随机效应的回归结果，第五列与第六列数据揭示了基于动态固定效应的回归结果。由表中数据可知，在固定效应模型下，知识产权保护能够显著提升出口技术复杂度水平，且其结论具有稳健性，具体表现为无论是否加入控制变量，该结论均成立。与固定效应回归结果相似，随机效应模型的实证结果同样表明，加入或者不加入控制变量，知识产权保护均能显著提升出口技术复杂度。与上文分析相似，由于出口技术复杂度具有连续性，即本期出口技术复杂度受到上一期出口技术复杂度的影响。本书继而考察了动态空间杜宾固定效应模型，其结论表明，前一期出口技术复杂度显著影响本期出口技术复杂度，并且显著为正，知识产权保护对出口技术复杂度同样具有显著正向影响。运用经济权重矩阵在空间杜宾模型下考察控制变量对出口技术复杂度的影响，本书发现，在固定效应模型下，研发投入、市场化指数均能在1%的显著性水平提升出口技术复杂度，金融发展在5%的显著性水

平上提升出口技术复杂度，基础设施对出口技术复杂度的影响不显著，对外开放在1%的显著性水平上抑制出口技术复杂度。在随机效应模型下，研发投入、市场化指数均能在1%的显著性水平提升出口技术复杂度，基础设施及金融发展对出口技术复杂度的影响不显著，对外开放在1%的显著性水平上抑制出口技术复杂度。在动态固定效应模型下，研发投入、市场化指数均能在5%的显著性水平提升出口技术复杂度，金融发展在1%的显著性水平上提升出口技术复杂度，基础设施对出口技术复杂度的影响不显著，对外开放在10%的显著性水平上抑制出口技术复杂度的提升。

表8－14　基于经济权重矩阵加权的空间杜宾模型回归分析

指标	FE		RE		GMM-FE	
	模型（1）	模型（2）	模型（1）	模型（2）	模型（1）	模型（2）
出口技术复杂度滞后项					0.657 9*** (0.028)	0.804 4*** (0.031 2)
知识产权保护	0.185*** (0.052 1)	0.152 8*** (0.052 8)	0.212 8*** (0.048 2)	0.143 1*** (0.048 1)	0.114 6*** (0.037 9)	0.091 7*** (0.032 1)
研发投入		0.105 5*** (0.022 4)		0.059 2*** (0.012 8)		0.037 1** (0.017)
市场化指数		0.359 5*** (0.071 2)		0.209*** (0.062 3)		0.239** (0.118)
金融发展		0.026 3** (0.010 6)		0.004 9 (0.009 1)		0.031*** (0.010 9)
基础设施		－0.01 (0.129 4)		0.130 6 (0.129 3)		0.086 4 (0.086 8)
对外开放度		－0.093 1*** (0.044 8)		－0.086 9** (0.040 6)		－0.046 2* (0.028 7)
常数项			1.725 9*** (0.186 6)	1.909 2*** (0.206 2)		
回归方法	fe	fe	re	re	动态 fe	动态 fe
样本数量	390	390	390	390	360	360

注：①括号内数值为回归系数的标准误。②***、**、*分别表示在1%、5%和10%的显著性水平上显著。

表8－15揭示了基于经济权重矩阵加权的广义空间自相关模型与空间误差模型回归结果，表中前两列数据表示基于广义空间自相关模型的实证结果，由表中数据可知，固定效应模型下，强化知识产权保护能够显著提升出口技术复杂度水平，且具有稳健性，具体表现为无论是否加入控制变量，该结论均成立。表中后

四列数据表示基于面板空间误差模型的回归结果。其中，第三列与第四列数据表示基于固定效应的回归结果，由表中数据可知，无论是否加入控制变量，知识产权保护均能够显著提升出口技术复杂度。第五列与第六列数据表示基于随机基于随机效应的回归结果，该结果表明，强化知识产权保护能够显著提升出口技术复杂度。另外，在经济权重矩阵加权的广义空间自相关模型考察控制变量对出口技术复杂度的影响，本书发现，研发投入能够显著促进出口技术复杂度，并且在5%的统计水平上显著。市场化指数对出口技术复杂度的影响同样显著并且在5%的统计水平上为正。与研发投入与市场化指数的影响不同，虽然对外开放度能够显著影响出口技术复杂度且在5%的水平上显著，但是其对出口技术复杂度的影响为负。金融发展与基础设施对出口技术复杂度的影响不显著。运用经济权重矩阵在空间误差模型回归模型下考察控制变量对出口技术复杂度的影响，本书发现，研发投入、市场化指数及基础设施能够显著促进出口技术复杂度。金融发展对出口技术复杂度影响不显著，对外开放对出口技术复杂度的影响显著为负。

表8－15　基于经济权重矩阵加权的广义空间自相关模型与空间误差模型回归分析

指标	FE		RE		GMM-FE	
	模型（1）	模型（2）	模型（1）	模型（2）	模型（1）	模型（2）
知识产权保护	0.081 3***	0.043 8***	0.286 9***	0.408 3***	0.343 4***	0.282 2***
	（0.014 6）	（0.013 9）	（0.061 9）	（0.034 6）	（0.048 3）	（0.041 6）
研发投入		0.054 2***		0.223 4***		0.054 6***
		（0.014 6）		（0.022 7）		（0.009 9）
市场化指数		0.385 4***		0.387 6***		0.190 4***
		（0.051 5）		（0.074 7）		（0.051 4）
金融发展		－0.005 1		0.021 8**		0.000 5
		（0.006 6）		（0.011 1）		（0.008 1）
基础设施		0.079 5		0.359 1***		0.238 7*
		（0.097 4）		（0.139 3）		（0.127 5）
对外开放度		－0.054 9**		－0.051 8*		－0.064*
		（0.023 5）		（0.030 7）		（0.041）
常数项					9.191 9***	8.405 7***
					（0.184 8）	（0.202 7）
回归方法	fe	fe	fe	fe	re	re
样本数量	390	390	390	390	390	390

注：①括号内数值为回归系数的标准误。②***、**、*分别表示在1%、5%和10%的显著性水平上显著。

四、结论与政策建议

（一）结论

本书基于2004~2016年中国30个省份工业出口数据考察了中国出口技术复杂度，并两阶段运用工具变量、系统GMM方法以及空间面板计量方法如空间自回归模型、空间杜宾模型、空间误差模型等计量方法考察了知识产权保护对中国30个省市出口技术复杂度的影响，其结论表明，无论是否加入控制变量，强化知识产权保护均能够显著提升出口技术复杂度，说明现阶段我国知识产权保护水平仍然较低，需要进一步强化知识产权保护水平。另外，区域出口技术复杂度存在较强的空间依赖性，一些出口技术复杂度较低的区域应该充分发挥地理优势，吸收临近区域技术溢出，从而提升本地出口技术复杂度，实现技术创新。针对其他控制变量，不同方法得到的结果有所差异，基于混合最小二乘法，研发投入、市场化指数、基础设施等变量均在1%的统计水平上显著提升出口技术复杂度，金融发展对出口技术复杂度的影响在1%的统计水平上显著为负，对外开放度对出口技术复杂度的影响为负但是不显著。基于面板随机效应分析，研发投入及市场化指数均能在1%显著水平上提升出口技术复杂度，金融发展在10%的显著水平上抑制出口技术复杂度。基础设施对出口技术复杂度的影响为负但是不显著。对外开放对出口技术复杂度影响在1%的统计水平上显著为负。基于面板固定效应，研发投入及市场化指数均能在1%显著水平上提升出口技术复杂度，金融发展在10%的显著水平上抑制出口技术复杂度。基础设施对出口技术复杂度的影响为正但是不显著。对外开放对出口技术复杂度影响在1%的统计水平上显著为负。基于两阶段工具变量法的实证结果表明，研发投入、市场化指数、基础设施等变量均在1%的统计水平上显著提升出口技术复杂度，金融发展对出口技术复杂度的影响在1%的统计水平上显著为负，对外开放度对出口技术复杂度的影响为负但是不显著。基于GMM的实证分析表明，研发投入、市场化指数等变量均在1%的统计水平上显著提升出口技术复杂度，金融发展对出口技术复杂度的影响在1%的统计水平上显著为负，基础设施对出口技术复杂度的影响为正但是不显著，对外开放度对出口技术复杂度的影响为负但是不显著。基于反距离权重矩阵的空间自回归模型分析控制的影响，本书发现，在固定效应模型下，研发投入及市场化指数能够在1%的显著性水平上提升出口技术复杂度，基础设施在10%的显著性水平上提升出口技术复杂度，对外开放在1%的显著性水平上抑制出口技术复杂度的提升，金融发展对出口技术复杂度的影响为正，但是不显著。当使用随机效应模型时，研发投入及市场化指数能够在1%的显著性水平上提升出口技术复杂度，基础设施在5%的显著性水平上提升出口技术复杂度，对外开放在1%的显著性水平上抑制出口技术复杂度的提升，金融发展对出口技术复杂度的影响为正，显著性水平为10%。使用动态固定效应时，本书发现，研发投入能够在1%的显著性水平上提升出口技术复杂度，市场化指数对出口技术复杂的影响为正，显著性水平为5%；对外开放在1%的显著性水平上抑制出口技术复杂度的提升；金融发展对出口技术复杂度的影响为负，显著性水平为1%；基础设施对出口技术复杂度的影响为正，但是不显著。基于反距离权重矩阵加权的杜宾模型分析控制变量对出口技术复杂度的影响，本书发现，固定效应模型下，研发投入及市场化指数能够在1%的显著性水平上提升出口技术复杂度，基础设施在10%的显著性水平上提升出口技术复杂度，对外开放在1%的显著性水平上抑制出口技术复杂度的提升，金融发展对出口技术复杂度的影响为正，但是不显著。当使用随机效应模型时，研发投入及市场化指数能够在1%的显著性水平上提升出口技术复杂度，基础设施在5%的显著性水平上提升出口技术复杂度，对外开放在1%的显著性水平上抑制出口技术复杂度的提升，金融发展对出口技术复杂度的影响为正，但是不显著。使用动态固定效应时，本书发现，研发投入能够在1%的显著性水平上提升出口技术复杂度，市场化指数及金融发展对出口技术复杂的影响均为正，显著性水平都为1%，对外开放与基础设施对出口技术复杂度的影响不显著。基于广义空间自相关模型对控制变量的影响进行分析，本书发现，研发投入及市场化指数能够在1%的显著性水平上提升出口技术复杂度，基础设施在10%的显著性水平上提升出口技术复杂度，对外开放在1%的显著性水平上抑制出口技术复杂度的提升，金融发展对出口技术复杂度的影响为正，但是不显著。基于空间误差模型的回归结果显示，固定效应模型下，研发投入及市场化指数能够在1%的显著性水平上提升出口技术复杂度，基础设施在5%的显著性水平上提升出口技术复杂度，对外开放在1%的显著性水平上抑制出口技术复杂度的提升，金融发展对出口技术复杂度的影响为正，但是不显著。随机效应模型下，研发投入及市场化指数能够在1%的显著性水平上提升出口技术复杂度，基础设施在1%的显著性水平上提升出口技术复杂度，对外开放在1%的显著性水平上抑制出口技术复杂度的提升，金融发展对出口技术复杂度的影响为正，但是不显著。基于邻接矩阵加权的空间自回归模型进行分析，在使用固定效应模型时，研发投入及市场化指数能够在1%的显著性水平上提升出口技术复杂度，金融发展在5%的显著性水平上提升出口技术复杂度，对外开放在1%的显著性水平上抑制出口技术复杂度的提升，基础设施对出口技术复杂度的影响为正，但是不显著。使用随机效应的结果表明，研发投入及市场化指数能够在1%的显著性水平上提升出口技术复杂度，金融发展在5%的显著性水平上提升出口技术复杂度，对外开放在1%的显著性水平上抑制出口技术复杂度的提升，基础设施对出口技术复杂度的影响为正，但是不显著。基于动态固定效应的分析表明，金融发展在1%的显著性水平上提升出口技术复杂度，其他控制变量对出口技术复杂度的影响均不显著。基于邻接矩阵加权的杜宾模型分析，在固定效应模型下，研发投入及市场化指数能够在1%的显著性水平上提升出口技术复杂度，基础设施在10%的显著性水平上提升出口技术复杂度，对外开放在1%的显著性水平上抑制出口技术复杂度的提升，金融发展对出口技术复杂度的影响为正，但是不显著。在随机效应模型下，研发投入及市场化指数能够在1%的显著性水平上提升出口技术复杂度，基础设施在5%的显著性水平上提升出口技术复杂度，对外开放在1%的显著性水平上抑制出口技术复杂度的提升，金融发展对出口技术复杂度的影响为正，但是不显著。在动态固定效应的分析框架下，研发投入能够在1%的显著性水平上提升出口技术复杂度，金融发展能够在5%的显著性水平上提升出口技术复杂度，其他控制变量对出口技术复杂度的影响不显著。基于邻接矩阵加权的广义空间自相关模型对控制变量的影响进行分析，本书发现，在固定效应模型下，研发投入、市场化指数及金融发展能够在1%的显著性水平上提升出口技术复杂度，基础设施在10%的显著性水平上提升出口技术复杂度，对外开放在1%的显著性水平上抑制出口技术复杂度的提升。基于空间误差模型的分析，在固定效应模型下，研发投入、市场化指数、基础设施及金融发展能够在1%的显著性水平上提升出口技术复杂度，对外开放在10%的显著性水平上抑制出口技术复杂度的提升。在随机效应模型下，研发投入、市场化指数、基础设施及金融发展能够在1%的显著性水平上提升出口技术复杂度，对外开放对出口技术复杂度的影响不显著。基于经济权重矩阵加权的空间自回归模型分析控制变量对出口技术复杂度的影响，在固定效应模型下，本书发现，研发投入、市场化指数以及金融发展均能在1%的显著性水平上提升出口技术复杂度，基础设施对出口技术复杂度的影响不显著，对外开放在1%的显著性水平上抑制出口技术复杂度。在随机效应模型下，研发投入、市场化指数以及基础设施均能在1%的显著性水平上提升出口技术复杂度，金融发展在5%的显著性水平上提升出口技术复杂度，对外开放在1%的显著性水平上抑制出口技术复杂度。在动态固定效应的模型下，研发投入及金融发展在1%的显著性水平上提升出口技术复杂度，市场化指数及基础设施对出口技术复杂度的影响不显著，对外开放对出口技术复杂度的影响为负，显著性水平为10%。运用经济权重矩阵在空间杜宾模型下考察控制变量对出口技术复杂度的影响，本书发现，在固定效应模型下，研发投入、市场化指数均能在1%的显著性水平上提升出口技术复杂度，金融发展在5%的显著性水平上提升出口技术复杂度，基础设施对出口技术复杂度的影响不显著，对外开放在1%的显著性水平上抑制出口技术复杂度。在随机效应模型下，研发投入、市场化指数均能在1%的显著性水平上提升出口技术复杂度，基础设施及金融发展对出口技术复杂度的影响不显著，对外开放在1%的显著性水平上抑制出口技术复杂度。在动态固定效应模型下，研发投入、市场化指数均能在5%的显著性水平上提升出口技术复杂度，金融发展在1%的显著性水平上提升出口技术复杂度，基础设施对出口技术复杂度的影响不显著，对外开放在10%的显著性水平上抑制出口技术复杂度的提升。基于经济权重矩阵加权的广义空间自相关模型考察控制变量对出口技术复杂度的影响，本书发现，研发投入能够显著促进出口技术复杂度，并且在5%的统计水平上显著。市场化指数对出口技术复杂度的影响同样显著并且在5%的统计水平上为正。与研发投入与市场化指数的影响不同，虽然对外开放度能够显著影响出口技术复杂度且在5%的水平上显著，但是其对出口技术复杂度的影响为负。金融发展与基础设施对出口技术复杂度的影响不显著。运用经济权重矩阵在空间误差模型回归模型下考察控制变量对出口技术复杂度的影响，本书发现，研发投入、市场化指数及基础设施能够显著促进出口技术复杂度，金融发展对出口技术复杂度影响不显著，对外开放对出口技术复杂度的影响显著为负。

（二）政策建议

上述结论表明，强化知识产权保护能够提升我国出口技术复杂度。因此，我国应加强知识产权保护。具体措施如下：第一，完善知识产权保护法律体系，努力提升知识产权案件的审查质量以及效率。第二，注重从行政司法以及司法保护两个方面加强知识产权保护的机制建设。第三，积极参与知识产权保护领域的国际合作，加强国际交流，提升出口技术复杂度。另外，研发投入与市场化指数对出口技术复杂度的影响显著为正，且较为稳健，因此，一方面，政府应引导支持企业技术创新工作，成立特色工业园区，提供专项产业技术研发资金，建立并完善技术研发机构，促使高校科研院所联合，实现规模效应，提升创新水平。另一方面，政府应进一步推进市场化改革，简政放权，为市场经济增添活力。目前，对外开放指标在一定程度上抑制出口技术复杂度，进一步说明我国的对外贸易结构应该优化升级，进出口的着重点应该由量转为质，从而有效提升出口技术复杂度。

第九章

中国文化产品出口竞争力研究
——基于出口技术复杂度视角

“文化创意产业”自英国于1998年提出以来，迅速成为世界各国关注的焦点，该产业依靠人的智慧与技能，借助于知识产权保护体系的开发运用，创造出高附加值产品，对经济创新具有重要意义。文化创意产业因将文化与创意二者进行了有机结合，使其成为当今世界最具潜力、最为活跃的经济力量，它通过信息传播的功能正日益成为世界各国（地区）提升其综合竞争力的重要渠道。文化创意产业的发展具有广泛融合性、低碳环保性、可持续发展性，因此，可以推动第三产业发展，促进经济增长的同时，优化产业结构。尤其是在当下后金融危机时代，文化产业的发展已然成为世界经济复苏的重要力量。大量数据显示，在众多国家（地区）经济陷入衰退的同时，文化产业发展势头良好，其发展速度普遍超过经济增长速度。据联合国贸易发展会议统计，2008年，世界创业产品贸易的出口规模仅为1 837亿美元，2016年，这一数值迅速增长为1 917亿美元。自1978年中国改革开放以来，中国经济迅速增长，如今已经成为“世界工厂”。但是，在中国制造风靡全球的同时，我们必须清楚地意识到低端制造的不可延续性。目前，我国人口红利消失导致劳动力成本快速上升，人民币持续升值恶化对外贸易，粗放型经济增长的模式导致环境及资源的承载性达到临界值，中国传统制造业转型与升级面临严峻考验。为使我国产业结构转型成功实现，党的十八大和十八届三中全会、四中全会均对文化产业发展作出了重大战略部署，并把“文化产业成为国民经济支柱性产业”列入了2020年全面建成小康社会的指标体系。因此，在世界创意产品贸易迅速崛起的同时，中国创意产品贸易也迅速发展，2016年，其出口额高达413亿美元。创意产业在国内外的快速发展引发了一系列值得探讨的问题，如中国创意产品竞争力如何？其发展趋势是怎样的？中国创意产品出口规模的提升是否意味着出口竞争力的提升？本书将对这些问题进行分析。

一、文献综述

随着文化创意产业的迅速发展，针对文化创意产业的研究也日益深化。其中，文化产业国际竞争力代理变量的选取是主要的研究方向之一。相关文献如下：胡渊基于2000~2006年微观层面中国海关数据，并结合修正的MS指数、TC指数以及RCA指数，考察了中国文化创意产品在主要贸易伙伴国的国际竞争力。并在此基础上，采用熵权法合成中国对贸易伙伴国的文化产品国际竞争力。他的研究表明，2000~2006年，中国的文化创意产品在中国香港、日本、沙特等国家（地区）的国际竞争力呈现下降趋势，但在美国、德国等15个国家（地区）的国际竞争力呈现上升趋势。徐敏燕以出口金额作为国际竞争力的衡量指标，考察了中国对17个贸易伙伴国的陶瓷竞争力状况。李怀亮通过一系列国际市场占有率指标，考察了我国文化产品与服务的国际市场竞争力。他发现，我国文化产品国际市场竞争力较强，市场份额高达20%；文化服务的国际市场竞争力较弱，市场份额仅为2%；针对文化产品的出口结构，设计、手工艺品、新媒体、视觉艺术居于优势地位。高晗选取国际市场占有率、赫芬达尔指数（HHI）、贸易竞争优势（TCA）、对称性显示比较优势指数（SRCA）作为国际竞争力衡量指标，对比分析了中日文化创意产业的国际竞争力，他的研究结果表明，中日两国文化产业出口竞争力和竞争优势均出现了偏离，两国分类文化创意产品存在竞争优势互补的趋势。陈伟雄分别运用RCA指数、TC指数和IIT指数考察了中国、日本和韩国创意产品的国际竞争力，结果表明，与日韩相比，中国创意产品整体具有竞争力，但是结构不均衡，设计产品、工艺品等劳动密集型产品居于主导地位，其他产品所占份额较低。詹君恒利用RC指数以及TC指数考察了我国文化产品国际竞争力，结果表明，我国文化产品贸易竞争力整体较强，具有较强价格优势，不足之处表现为产业结构单一、产品技术含量低。方英选取国际市场占有率、贸易竞争力指数、显示性比较优势指数作为中国文化贸易竞争力的指标体系，他发现，中国文化贸易的竞争优势主要来源于手工艺品、设计、视觉艺术以及新媒体等外围文化产品，但是核心文化产品如影视媒介、音乐媒介、出版物以及版权等国际竞争力较弱。从海彬基于1996~2010年中日创意产品贸易数据并运用市场占有率指数、贸易竞争力指数以及显示性比较优势指数对比分析了中日创意产品的国际竞争力，其研究结果表明，相对于日本，中国整体文化创意行业的竞争力更大。进一步对文化创意的细分行业进行分析，中国的竞争优势主要体现在工艺品、设计等创意以及一些技术含量较低的劳动密集型行业中，而视听、音乐等创意行业竞争力较低。丛海彬进一步利用出口技术复杂度指数对比分析了中国、美国、日本、德国、印度以及泰国的文化创意产品出口技术结构，结果表明，中国、泰国、印度等发展中国家的文化创意产品技术复杂度明显低于美国、日本、德国等发达国家，中国文化创意产品贸易出口技术复杂度水平偏低，其发展方向在于注重“量”。田思分别运用出口技术复杂度指数与相对出口技术复杂度指数考察了日本、中国、韩国、印度的创意产品贸易结构，结果表明，四个国家的出口技术复杂度均呈现上升趋势，但是相对出口技术复杂度呈缓慢下降趋势，说明世界创意产品贸易竞争激烈，中国要提高创意产品竞争力，需要借鉴其他国家优势。

以上文献的梳理表明，关于文化产品贸易的研究存在明显不足。以往关于出口竞争力的研究，其指标多为市场占有率、贸易竞争力指数等，无法准确衡量文化产品出口竞争力，且缺乏全方位分析，本书采用出口技术复杂度与相对出口技术复杂度两个指标，分别考察中国整体文化产品出口竞争力，与中国六个细分文化产业出口竞争力，试图更加深入分析中国文化产品出口竞争力演变情况。

二、研究方法与分类

（一）文化产品范围与分类

根据联合国教科文组织的规定，文化统计框架包括核心文化产品、相关文化产品和外围文化产品三类，本书主要研究表演和庆祝活动、视觉艺术和手工艺、书籍和报刊、音像和交互媒介、设计和创意服务等六种核心文化产品，表9－1是根据联合国教科文组织规定而统计出的文化贸易产品的分类标准，其中，第三列为HS07六位产品代码。

表9－1　　文化产品分类标准及HS07六位产品代码

文化和自然遗产	古董	970500、970600
表演和庆祝活动	乐器	830610、920110、920120、920190、920210、920290、920510、920590、920600、920710、920790、920810、920890
	录制媒介	852321、852329、852351、852359、852380、490400

续表

文化和自然遗产	古董	970500、970600
视觉艺术和手工艺	绘画	970110、970190、491191
	其他视觉艺术	970200、970300、392640、442010、442090、691310、691390、701890、830621、830629、960110、960190
	手工艺	580500、580610、580620、580631、580632、580639、580640、580810、580890、580900、581010、581091、581092、581099、581100、600240、600290、600310、600320、600330、600340、600390、600410、600490
	首饰	711311、711319、711320、711411、711419、711420、711610、711620
	摄影	370510、370590
书籍和报刊	书籍	490110、490191、490199
	报纸	490210、490290、
	其他印刷品	490300、490591、490510、490599、490900、491000
音像和交互媒介	电影和视频	370610、370690、950410
设计和创意服务	建筑和设计	490600

资料来源：联合国教科文组织。

（二）研究方法

创意产品出口技术复杂度：本书对中国创意产品出口技术复杂度的测算借鉴豪斯曼德（Hausmand）等方法，其基本思想源于以下两方面理论基础：一是比较优势理论，该理论认为，在开放条件下，一国（地区）出口的产品种类取决于生产的比较成本，高工资水平国家（地区）倾向于出口高技术复杂度产品，低工资水平国家（地区）倾向于出口低技术复杂度产品；二是出口产品的技术复杂度与经济发展水平相关，样本国家（地区）的加权平均收入越高则产品技术复杂度越高。首先，分别计算六类创意产品的出口技术复杂度，其公式如下：

$$TSI_i = \sum_j \frac{\frac{x_{ji}}{X_j}}{\sum_j \frac{x_{ji}}{X_j}} Y_j \tag{9-1}$$

然后，计算国家（地区）j 创意产品的出口技术复杂度，其公式如下：

$$ES_j = \sum_i \frac{x_{ji}}{X_j} TSI_i \tag{9-2}$$

其中，TSI_i表示第 i 类创意产品的技术复杂度指数，x_{ji}表示 j 国家（地区）对 i 类创意产品的出口额，X_j表示 j 国家（地区）创意产品的出口总额，Y_j表示 j 国家

（地区）的人均收入水平，ES_j表示 j 国家（地区）创意产品的出口技术复杂度指数。

（三）数据来源

本书选取2016年全球文化产品出口额排名前39的国家（地区）作为考察样本，从而计算文化产品出口的技术复杂度指数。样本国家（地区）出口额如表9-2所示。表中39个国家（地区）分别为中国、美国、法国、英国、印度、瑞士、意大利、德国、阿联酋、中国香港特区、日本、泰国、马来西亚、韩国、土耳其、新加坡、荷兰、印度尼西亚、波兰、西班牙、比利时—卢森堡、捷克、越南、加拿大、墨西哥、爱尔兰、奥地利、瑞典、菲律宾、丹麦、俄罗斯、以色列、澳大利亚、沙特阿拉伯、罗马尼亚、卡塔尔、巴西、匈牙利、斯洛伐克。2016年，39个样本国家（地区）的文化产品出口额为17 949 831万美元，当年，世界文化产品出口额为19 166 521万美元，样本国家（地区）文化产品出口占比高达93.65%。因此，选取的国家（地区）的样本具有较强的代表性。

表9-2数据表明，2016年，中国文化产品出口额为4 132 558万美元，占世界文化产品出口的21.56%，位居世界第一。美国文化产品出口总额为1 724 349万美元，居世界第二位。中国文化产品出口额是美国文化产品出口额的2倍，除中美两国外，世界文化产品出口额位居前十位的国家（地区）包括法国（出口额1 200 163万美元）、英国（出口额995 149万美元）、印度（978 097万美元）、瑞士（963 359万美元）、意大利（918 441万美元）、德国（854 442万美元）、阿联酋（659 616万美元）、中国香港特区（599 989万美元）。其中，发展中国家仅中国和印度，其余八个均为发达国家（地区）。

表9-2　　2016年全球文化产品出口额前39位国家（地区）　　单位：万美元

排序	国家（地区）	出口额	排序	国家（地区）	出口额
1	156	41 325 582	10	344	5 999 894
2	842	17 243 498	11	392	4 997 420
3	251	12 001 634	12	764	4 532 437
4	826	9 951 493	13	458	4 526 074
5	699	9 780 973	14	410	4 259 185
6	757	9 633 595	15	792	3 707 405
7	381	9 184 411	16	702	3 527 498
8	276	8 544 421	17	528	3 342 139
9	784	6 596 160	18	360	2 143 871

续表

排序	国家（地区）	出口额	排序	国家（地区）	出口额
19	616	2 075 687	30	208	557 553.5
20	724	2 072 957	31	643	530 348.2
21	58	1 525 304	32	376	473 117.1
22	203	1 322 098	33	36	457 924.9
23	704	1 282 462	34	682	416 988.8
24	124	1 170 244	35	422	405 263
25	484	1 131 668	36	634	348 758.7
26	372	1 045 345	37	76	339 161.9
27	40	884 154.2	38	348	309 093.5
28	752	832 099.3	39	703	277 626.3
29	608	742 767.1			

资料来源：UnComtrade 数据库；表中国家（地区）代码 156、842、251、826、699、757、381、276、784、344、392、764、458、410、792、702、528、360、616、724、58、203、704、124、484、372、40、752、608、208、643、376、36、682、422、634、76、348、703 对应的国家（地区）分别为中国、美国、法国、英国、印度、瑞士、意大利、德国、阿联酋、中国香港、日本、泰国、马来西亚、韩国、土耳其、新加坡、荷兰、印度尼西亚、波兰、西班牙、比利时—卢森堡、捷克、越南、加拿大、墨西哥、爱尔兰、奥地利、瑞典、菲律宾、丹麦、俄罗斯、以色列、澳大利亚、沙特阿拉伯、罗马尼亚、卡塔尔、巴西、匈牙利、斯洛伐克。

动态考察中国文化产品的出口额及其占样本国家文化产品的出口比例，如表 9 – 3 所示，本书发现，中国文化产品的出口规模由 2008 年的 42 585 523 万美元迅速下降为 2009 年的 35 118 979 万美元，下降比例高达 17.41%。可能的原因在于，2008 年，美国发生的次贷危机所导致的全球金融危机。紧随其后，中国文化产品的对外贸易得到快速发展，2014 年，其出口额上升为 46 843 287 万美元。2015 ~2016 年，中国文化产品的出口额呈下降趋势，其出口额分别是 43 407 804 万美元和 41 325 582 万美元。从中国文化产品出口额占比的角度分析，本书发现，2010 年，中国文化产品出口额占比达到峰值，为 34.53%。随后，其占比徘徊在 30% 左右。

表 9 – 3　中国文化产品的出口额及其占样本国家文化产品的出口比例

年份	中国文化产品出口（万美元）	样本国家文化产品出口（万美元）	中国文化产品出口占比（%）
2008	42 585 523	129 489 626.4	32.89
2009	35 118 979	113 554 472.5	30.93
2010	41 602 739	120 476 161.5	34.53
2011	42 314 960	143 229 227.3	29.54

续表

年份	中国文化产品出口（万美元）	样本国家文化产品出口（万美元）	中国文化产品出口占比（%）
2012	44 693 058	149 330 680. 3	29. 93
2013	44 192 312	140 070 044	31. 55
2014	46 843 287	148 438 370. 8	31. 56
2015	43 407 804	142 597 869. 8	30. 44
2016	41 325 582	138 172 727. 4	29. 91

三、实证分析

（一）中国创意产品出口竞争力变迁

（1）中国文化产品整体出口竞争力变迁。根据上述公式，可以计算得到 2008 ~2016 年中国文化产品出口技术复杂度，如图 9 －1 所示。整体而言，中国文化产品出口技术复杂度呈现上升趋势，由 2008 年的 30 342. 21 国际元上升到 2016 年的 33 059. 61 国际元，上升幅度高达 10%，表明中国创意产品快速扩大出口规模的同时实现了一定程度的出口结构优化。另外，中国创意产品出口技术复杂度呈现三阶段特征。2008 ~2010 年，文化产品的出口持续上升，达到该阶段的峰值 32 097. 76 国际元，随后，2011 年，创意出口技术复杂度出现下滑，降至 2014 年的 31 631. 03 国际元，继而在 2015 年文化产品出口技术复杂度进入上升阶段，2016 年，其数值上升为 33 059. 31 国际元。

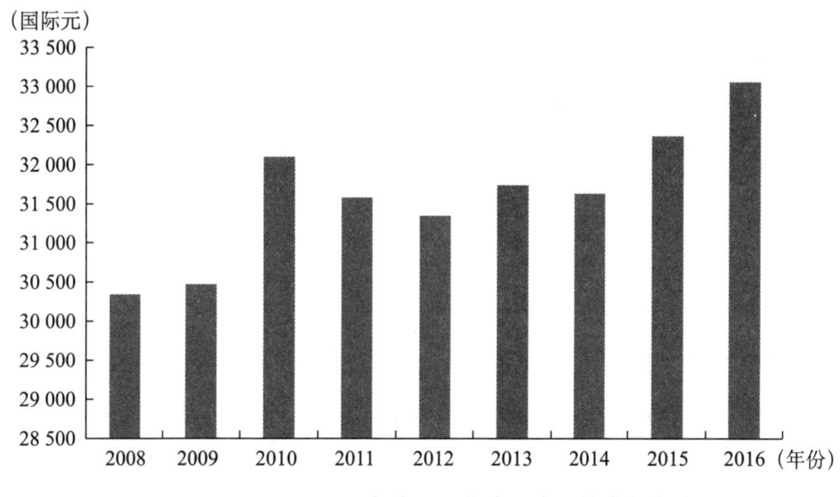

图 9 －1　2008 ~2016 年中国文化产品出口技术复杂度

（2）中国创意产品分类出口竞争力变迁。为了进一步探寻中国文化产品出口结构变化趋势，从而达到改善出口结构，提升中国文化产品出口竞争力的目的，本书对中国创意产品出口技术复杂度进行了分类测度。如表 9－4 六类创意产品 2008～2016 年出口技术复杂度。表中数据表明，中国六类创意产品出口技术复杂度存在差别较大。按照年均出口技术复杂度大小计算，音像和交互媒介出口技术复杂最高达到 10 979.82 国际元，设计和创意服务出口技术复杂度最低，其值为 4.726 6 国际元。前者是后者的 2 322.98 倍。进一步，本书依据出口技术复杂度的大小将文化产品划分为三个比较明显的类别。第一类别视觉艺术和手工艺、音像和交互媒介出口技术复杂度较高，具有较强竞争优势。第二类别表演和庆祝活动、书籍和报刊技术复杂度指数居中，拥有一定的竞争力。第三类别文化和自然遗产、设计和创意服务出口技术复杂度较低，在国际市场上处于竞争劣势。

对比分析不同种类创意产品出口技术复杂度指数的动态变迁，本书发现，创意产品间存在竞争力趋势差异。如图 9－2 所示，六类创意产品中表演和庆祝活动、视觉艺术和手工艺出口技术复杂度指数存在明显增长趋势，其增长幅度分别达到了 43% 和 57.84%。音像和交互媒介、设计和创意服务出口技术复杂度呈现明显的下降趋势，降幅分别为 33.49% 和 36.83%。

表 9－4　　2008～2016 年中国六类文化产品出口技术复杂度指数

序号	2008 年	2009 年	2010 年	2011 年	2012 年	2013 年	2014 年	2015 年	2016 年
1	276.74	169.04	180.58	360.10	367.90	423.01	268.57	191.96	327.97
2	5 811.24	6 048.84	5 654.95	6 032.56	6 452.59	6 054.37	6 582.52	7 380.18	8 334.34
3	7 717.88	7 593.16	8 853.46	11 761.18	11 555.37	12 439.16	12 492.08	12 071.77	12 181.94
4	3 103.88	3 134.50	2 955.58	3 121.88	3 029.04	3 145.57	3 123.98	3 296.54	3 281.80
5	13 426.66	13 515.24	14 444.83	10 303.20	9 940.49	9 672.98	9 161.15	9 423.94	8 929.89
6	5.81	9.59	8.36	2.69	3.13	5.26	2.73	1.30	3.67

注：序号 1、2、3、4、5、6 分别代表文化和自然遗产、表演和庆祝活动、视觉艺术和手工艺、书籍和报刊、音像和交互媒介、设计和创意服务。

资料来源：根据 UNcomtrade 数据库整理所得。

（二）中国创意产品出口竞争力的国际比较

考虑到以上关于创意产品自身出口技术复杂度的分析难以完全反映中国创意产品出口竞争力的变动趋势，因此，本书将进一步计算中国与其他样本国家（地区）创意产品的出口技术复杂度，并将二者对比分析，试图探寻中国创意产品相对出口竞争力，最终达到全面而准确评判中国创意产品出口竞争力情况的目的。

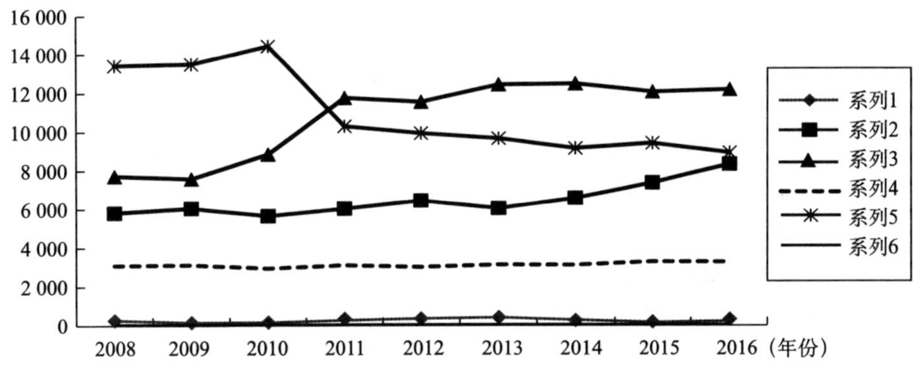

图 9-2 2008～2016 年中国分类文化产品出口技术复杂度指数

注：系列 1 代表文化和自然遗产、系列 2 代表表演和庆祝活动、系列 3 代表视觉艺术和手工艺、系列 4 代表书籍和报刊、系列 5 代表音像和交互媒介、系列 6 代表设计和创意服务。

本书借鉴尹宗成（2013）相对出口技术复杂度指数计算方法，考察中国与其他样本国家（地区）创意产品相对出口竞争力，其计算公式如下：

$$RES_c = ES_c/(\sum_j ES_j/n) \tag{9-3}$$

其中，RES_c为中国创意产品相对技术复杂度指数，表示中国与其他样本国家（地区）创意产品的相对出口技术复杂度，该指标的大小反映了中国与其他样本国家（地区）创意产品的出口竞争力的差距。当该指标大于 1 时，表明中国创意产品出口竞争力高于其他样本国家（地区）平均水平；当该指标小于 1 时，中国创意产品出口竞争力低于其他样本国家（地区）的平均水平。ES_c是指国家（地区）j 创意产品的出口技术复杂度指数，n 表示除中国以外其他样本国家（地区）的数量。利用该方法本书分别考察中国创意产品整体竞争力的相对水平与中国创意产品分类竞争力的相对水平。

（1）中国创意产品整体竞争力国际比较。如图 9-3 所示，2008～2016 年，中国创意产品相对出口技术复杂度始终大于 1，表明中国创意产品相对于其他 38 个样本国家（地区）呈现竞争优势，但是，与此同时，该指数呈现阶段变化趋势，2008～2010 年，中国文化产品相对出口技术复杂度指数呈现上升趋势，由 2008 年的 1.013 3 上升到 2010 年的 1.090 9，在此之后，直到 2016 年，中国文化产品相对出口技术复杂度指数呈下降趋势，中国创意产品的竞争优势地位正在弱化。

对比分析中国与 38 个样本国家（地区）文化产品出口技术复杂度指数年均增长率，如表 9-5 所示，本书发现，2008～2016 年，中国文化产品出口技术复

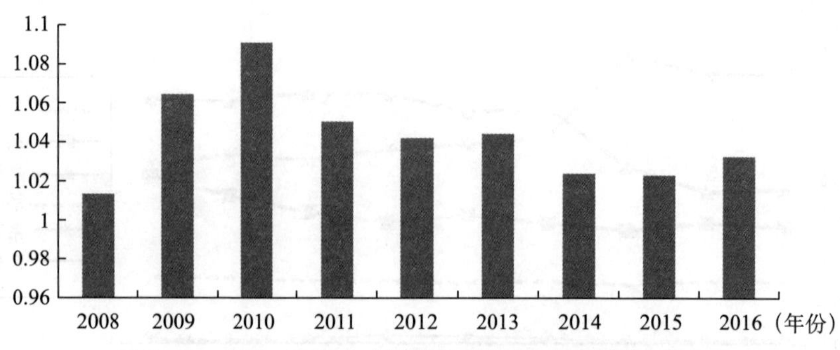

图 9-3 2008~2016 年中国文化产品相对出口技术复杂度

杂度指数年均增长率为 1.119 5%，高于 38 个样本国家（地区）文化产品 0.87%，位居第八位。文化产品出口技术复杂度指数增长率超过中国的国家分别是沙特阿拉伯、丹麦、卡塔尔、波兰、印度、罗马尼亚、阿联酋。

表 9-5 2008~2016 年样本国家（地区）文化产品出口技术复杂度年均增长率

序号	国家（地区）	相对出口技术复杂度指数增长率	序号	国家（地区）	相对出口技术复杂度指数增长率
1	682	0.015 7	21	344	0.008 7
2	208	0.013 4	22	484	0.008 5
3	634	0.013 1	23	826	0.008 5
4	616	0.012 4	24	643	0.008 3
5	699	0.011 6	25	842	0.008 0
6	422	0.011 4	26	276	0.007 9
7	784	0.011 3	27	251	0.007 9
8	156	0.011 2	28	458	0.007 6
9	704	0.011 0	29	608	0.007 3
10	792	0.010 5	30	58	0.006 0
11	381	0.010 4	31	360	0.005 8
12	36	0.010 2	32	124	0.005 6
13	764	0.010 1	33	348	0.005 3
14	376	0.009 9	34	410	0.005 1
15	40	0.009 8	35	752	0.005 0
16	757	0.009 8	36	372	0.004 9
17	528	0.009 7	37	203	0.004 3
18	76	0.009 6	38	392	0.004 1
19	724	0.009 6	39	702	0.003 4
20	703	0.008 8			

资料来源：根据 UNcomtrade 数据库整理所得。

（2）中国创意产品分类竞争力国际比较。根据公式（9－3），本书计算得到39个样本国家（地区）2008～2016年六类创意产品的相对出口技术复杂度指数。按其出口技术复杂度指数的大小排名，如表9－6所示。从观察期排名来看，中国具有较强出口竞争力的创意产品包括表演和庆祝活动、音像和交互媒介。其中，音像和交互媒介出口竞争力最强，2011年与2016年，中国该类文化产品相对出口技术复杂度指数排名第二，其余七年均排名第一。表演和庆祝活动相对出口技术复杂度指数排名在前15名。出口竞争力较弱的创意产品包括文化和自然遗产、视觉艺术和手工艺、书籍和报刊、设计和创意服务。这四类文化产品的相对出口技术复杂度指数均在20名以后。

表9－6　　2008～2016年中国文化产品出口技术复杂度世界排名

序号	2008年	2009年	2010年	2011年	2012年	2013年	2014年	2015年	2016年
0	15	1	1	3	1	3	9	9	5
1	22	24	25	21	20	24	27	30	25
2	13	12	13	10	13	12	12	12	12
3	32	29	30	29	30	28	27	30	29
4	26	26	26	26	24	23	24	21	22
5	1	1	1	2	1	1	1	1	2
6	27	28	28	32	33	30	34	30	31

注：序号0代表2008～2016年中国六类文化产品出口技术复杂度综合排名；序号1、2、3、4、5、6分别代表文化和自然遗产、表演和庆祝活动、视觉艺术和手工艺、书籍和报刊、音像和交互媒介、设计和创意服务这六类文化产品出口技术复杂度分别排名。

资料来源：根据UNcomtade数据库整理所得。

本书进一步考察中国与其他38个样本国家（地区）六类文化产品的国际竞争力差距，如表9－7所示，文化和自然遗产、视觉艺术和手工艺、书籍和报刊以及设计和创意服务四类文化产品的相对出口技术复杂度指数小于1，表明中国这四类文化产品的出口竞争力低于世界主要文化产品出口国（地区）的平均水平。其中，文化和自然遗产2015年相对出口技术复杂度指数低至0.228 3，设计和创意服务2011年相对出口技术复杂度低至0.049 2，远低于世界平均水平。表演和庆祝活动、音像和交互媒介相对出口技术复杂度指数高于1，表明中国这两类文化产品的出口竞争力高于世界平均水平，尤其是音像和交互媒介表现突出，2010年，其相对技术复杂度高达6.98，即使在历史低点，2011 年，其数值也在 4.790 7，表明设计和创意服务的出口竞争力水平远高于世界平均水平。

表 9-7　　2008~2016 年中国六类文化产品相对出口技术复杂度指数

年份	1	2	3	4	5	6
2008	0.371 5	1.112 1	0.506 3	0.485 1	5.887 2	0.121 3
2009	0.286 0	1.178 8	0.533 2	0.503 0	5.673 0	0.186 4
2010	0.303 2	1.173 1	0.555 4	0.499 1	6.980 0	0.113 5
2011	0.426 1	1.326 9	0.700 0	0.550 9	4.790 7	0.049 2
2012	0.473 0	1.328 0	0.675 1	0.539 3	6.030 2	0.049 5
2013	0.495 0	1.237 2	0.706 2	0.577 5	6.295 1	0.105 3
2014	0.263 1	1.225 6	0.726 7	0.567 9	5.173 4	0.073 3
2015	0.228 3	1.252 4	0.673 1	0.642 0	5.488 6	0.011 4
2016	0.381 4	1.262 5	0.689 6	0.634 9	5.299 6	0.111 1

注：1、2、3、4、5、6 分别代表文化和自然遗产、表演和庆祝活动、视觉艺术和手工艺、书籍和报刊、音像和交互媒介、设计和创意服务。

资料来源：根据 UNcomtrade 数据库整理所得。

四、结论与政策建议

为了探寻中国文化产品出口竞争力演变情况，本书利用 2008~2016 年 BACI 数据库相关数据统计得到中国文化产品出口技术复杂度指数，并与世界 38 个主要文化产品出口国（地区）进行了对比分析。得出以下两点主要结论：第一，整体上，中国文化产品在出口规模不断提升的同时，其出口结构得到优化。具体表现为样本期间，中国文化产品出口技术复杂度指数不断上升。相对于 38 个样本国家（地区），中国文化产品出口技术复杂度水平位居前列，高于样本国家（地区）平均水平。但是，与此同时，中国文化产品相对出口竞争力呈现阶段性趋势，表现为中国文化产品的相对出口技术复杂度呈现先上升后下降继而上升的态势。第二，具体考察六类文化产品，本书发现，中国不同文化产品出口竞争力存在较大差异。静态来看，视觉艺术和手工艺、音像和交互媒介出口技术复杂度较高，具有较强竞争优势；表演和庆祝活动、书籍和报刊技术复杂度指数居中，拥有一定的竞争力；文化和自然遗产、设计和创意服务出口技术复杂度较低，在国际市场上处于竞争劣势。动态来看，表演和庆祝活动、视觉艺术和手工艺出口技术复杂度指数存在明显增长趋势；音像和交互媒介、设计和创意服务出口技术复杂度呈现明显的下降趋势。另外，从相对出口竞争力来看，六类文化产品的出口竞争力均高于世界主要文化产品出口国（地区）平均水平。

本章提出以下政策建议。

第一，制定并完善文化产业的发展战略，实施配套财税优惠政策，改革创意产业的投融资体制，加强创意产业项目的辅导和推动，延长创意产业链，推动文化创意企业快速生长和集聚发展，形成新的产业发展集群。

第二，推动传统产业与创意文化产业的升级互动，促进传统资源与文化创意的有机结合，加强文化创意产业与旅游、商贸、科技等产业相互融合、互利共赢，提升文化产业的内涵和附加值。

第三，整合各类文化资源，通过合理开发，资源共享，使其成为创意文化的源泉。整合各类文化产品和民间文化资源，提供市民喜闻乐见的优质文化产品，组织高质量的文化活动，激发他们参与文化活动的热情，培育和发展创意文化市场。

第十章

知识产权保护对文化产业出口竞争力的影响

随着全球化与信息化进程的加速，国际文化贸易已然成为全球贸易的重要组成部分。由于国际文化产品具有经济与文化双重属性，所以国际文化产品贸易不仅仅表现为经济活动，同时，它具有丰富的文化内涵，是经济活动与文化交流的有机结合。世界主要国家在面临经济衰退、外交困境时，无一不是通过制定与执行相关文化战略实现其经济复苏，出口促进以及改善国家形象的目标。无论是英国的“创意经济”战略、日本、韩国的“文化立国战略”，还是美国的好莱坞电影全球化战略，均是通过通向世界的对外文化贸易得以实现。文化贸易在国际经济中地位的快速提升及其对文化影响力的不断渗透使其成为国际竞争的前沿阵地。在此背景下，我国政府高度重视文化产业发展，党的十八大报告提出，2020年，将我国文化产业打造为国民支柱性行业的目标。其后，文化产业得到了快速发展，2012 年，我国文化产业增加值为 18 071 亿元，2016 年，这一数值已增加为 30 254 亿元，同期，占 GDP 的比例亦由 3.48% 提升到 4.07%。现阶段，我国仍然处于社会主义初级阶段，技术水平发展相对滞后，经济增长主要依靠高耗能、高污染、高排放的传统行业，如何进一步促进文化产业的发展壮大，提升其在国民收入中的比例，对于实现经济转型、提质增效、推动国民经济的可持续发展将发挥重要作用。从文化产业的定义来看，它是指以产权保护为前提，文化所能提供的各种产品与服务，包括报纸、图书、媒体内容，可见，文化产业的发展与知识产权保护密切相关，文化产业是知识输出与流通的行业。本书将重点考察知识产权保护对中国文化产业出口竞争力的影响，从而给出相关政策建议，促进文化产业的发展。

一、文献综述

文化创意产品国际竞争力影响因素的相关研究。路世昌（2016）考察了 G20 国家创意商品出口技术复杂度的影响因素，结果表明，研发投入、FDI、贸易开放度均能促进创意产品出口技术复杂度，但是 FDI 的促进效应不明显。陈晓清（2008）等利用引力模型并结合美国与 15 个国家（地区）的双边文化贸易数据考察了国际文化贸易的影响因素。结果表明，同种语言体系、贸易优惠政策、对象国电脑普及率均能显著影响美国文化贸易。蒙英华（2012）利用中国与 23 个国家（地区）文化产品数据考察了中国文化贸易的决定因素，结果表明，中国文化产品出口受出口国购买力水平、中国文化产品出口效率、自贸区协定与贸易伙伴国距离等因素影响显著。中国文化产品进口受中国购买力水平、自贸区协定与贸易伙伴国距离等因素影响显著。王洪涛（2014）重点考察了文化差异对中国创意产品出口的影响，结果表明，文化差异总体上会阻碍中国创意产品出口，但是针对不同贸易对象国，其影响存在差异，文化差异对中国创意产品出口发展中经济体存在阻碍作用，但是对出口发达经济体有促进作用。原因在于“文化折扣效应”和“偏好强化”效应同时发生。刘杨（2013）基于 2001 ~ 2010 年 11 个 OECD 国家文化产品的出口数据，分析了文化产品贸易的影响因素，他认为，与普通商品贸易不同，文化距离及文化产品具有的消费成瘾性显著，文化产品贸易、地理距离的影响不显著。许陈生（2013）同样认为，总体上，文化距离会显著阻碍对中国文化创意产品的出口，但针对不同特征进口国或地区，其影响存在差异，具体而言，在高收入地区和非儒家文化圈，文化距离对中国文化创意产业的影响为负，在低收入水平进口国地区，文化距离的影响为正。在儒家文化圈及文化国际化程度地的进口国地区，文化距离的影响不显著。汪颖（2014）利用中国与 35 个贸易伙伴国 2002 ~ 2011 年的文化产品贸易数据，考察了中国文化产品贸易的影响因素，其结论表明，消费网络外部性与文化亲近是两个重要的影响因素。文化产品消费网络外部性可以通过消费偏好外溢、知识与文化外溢影响我国创意产品贸易，文化亲近对文化产品贸易的影响因不同类别文化产品而有差异。方英（2018）以 2011 ~ 2015 年中国与“一带一路”沿线 64 个国家的文化产品贸易数据为基础，并利用随机前沿模型，考察了中国文化产品出口的影响因素，研究表明，经济规模、人口规模等对文化贸易具有促进作用，地理距离以及文化距离对文化贸易具有阻碍作用。另外，关税、自由贸易协定、进口清关时间均对文化出口效率产生影响。樊琦（2017）利用 1996 ~ 2013 年中国文化产品贸易，考察了文化特征对文化贸易出口二元边际的影响，研究表明，宗教信仰、中华文化圈和殖民史均能显著提升文化贸易的二元边际，但是文化距离对其具有抑制作用。高长春测度安徽省文化产业集聚水平，研究知识产权保护力度、科技创新水平、人力资本等因素对文化产业集聚的影响，说明知识产权保护力度对文化产业集聚的重要影响性。

如上所述，关于文化产业的研究成果较为丰硕，为后续研究奠定基础，但以下研究仍有待加强：一是关于文化产业六类细分行业的研究有待进一步廓清；二是已有文献鲜有提及知识产权保护对文化产业出口竞争力的影响，本书认为这一问题需要进一步明确；三是文化产业出口竞争力指标的选取有待进一步完善。

二、计量模型、指标构建与数据来源

（一）计量模型

理论上讲，一国（地区）知识产权保护水平的提升会通过市场扩张效应和市场垄断效应两方面影响东道国文化产品出口竞争力。由于上述两种影响方向相反，所以无法确定知识产权保护对文化产品竞争力的影响。因此，本书的研究重点在于定量分析知识产权保护对文化产业出口技术复杂的影响，其计量模型如下：

$$ET_{it} = \alpha + \beta IPR_{it} + \gamma X_{it} \tag{10-1}$$

其中，i 代表国家（地区），t 表示年份，ET 代表文化产业出口技术复杂度，IPR 代表知识产权保护水平，X 代表相关控制变量如经济发展水平、对外直接投资流入、物质资本、金融发展、研发投入、贸易开放度以及基础设施投入。

（二）指标度量

（1）文化产品出口技术复杂度。本书对中国创意产品出口技术复杂度的测算借鉴豪斯曼德（Hausmand）等方法，其基本思想源于两个方面：一是比较优势，该理论认为，开放条件下，一国（地区）出口的产品种类取决于生产成本的比较优势，工资水平较高的国家（地区）倾向于出口技术复杂度较高的产品，而低工资水平国家（地区）倾向于出口低技术复杂度产品；二是出口产品的技术复杂度与经济发展水平相关，样本国家（地区）的加权平均收入越高则产品技术复杂度越高。首先，分别计算六类创意产品的出口技术复杂度。其公式如下：

$$TSI_i = \sum_j \frac{\frac{x_{ji}}{x_j}}{\sum_j \frac{x_{ji}}{x_j}} Y_j \qquad (10-2)$$

然后，计算国家（地区）j 创意产品的出口技术复杂度，其公式如下：

$$ES_i = \sum_i \frac{x_{ji}}{X_j} TSI_j \qquad (10-3)$$

其中，TSI_i表示第 i 类创意产品的技术复杂度指数，x_{ji}表示国家（地区）j 对 i 类创意产品的出口额，X_j表示 j 国家（地区）创意产品的出口总额，Y_j表示国家（地区）j 的人均收入水平，ES_j表示 j 国家（地区）创意产品的出口技术复杂度指数。表 10－1 为 2016 年 39 个样本国家（地区）文化产业出口技术复杂度。由表中数据可知，2016 年，波兰文化产品出口技术复杂度最高，为 33 434.93 国际元。排名第二位和第三位的分别是荷兰和丹麦。中国排名第五，为 33 059.61 国际元。

表 10－1　　2016 年 39 个样本国家（地区）文化产品出口技术复杂度

排序	国家(地区)代码	国家（地区）	出口技术复杂度（国际元）	排序	国家(地区)代码	国家（地区）	出口技术复杂度（国际元）
1	616	波兰	33 434.93	21	842	美国	31 976.32
2	528	荷兰	33 280.83	22	376	以色列	31 757.96
3	208	丹麦	33 274.34	23	422	罗马尼亚	31 721.42
4	703	斯洛伐克	33 085.60	24	251	法国	31 624.06
5	156	中国	33 059.61	25	634	卡塔尔	31 575.52
6	36	澳大利亚	32 787.27	26	344	中国香港特区	31 571.59
7	643	俄罗斯	32 757.43	27	702	新加坡	31 516.62
8	372	爱尔兰	32 689.42	28	608	菲律宾	31 510.91
9	124	加拿大	32 625.31	29	381	意大利	31 492.79
10	826	英国	32 579.48	30	76	巴西	31 488.59
11	276	德国	32 421.24	31	757	瑞士	31 326.70
12	724	西班牙	32 353.79	32	458	马来西亚	31 323.78
13	40	奥地利	32 332.55	33	410	韩国	31 291.02
14	58	比利时	32 272.97	34	792	土耳其	31 269.12
15	752	瑞典	32 267.65	35	784	阿联酋	31 241.30
16	203	捷克	32 257.24	36	699	印度	31 237.56
17	484	墨西哥	32 228.71	37	704	越南	31 216.89
18	682	沙特阿拉伯	32 145.83	38	360	印度尼西亚	31 208.20
19	348	匈牙利	32 123.32	39	764	泰国	31 165.05
20	392	日本	32 052.27				

资料来源：BACI 数据库整理所得。

（2）知识产权保护。已有研究大多将知识产权保护分为立法水平和执法水平两个方面，然后将两者相乘计算其知识产权保护指数，其中，立法水平的度量通常参照 G－P 指数，考虑到 G－P 指数的间隔期长达 5 年，目前为止，G－P 指数的更新到 2005 年，所以本书选取《全球竞争力报告》中知识产权保护指数作为各国（地区）知识产权保护水平。2016 年，39 个样本国家（地区）知识产权保护水平如表 10－2 所示。

表 10－2　　2016 年 39 个样本国家（地区）知识产权保护水平

排序	国家(地区)代码	国家（地区）	知识产权保护	排序	国家(地区)代码	国家（地区）	知识产权保护
1	757	瑞士	6.60	21	203	捷克	5.00
2	528	荷兰	6.20	22	682	沙特阿拉伯	4.80
3	702	新加坡	6.20	23	422	罗马尼亚	4.60
4	826	英国	6.20	24	156	中国	4.50
5	58	比利时	6.00	25	360	印度尼西亚	4.50
6	40	奥地利	5.90	26	724	西班牙	4.50
7	344	中国香港特区	5.90	27	381	意大利	4.40
8	372	爱尔兰	5.90	28	410	韩国	4.40
9	376	以色列	5.90	29	699	印度	4.40
10	36	澳大利亚	5.80	30	703	斯洛伐克	4.30
11	124	加拿大	5.80	31	76	巴西	4.20
12	251	法国	5.80	32	484	墨西哥	4.10
13	392	日本	5.80	33	608	菲律宾	4.10
14	752	瑞典	5.80	34	348	匈牙利	4.00
15	842	美国	5.80	35	616	波兰	4.00
16	276	德国	5.70	36	643	俄罗斯	3.70
17	634	卡塔尔	5.70	37	792	土耳其	3.70
18	784	阿联酋	5.70	38	704	越南	3.60
19	208	丹麦	5.60	39	764	泰国	3.50
20	458	马来西亚	5.30				

资料来源：2009～2017 年《全球竞争力报告》。

（3）经济发展水平。一方面，文化产业属于知识、资本密集型产业，该产业的发展需要大量人才储备与资本积累，只有经济水平发展到一定程度时，一国

（地区）才具备这样的条件。另一方面，由于文化产品的功能在于满足人们的精神需求，只有一国（地区）经济发展水平较高时，其消费需求才比较旺盛，所以综合以上两点，一国（地区）经济发展水平会显著影响该国（地区）文化产业出口竞争力。本书选取人均 GDP 作为经济发展水平的代理变量，数据来源于 2009～2017 年《中国统计年鉴》。

（4）对外直接投资流入。对外直接投资的流入能够为东道国带来大量的资本与先进的生产技术，促进东道国创新水平的提升，对于知识、资本密集型文化产业的影响尤为明显。所以本书选取对外直接投资流入作为控制变量，以外直接投资流入/GDP 的比例衡量该指标，相关数据来源于 WTO 网站。

（5）物质资本。要素禀赋理论表明，物质资本充裕的国家（地区）在资本密集型行业的出口上具有比较优势，因而能够促进文化产业出口技术复杂度，提升其出口竞争力。本书以物质资本占 GDP 的比例作为代理变量，相关数据来源于世界银行。

（6）金融发展。金融发展水平较高的地区往往拥有较为完善的金融体系，企业能够以较低的成本便捷地获取自身发展所需要的资金，从而变革技术，提升其生产效率。文化产业具有资本、技术密集型的特征，其发展壮大尤其需要资金支持，因此，金融发展是文化产业竞争力提升的关键因素。本书选取私人信贷占 GDP 的比例作为金融发展指标，相关数据来源于世界银行。

（7）研发投入。大量研究表明，研发投入是影响技术创新的重要指标，研发投入较高的国家（地区）其创新水平较高，进而能够提升该国（地区）产品出口的竞争力。本书选取研发投入作为控制变量，并以样本国家（地区）研发支出占 GDP 的比重作为衡量指标，相关数据来源于世界银行。

（8）贸易开放度。一国（地区）贸易开放度的提升有利于该国（地区）文化产业参与国际分工，获取先进的技术与管理经验，提升文化产品的出口竞争力。本书选取该变量作为控制变量，以一国（地区）对外贸易总额占 GDP 的比例来衡量，相关数据来源于世界银行。

（9）基础设施。大量研究表明，一国（地区）基础设施的完善能够有效降低企业生产成本，提高企业生产效率水平，从而促进产品的出口竞争力。因此，本书选取基础设施指标作为控制变量，以每百人中因特网使用人数作为代理变量，相关数据来源于世界银行。

表 10－3 揭示了 2008～2016 年相关变量的统计性描述分析，样本数据表明，39 个样本国家（地区）出口技术复杂指数存在较大差异，区分度较高。

该指标均值为30 374，最大值为33 434.93，最小值为27 210.43。样本国家（地区）的知识产权保护水平同样存在差异，其均值为4.71，最大值为6.6，最小值是2.5，前者是后者的2倍多。另外，各国（地区）在对外直接投资、物质资本、金融发展、研发投入、贸易开放度、基础设施以及经济发展等指标上也存在差异。

表10-3　　相关变量的统计性描述分析

变量	代码	样本数	均值	标准差	最小值	最大值
出口技术复杂度	ET	351	30 374	1 270.57	27 210.43	33 434.93
知识产权保护	COMIPP	351	4.71	1.05	2.5	6.6
对外直接投资流入	INFDI	351	0.039 1	0.073	-0.120 4	0.648
物资资本	CAP	351	24.814 5	6.119 5	14.428 3	47.685 8
金融发展	FIN	342	126.872 6	69.629 8	-10.151 8	345.721 9
研发投入	RD	292	1.717 3	1.051 6	0.045 1	4.405 4
贸易开放度	TRA	351	106.165 9	80.147 9	22.105 9	442.62
基础设施	INR	349	20.393 7	11.869 1	0.265 3	44.667 5
经济发展	PGDP	351	31 130.63	21 828.99	991.484 6	88 564.82

三、实证分析

（一）基本回归结果

表10-4模型（1）与模型（2）基于OLS估计方法考察了知识产权保护对文化产业出口技术复杂度的影响，前者将知识产权保护作为唯一解释变量，后者加入了相关控制变量，其结果表明，知识产权保护能够显著影响文化产品出口技术复杂度。考虑到OLS估计方法存在局限性，本书继而以随机效应模型与固定效应模型对上述结论进行验证，其中，模型（3）和模型（4）反映了随机效应的回归结果，模型（5）和模型（6）反映了固定效应的回归结果，无论是运用固定效应还是随机效应，其回归结果均表明OLS方法估计的稳健性，即知识产权保护的加强能够促进文化产业的出口技术复杂度。进一步考虑其他控制变量，本书发现，对外直接投资的流入、资本的积累、金融发展、研发投资、基础设施投资以及经济发展水平的提升均能显著促进文化产业出口竞争力的提升，但是对外开放度对文化产业出口技术复杂度的影响不明显。

表 10－4　　基本回归结果

指标	OLS		RE		FE	
	模型（1）	模型（2）	模型（1）	模型（2）	模型（1）	模型（2）
COMIPP	230.106 8***	337.876 2***	659.005 3***	736.793 2***	1 901.935***	1 008.653***
	(63.326 4)	(131.358 5)	(102.235 7)	(166.768 7)	(161.236 2)	(172.984 3)
INFDI		2 498.353**		1 513.211**		1 025.64*
		(1 304.333)		(612.102 4)		(516.784 3)
CAP		33.920 4**		20.694 6**		60.307 1**
		(14.131 1)		(9.241 5)		(28.005 3)
FIN		0.175 3**		3.627 1**		2.593 6***
		(0.087 4)		(1.475 1)		(0.878 5)
RD		97.515 9**		121.717 5***		430.106 3***
		(41.842 3)		(34.716 4)		(101.073 6)
TRA		0.919 9		－2.964 2		－2.795 1
		1.322 4		2.016 1		4.602 6
INR		29.055 4***		59.768 7***		109.266 7***
		(10.349 6)		(18.239 4)		(20.931 5)
PGDP		0.029 8***		0.039 71***		0.034 9**
		(0.007 8)		(0.009 1)		(0.014 7)
常数项	29 289.06***	27 645.74***	27 266.27***	25 486.72***	21 404.27***	18 802.87***
	(306.012 7)	(541.733 9)	(498.063)	(818.998)	(762.096 8)	(1 174.458)
估计方法	ols	ols	re	re	fe	fe
样本数	351	284	351	284	351	284

注：①括号内数值为回归系数的标准误。②***、**、*分别表示在1%、5%和10%的显著性水平上显著。③RE 与 FE 分别代表随机效应模型与固定效应模型。

（二）工具变量回归结果

一国（地区）实施适度知识产权保护不但能够营造良好的竞争环境、提高创新水平、实现出口技术复杂度的提升，而且能够吸引高水平 FDI、进口贸易从而达到依赖国外技术外溢优化出口结构的目的。所以，适度知识产权保护能够提升出口技术复杂度。但与此同时，出口技术复杂度水平更高的地区更加重视知识产权保护，才会进一步完善知识产权保护体系。因此，知识产权保护与文化产品出口技术复杂度存在内生性问题。解决这一问题的有效方法是寻找一个工具变量，该变量与知识产权保护高度相关，但独立于文化产业出口技术复杂度。本书参照豪斯曼和泰勒（Hausman & Taylor，1981）对工具变量的处理方法，将知识产权保护作为内生变量，并以知识产权保护与 GDP 的滞后项为工具变量，其计量结果如表 10－5 所示。

表 10－5 IV 估计回归结果

指标	模型（1）	模型（2）	模型（3）	模型（4）	模型（5）	模型（6）	模型（7）
COMIPP	433.565 3***	－137.907 3	564.850 9***	1 048.731***	523.537 6**	388.649 9***	16.011 2***
	(135.756 5)	(109.410 8)	(154.107 2)	(352.040 2)	(189.081 7)	(103.736)	(5.183 6)
INFDI	2 033.249*	－1 632.818	3 345.575**	2 345.53**	2 795.868**	3 561.135**	325.803 8
	(1 166.504)	(1 709.719)	(1 435.226)	(1 045.713)	(1 311.937)	(1 507.156)	(474.310 3)
CAP	43.795 6***	－18.983 1	44.056 2**	348.773***	228.394 4***	19.091 3*	2.086 8**
	(14.110 6)	(12.861 4)	(16.395 3)	(89.761 7)	(61.356 4)	(10.618 3)	(0.940 9)
FIN	0.525 6**	0.107 9	5.451 1***	10.658 1***	6.593 2***	7.313 5***	0.071 2*
	(0.241 3)	(1.167 1)	(1.576 1)	(3.543 1)	(2.143 2)	(2.036 5)	(0.043 4)
RD	186.915 1**	81.968 3	329.361 4*	343.773**	128.273***	86.674 5***	16.410 3***
	(89.263 3)	(66.374 8)	(200.197 8)	(148.611 3)	(34.157 6)	(26.870 4)	(6.265 3)
TRA	－0.324 2	1.768 8	15.063 8***	－15.693 4	25.150 7***	2.760 9	0.744 4*
	(1.360 7)	(1.560 8)	(5.658 3)	(10.248 4)	(6.401 6)	(2.792 7)	(0.375 3)
INR	8.395 8***	37.086 3	146.406 6**	65.727 2**	－122.916 9***	44.858 6**	1.092 8
	(2.456 3)	(39.837 9)	(67.011 2)	(30.165 3)	(40.298 6)	(20.945 1)	(2.011 4)
PGDP	0.030 7***	0.007 4	0.024 5***	0.042 7***	0.055 1***	0.014 6***	0.032 6***
	(0.007 7)	(0.005 8)	(0.004 5)	(0.007 1)	(0.003 6)	(0.002 1)	(0.007 5)
常数项	28 931.52***	1 453.546***	6 344.022***	5 912.891***	11 954.06***	4 115.342***	140.766 8***
	(535.187 6)	(470.371 7)	(2 342.416)	(1 988.475)	(2 222.061)	(1 541.052)	(36.050 6)
Hausman 检验	34.271	25.248	26.475	28.747	35.198	36.265	32.173
	(0.000)	(0.000)	(0.000)	(0.000)	(0.000)	(0.000)	(0.000)
Sargan	0.765	0.817	0.657	0.835	0.865	0.743	0.683
样本数	219	219	219	219	219	219	219

注：①括号内数值为回归系数的标准误。②***、**、*分别表示在1%、5%和10%的显著性水平上显著。③模型（1）对所有文化产品的实证检验，模型（2）对文化和自然遗产等文化产品的实证检验，模型（3）代表对表演和庆祝活动等文化产品的实证检验，模型（4）代表对视觉艺术和手工艺等文化产品的实证检验，模型（5）代表对书籍和报刊等文化产品的实证检验，模型（6）代表对音像和交互媒介等文化产品的实证检验，模型（7）代表对设计和创意服务等文化产品的实证检验。

由表10－5工具变量回归结果可知，整体而言，知识产权保护水平的加强能够显著提升文化产业出口技术复杂度。进一步验证了上述结论。针对六类细分行业，本书发现，知识产权保护的影响存在较大差异。知识产权保护对文化和自然遗产等文化产品出口技术复杂度影响不显著，可能的原因在于，文化和自然遗产主要内容是古董，古董是为人所珍视的古代器物，具有不可再生性，因此，知识产权保护的提高无法促进古董的出口技术复杂度。同样，对外直接投资流入、物质资本、金融发展、研发投入、基础设施与人均 GDP 等经济指标对文化和自然遗产等文化产品的出口技术复杂度影响不显著。知识产权保护对表演和庆祝活动、艺术和手工艺、书籍和报刊、音像和交互媒介、设计和创意服务等五类文化产品的出口技术复杂度均显著为正，表明知识产权保护水平的加强有助于提升五类文化产品的出口竞争力。

（三）系统 GMM 回归结果

新新贸易理论表明，微观企业进入国外市场必须克服各种固定成本，随着企业出口规模的扩大，对当地市场的认知程度会不断增加，贸易障碍会随之缩小，所以企业的出口决策行为具有一定程度的连续性。换言之，一国（地区）的出口行为会受到上一期出口行为的影响。因此，本书将文化产品出口技术复杂度的滞后项作为一个自变量引入回归方程，但是这种做法会使回归结果产生内生性问题，尽管运用工具变量能在一定程度上克服这一问题，但是由于工具变量的准确性存在不确定性，所以回归结果的可靠性仍值得商榷，鉴于此，本书将进一步引入 GMM 回归方法，大量研究表明，当计量模型中出现自变量滞后项时，GMM 回归能够有效地解决这一内生性问题。GMM 方法包括一阶差分 GMM 与系统 GMM，相对于一阶 GMM 方法，系统 GMM 方法能够提供更多的样本信息，所以本书选取系统 GMM 方法，其具体做法是以上述工具变量为基础进行 GMM 估计，计量结果如表 10－6 所示。

表 10－6　　　　系统 GMM 估计回归结果

指标	模型（1）	模型（2）	模型（3）	模型（4）	模型（5）	模型（6）	模型（7）
L. COMIPP	0.341 3*** (0.060 2)	0.004 8 (0.074 2)	0.797 6*** (0.057 8)	0.733 1*** (0.058 8)	0.540 1*** (0.086 8)	0.364 2*** (0.076 4)	0.312 7*** (0.057 7)
COMIPP	422.232 2*** (125.334 6)	－1 121.476 6 (1 259.923)	2 287.019*** (465.527 8)	465.206 8*** (137.257 5)	45.040 5*** (12.557 7)	877.166 7** (427.272)	37.360 1*** (11.387 1)
INFDI	1 682.396** (765.927)	－456.798 4 (997.464 3)	1 033.427*** (343.523)	559.843** (276.411)	364.052*** (129.358)	4 016.71** (1 535.615)	444.687 3** (212.541 1)
CAP	135.112 9*** (40.617 6)	－25.780 4 (32.917 7)	185.422 6** (78.142 7)	167.712*** (47.169 3)	37.947 6** (17.040 2)	1.970 7 (88.375 7)	16.453 6*** (5.463 8)
FIN	13.538 6*** (4.278 1)	－2.564 7 (2.766 9)	1.475 6** (0.657 1)	5.915 2*** (1.482 4)	13.366 1** (5.931 3)	19.024 1** (9.666 5)	8.566 7*** (1.504 6)
RD	1 405.645*** (398.567 1)	－68.184 3 (253.389 6)	1 828.018*** (713.691)	490.619 9** (200.201 1)	578.569 7** (217.806 9)	2 081.244*** (606.930 2)	54.769 9*** (15.564 3)
TRA	14.192 1*** (3.904 2)	9.942 6*** (3.726 2)	6.812 3* (4.135 7)	5.351 9 (14.822 4)	10.512 4** (5.243 9)	15.396 5** (7.025 7)	0.732 5 (0.990 8)
INR	141.756 9*** (32.347 2)	－26.898 4 (21.429 2)	153.928 4*** (59.117 1)	91.380 6** (42.344 6)	105.971 3** (49.291 8)	118.213 9* (68.054 5)	15.591 3** (7.591 3)

续表

指标	模型（1）	模型（2）	模型（3）	模型（4）	模型（5）	模型（6）	模型（7）
PGDP	0.073 29***	0.001 5	0.081 2***	0.099 4***	0.013 2**	0.019 7***	0.026 1***
	(0.013 7)	(0.012 6)	(0.028 6)	(0.031 9)	(0.057 2)	(0.004 5)	(0.006 9)
常数项	11 699.21***	1 243.703	4 793.754**	2 640.586***	694.722***	4 056.407***	610.957***
	(2 088.289)	(921.859)	(2 193.011)	(798.547)	(231.633)	(1 504.952)	(195.031 3)
AR（2）	0.317 6	0.514 7	0.487 9	0.504 7	0.498 7	0.398 6	0.614 2
Hansen	0.348 7	0.487 6	0.436 8	0.478 1	0.464 5	0.379 1	0.589 2
样本数	252	252	252	252	252	252	252

注：①括号内数值为回归系数的标准误。②***、**、*分别表示在1%、5%和10%的显著性水平上显著。

表10－6系统GMM回归结果表明，知识产权保护水平的加强能够显著提升文化产业出口技术复杂度，与上述结论一致。另外，文化产品出口技术复杂度具有显著的连续性特征，即本期文化产品的出口技术复杂度显著影响下一期。进一步，基于动态面板考察知识产权保护对六类细分文化产业出口技术复杂度，本书发现，知识产权保护对文化和自然遗产等文化产品出口技术复杂度影响不显著，其结论具有稳健性。知识产权保护水平的加强能够显著提升表演和庆祝活动、艺术和手工艺、书籍和报刊、音像和交互媒介、设计和创意服务等五类文化产品的出口技术复杂度。

四、结论与政策建议

（一）主要结论

本书基于最小二乘法（OLS）、工具变量法以及系统GMM方法，并运用2008～2018年BACI数据库考察了知识产权保护对文化产业出口技术复杂度的影响。本书发现，知识产权保护的加强能够促进文化产业的出口技术复杂度。进一步考虑其他控制变量，本书发现，对外直接投资的流入、资本的积累、金融发展、研发投资、基础设施投资以及经济发展水平的提升均能显著促进文化产业出口竞争力的提升。但是，对外开放度对文化产业出口技术复杂度的影响不明显。针对六类细分行业，本书发现，知识产权保护的影响存在较大差异。知识产权保护对文化和自然遗产等文化产品出口技术复杂度影响不显著，但是对表演和庆祝活动、艺术和手工艺、书籍和报刊、音像和交互媒介、设计和创意服务等五类文化产品的出口技术复杂度均显著为正，表明知识产权保护水平的加强有助于提升五类文化产品的出口竞争力。

（二）政策建议

第一，完善文化产业的知识产权保护体系。本书实证部分表明，知识产权保护力度的加强能够促进文化产业创新水平，提升其出口竞争复杂度，所以应该完善文化产业知识产权保护体系。第二，对不同文化产业实施差异化的知识产权保护体系。根据本书上述结论，知识产权保护对文化和自然遗产等文化产品出口技术复杂度影响不显著，但是对表演和庆祝活动、艺术和手工艺、书籍和报刊、音像和交互媒介、设计和创意服务等五类文化产品的出口技术复杂度均显著为正，所以应该加强五类文化产品的知识产权保护力度。第三，完善文化产业的知识产权评估与质押体系。由于文化产业属于知识密集型产业，该产业具有重创意轻资产的特点，所以需要建立相关的评估及质押体系从而缓解文化产业的融资约束，促进其健康发展。第四，本书实证部分表明，对外直接投资的流入、资本的积累、金融发展、研发投资、基础设施投资以及经济发展水平的提升均能显著促进文化产业出口竞争力的提升，所以应该广泛吸纳外商直接投资，积极寻求资本积累的渠道，加大金融发展力度，促进研发与基础设施投资，努力提升其经济发展水平。

参考文献

[1] 蔡晓慧，茹玉骢．地方政府基础设施投资会抑制企业技术创新吗？[J]．管理世界，2016（11）：32－51.

[2] 陈维涛．贸易自由化、进口竞争与中国工业行业技术复杂度［J］．国际贸易问题，2017（1）：50－59.

[3] 陈伟雄．中日韩创意产品贸易竞争力比较分析与发展策略［J］．亚太经济，2017（1）：111－115.

[4] 陈晓华，李妮丹．城市化对中国制造业出口技术复杂度影响的实证分析［J］．西安电子科技大学学报（社会科学版），2017（3）：31－44.

[5] 陈晓清．国际文化贸易影响因素的实证分析——以美国1996～2006年对外文化贸易双边数据样本为例［J］．文化研究，2008（4）：90－94.

[6] 陈勇兵．中间品进口会促进企业生产率增长吗——基于中国企业微观数据的分析［J］．财贸研究，2012（3）：76－86.

[7] 从海彬．中国文化创意产品贸易出口技术结构的测算与国际比较［J］．经济问题探索，2016（9）：85－91.

[8] 丛海彬．中日创意产品贸易国际竞争力比较分析——基于国际分工视角［J］．未来与发展，2014（7）：53－61.

[9] 代中强．知识产权保护提高了出口技术复杂度吗？——来自中国省际层面的经验研究［J］．科学学研究，2014（12）：1846－1858.

[10] 党文娟，邓莉，杨红．FDI流入与各省区创新能力关系的实证分析［J］．统计与决策，2009（11）：73－75.

[11] 邓海滨，廖进中．制度因素与国际专利流入：一个跨国的经验研究［J］．科学学研究，2010，28（6）．

[12] 樊琦．文化特征对文化贸易出口二元边际的影响［J］．国际贸易问题，2017（12）：108－116.

[13] 方显仓，曹政．行业融资依赖、地区金融深化与中国制造业出口优势［J］．世界经济研究，2018（8）．

[14] 方英．中国文化贸易结构和贸易竞争力分析［J］．商业研究，2012［1］：23－28.

[15] 方英. 中国与“一带一路”沿线国家文化贸易潜力及影响因素：基于随机前沿引力模型的实证研究 [J]. 世界经济研究，2018 (1)：112－136.

[16] 高长春，江瑶. 知识产权保护能否促进文化产业集聚？——基于安徽省的实证分析 [J]. 科技管理研究，2016，36 (24)：126－130.

[17] 高晗. 中日文化创意产业国际竞争力比较分析——基于创意产品及服务贸易变化的新测度 [J]. 现代日本经济，2017 (1)：66－80.

[18] 高凌云. 进口贸易与工业行业全要素生产率 [J]. 经济学（季刊），2010 (1)：391－414.

[19] 高越，李荣林. 人口老龄化如何影响出口技术复杂度 [J]. 当代财经，2018 (6)：92－101.

[20] 韩玉雄，李怀祖. 关于中国知识产权保护水平的定量分析 [J]. 科学学研究，2005 (3)：377－382.

[21] 何兴强，欧燕，史卫，刘阳. FDI 技术溢出与中国吸收能力门槛研究 [J]. 世界经济，2014 (10)：52－75.

[22] 何雄浪. 国际进口贸易技术溢出效应、本国吸收能力与经济增长互动 [J]. 世界经济研究，2014 (11)：36－88.

[23] 贺培，刘叶. FDI 对中国环境污染的影响效应——基于地理距离工具变量的研究 [J]. 中央财经大学学报，2016 (6)：79－86.

[24] 胡凯. 知识产权保护的技术创新效应——基于技术交易市场视角和省级面板数据的实证分析 [J]. 财经研究，2012 (8)：15－25.

[25] 胡渊. 出口边际对中国文化产品国际竞争力的影响 [J]. 商业研究，2017 (8)：74－80.

[26] 黄茂兴，李军军. 技术选择、产业结构升级与经济增长 [J]. 经济研究，2009 (7)：143－151.

[27] 贾俊雪. 公共基础设施投资与全要素生产率：基于异质企业家模型的理论分析 [J]. 经济研究，2017 (2).

[28] 蒋殿春，夏良科. 外商直接投资对中国高技术产业技术创新作用的经验分析 [J]. 世界经济，2005 (8)：3－10.

[29] 焦建玲. 进口贸易技术溢出的地区差异及影响因素分析 [J]. 北京理工大学学报（社会科学版），2017 (1)：56－63.

[30] 靳巧花，严太华. 国际技术溢出与区域创新能力——基于知识产权保护视角的实证分析 [J]. 国际贸易问题，2017 (3)：14－25.

[31] 李勃昕．环境规制是否影响了中国工业 R&D 创新效率 [J]．科学学研究，2013 (7)：1 032 - 1 039.

[32] 李怀亮．我国文化产品和文化服务出口结构及竞争力分析 [J]．国际贸易，2013 (9)：59 - 66.

[33] 李静，楠玉，刘霞辉. 中国研发投入的“索洛悖论”——解释及人力资本匹配含义 [J]. 经济学家，2017 (1)：31 - 38.

[34] 李俊青，苗二森．不完全契约条件下的知识产权保护与企业出口技术复杂度 [J]．中国工业经济，2018 (12)：115 - 133.

[35] 李苗苗，肖洪钧，赵爽．金融发展、技术创新与经济增长的关系研究 [J]．中国管理科学，2015 (1)：162 - 169.

[36] 李平，宫旭红，齐丹丹．中国最优知识产权保护区间研究——基于自主研发及国际技术引进的视角 [J]．南开经济研究，2013 (3)．

[37] 李平，姜丽．贸易自由化、中间品进口与中国技术创新——1998 ~ 2012 年省级面板数据的实证研究 [J]．国际贸易问题，2015 (7)．

[38] 李平，刘雪燕．市场化制度变迁对我国技术进步的影响——基于自主研发和技术引进的视角 [J]．经济学动态，2015 (4)．

[39] 李蕊，巩师恩. 开放条件下知识产权保护与我国技术创新——基于 1997 ~ 2010 年省级面板数据的实证研究 [J]. 研究与发展管理，2013 (3)：1 - 9.

[40] 李若曦，赵宏中. 技术活动、空间外溢与高技术产业 TFP [J]. 科学学研究，2018 (2)：264 - 271.

[41] 李善同．中国国内地方保护问题的调查与分析 [J]．经济研究，2004 (11)：78 - 84.

[42] 李尚骜，陈继勇，李卓. 干中学、过度投资和 R&D 对人力资本积累的“侵蚀效应” [J]. 经济研究，2011 (6)：57 - 67.

[43] 李伟，余翔，蔡立胜．政府科技投入、知识产权保护与企业研发投入 [J]．科学学研究，2016 (3)：357 - 365.

[44] 刘凤朝，马荣康．跨国公司在华专利活动的技术溢出效应 [J]．管理学报，2012，9 (9)．

[45] 刘思明，侯鹏，赵彦云．知识产权保护与中国工业创新能力 [J]．数量经济技术经济研究，2015 (3)：40 - 57.

[46] 刘威，杜雪利，李炳．金融发展对中国出口技术复杂度的影响渠道研

究［J］. 国际金融研究，2018（2）：87－96.

［47］刘小鲁. 知识产权保护、自主研发比重与后发国家的技术进步［J］. 管理世界，2011（10）：10－19.

［48］刘杨. 哪些关键因素影响了文化产品贸易——来自 OECD 国家的经验证据［J］. 国际贸易问题，2013（11）：72－81.

［49］路世昌. 创意商品贸易出口技术复杂度及其影响因素——基于 G20 国家的面板数据分析［J］. 国际商务，2016（6）：56－63.

［50］罗军. FDI 前向关联与技术创新——东道国研发投入重要吗［J］. 国际贸易问题，2016（6）：3－14.

［51］罗军. 研发投入门槛、外商直接投资与中国创新能力［J］. 国际贸易问题，2014（8）：135－146.

［52］马盈盈，盛斌. 制造业服务化与出口技术复杂度：基于贸易增加值视角的研究［J］. 产业经济研究，2018（4）：1－13.

［53］毛其淋，方森辉. 创新驱动与中国制造业企业出口技术复杂度［J］. 世界经济与政治论坛，2018（2）：1－24.

［54］毛其淋，盛斌. 对外经济开放、区域市场整合与全要素生产率［J］. 经济学季刊，2011（10）：181－210.

［55］蒙英华. 中国文化贸易的决定因素——基于分类文化产品的面板数据考察［J］. 财贸研究，2012（3）：40－48.

［56］缪洋. 国际知识溢出、人力资源开发与区域技术创新关系研究——基于北京、上海、深圳的数据分析［J］. 审计与经济研究，2016（6）：121－128.

［57］钱水土. 金融发展、FDI 与我国自主创新能力的门槛模型分析［J］. 南方金融，2010（410）：24－29.

［58］钱学峰. 进口种类与中国制造业企业全要素生产率［J］. 世界经济，2011（5）：3－25.

［59］申朴，刘康兵. FDI 流入、市场化进程与中国企业技术创新［J］. 亚太经济，2012（3）：93－98.

［60］沈能. 技术势差、进口贸易溢出与生产率空间差异——基于双门槛效应的检验［J］. 国际贸易问题，2012（9）：108－117.

［61］盛斌，吕越. 外商直接投资对中国环境的影响［J］. 中国社会科学，2012（5）：54－75.

[62] 盛斌，毛其淋．进口贸易自由化是否影响了中国制造业出口技术复杂度［J］．世界经济，2017（12）：52－75.

[63] 施炳展．贸易自由化与中国企业进口中间品质量升级［J］．数量经济技术经济研究，2016（9）：3－21.

[64] 孙玉琴，郭惠君．金融发展与我国制造业出口贸易技术结构升级［J］. 国际商务——对外经贸大学学报，2018（3）：27－37.

[65] 孙早，刘李华，孙亚政．市场化程度、地方保护主义与 R&D 的溢出效应［J］．管理世界，2014（8）：78－89.

[66] 孙早，杨光，李康．基础设施投资促进了经济增长吗——来自东、中、西部的经验证据［J］．经济学家，2015（8）.

[67] 唐诗，包群．高新技术产业开发区提升了出口技术复杂度吗？［J］首都经济贸易大学学报，2017（6）：45－54.

[68] 唐晓云，赵桂芹．外国在华专利激增：市场占有还是绸缪竞争？［J］. 世界经济研究，2017（3）.

[69] 田思．创意产品贸易出口技术复杂度多国比较研究——基于灰色预测模型［J］．复旦大学学报（自然科学版），2014（12）：808－814.

[70] 汪颖．消费网络外部性、文化亲近与文化产品贸易——基于中国双边文化产品贸易的实证分析［J］．当代财经，2014（4）：98－107.

[71] 王红领，李稻葵，冯俊新．FDI 与自主研发：基于行业数据的经验研究［J］．经济研究，2006（2）：44－56.

[72] 王洪涛．文化差异是影响中国创意产品出口的阻碍因素吗——基于中国创意产品出口 35 个国家和地区的面板数据检验［J］．国际经贸探索，2014（10）：51－62.

[73] 王然．FDI 对我国工业自主创新能力的影响及机制——基于产业关联视角［J］．中国工业经济，2010（11）：16－24.

[74] 王思语，郑乐凯．制造业出口服务化与价值链提升——基于出口技术复杂度的视角［J］．国际贸易问题，2018（5）：92－102.

[75] 王尧．知识产权保护、进口贸易国际 R & D 溢出与技术进步［J］．管理现代化，2014（2）：78－80.

[76] 王正新，朱洪涛．创新效率对高技术产业出口复杂度的非线性影响［J］．国际贸易问题，2017（6）：61－70.

[77] 吴超鹏，唐药．知识产权保护执法力度、技术创新与企业绩效——来

自中国上市公司的证据［J］．经济研究，2016（11）．

［78］肖文．海外研发资本对中国技术进步的知识溢出［J］．世界经济，2011（1）：37－51．

［79］肖兴至，王海．受教育程度、吸收能力与FDI技术溢出效应［J］．云南财经大学学报，2013（6）：99－106．

［80］谢建国．进口贸易、吸收能力与国际R&D技术溢出：中国省区面板数据的研究［J］．世界经济，2009（9）：68－81．

［81］谢科进．技术水平对FDI溢出与引进技术消化的影响研究［J］．管理世界，2015（11）：176－177．

［82］刑孝兵，徐洁香，王阳．进口贸易的技术创新效应：抑制还是促进［J］．国际贸易问题，2018（6）．

［83］徐敏燕．文化与技术距离对我国陶瓷产品出口竞争力的影响［J］．江西社会科学，2017（5）：97－103．

［84］许陈生．文化距离与中国文化创意产品出口［J］．国际经贸探索，2013（11）：25－38．

［85］杨剑波．进口贸易与我国技术创新的人力资本门槛效应［J］．科技进步与对策，2009（3）：26－20．

［86］杨丽彬，李虹含，蔡东方．外商直接投资技术溢出渠道差异性研究［J］．科技进步与对策，2016（4）：12－17．

［87］杨连星，张秀敏，王孝松．反倾销如何影响了出口技术复杂度？［J］．中国经济问题，2017（3）：64－75．

［88］余娟娟，余东升．政府补贴、行业竞争与企业出口技术复杂度［J］．财经研究，2018（3）：112－124．

［89］余淼杰．进口类型、行业差异化程度与企业生产率提升［J］．经济研究，2015（8）：85－97．

［90］詹君恒．中国创意产品及创意相关产品的国际竞争力研究——基于RCA指数和TC指数的实证分析［J］．经济地理，2013（7）：81－88．

［91］张经强．国外专利申请溢出、传导与中国区域技术进步［J］．中国科技论坛，2010，2（3）．

［92］张同斌．研发投入的非对称效应、技术收敛与生产率增长悖论——以中国高技术产业为例［J］．经济管理，2014（1）：131－141．

［93］张先锋，阚苗苗，王俊凯．劳动力市场灵活性是否提升了出口技术复

杂度［J］．财贸研究，2018（3）：55－70.

［94］张云，赵富森，仲伟冰．市场化程度对高技术产业自主创新影响的研究——基于面板分位数回归方法［J］．工业技术经济，2017（12）．

［95］赵峥，姜欣．中国省级创新效率及其影响因素的实证研究［J］．北京理工大学学报（社会科学版），2014（3）：61－66.

［96］周祥军．初创企业研发投入强度与绩效门限效应研究——基于科研成果转化能力视角［J］．科技进步与对策．2014（22）：112－117.

［97］朱承亮．人力资本、人力资本结构与区域经济增长率［J］．中国软科学，2011（2）：110－119.

［98］朱敏，许家云．海外人才回流与 FDI 技术溢出［J］．科学学研究，2013（11）：1663－1670.

［99］宗庆庆，黄娅娜，钟鸿钧．行业异质性、知识产权保护与企业研发投入［J］．产业经济研究，2015（2）：47－57.

［100］A. Tientao. Technology spillover and TFP growth：A spatial Durbin model. International Economics. 145（2016）：21－31.

［101］Chowdhury，R. H.，M. Financial market development and effectiveness of R&D investmen：Evidence from developed and emergingcountries［J］. Research in International Business and Finance，2012，26（2）.

［102］Coe，D. T.，Helpman，E. International R&D Spillovers［J］. European Economic Review，1995，39（5）.

［103］Griliches，Z. R & D and the Productivity Slow-down［J］，America Economic Review，1980，（70）.

［104］Halpern，L.，Koren，M.，Szeidl，A. Import Input and Productivity［J］. American Economic Review，2015，105（12）：3660－3703.

［105］Hausmann，R.，J. Hwang and D. Rodrik. What You Export Matters［J］. Journal of Economic Growth，2007，12（1）：1－25.

［106］Hu，A. G.. Propensity to patent，competition and China's foreign patenting surge. Research Policy，2010，39.

［107］Maskus，Keith E. Yang and Guifang. Intellectual Property Rights，Foreign Direct Investment and Competition Issues in Developing Countries［J］. International Journal of Technology Management，2003，19（1/2）.

[108] Rupika Khanna. Testing the effect of investments in IT and R&D on labour productivity : New method and evidence for Indian firms. Economic Letters. 173 (2018): 30 – 34.

[109] Xiao, S. , Zhao, S. Financial development, government ownership of banks and firm innovation [J] . Journal of International Money and Finance, 2012, 31 (4): 880 – 906.